中国総研
地域再発見
BOOKS
❹

中国地方の鉄道探見

鉄路の歴史とその魅力

公益社団法人 中国地方総合研究センター 編

中国地方総合研究センター

はじめに

現代社会にとって鉄道、とりわけ高速鉄道はビジネス面において必要不可欠な移動手段となっています。このため世界中の鉄道関係者は、安全性を最優先に高速化競争に勝ち抜くため、さらなる技術革新と快適性を追求する努力を日々続けておられます。

一方、テレビでは毎日のようにゆったりと鉄道を利用する旅情豊かな旅番組が放映され、また書店には日本のみならず世界各地の鉄道に関する書籍、豪華列車と魅力的な風景などを紹介する美しい写真集が並んでいます。

このような中、本書を上梓するに至った理由は、鉄道を単なる人と貨物の輸送手段として見るだけではなく、地域の経済や文化の発展に貢献してきたことを改めて確認することにあります。

中国地方におけるこれまでの鉄道の発展史を振り返ることは、現在の鉄道を取り巻く状況を理解し、将来を展望することに大いに役立つものと考えます。また本書でご紹介している鉄道を活用した全国各地での具体的な取り組みは、中国地方においても今後の地域振興のヒントとなることを期待しています。さらに、本書を通じて普段利用している鉄道を一味違うものに感じていただければ幸いです。

本書は中国地方在住の鉄道愛好家、ならびに全国的な鉄道執筆活動をされている鉄道著述家、鉄道による振興活動に取り組まれている方々の共同執筆によるものです。各項目とも鉄道に関する該博《がいはく》な知識と鉄道に対する深い愛情が感じ取れる執筆内容となっています。また企画段階から広島電鉄株式会社の落合央範氏、末松辰義氏、鉄道史学会会員の長船友則氏（本編も執筆）、株式会社ＪＴＢパブリッシングの大野雅弘氏に多大なるご支援とご協力をいただきました。ここに厚くお礼申し上げます。

二〇一四年八月

公益社団法人　中国地方総合研究センター

中国総研
地域再発見
BOOKS
❹

中国地方の鉄道探見……………目次

＊本書での社名等の漢字表記は、原則として現存する会社の場合は登記上の表記、現存しない会社の場合は常用漢字表記とした。ただしＪＲ各社については通称名および常用漢字表記とした。
＊本書に掲載した内容は２０１４（平成26）年８月時点で入手可能な情報に基づく。

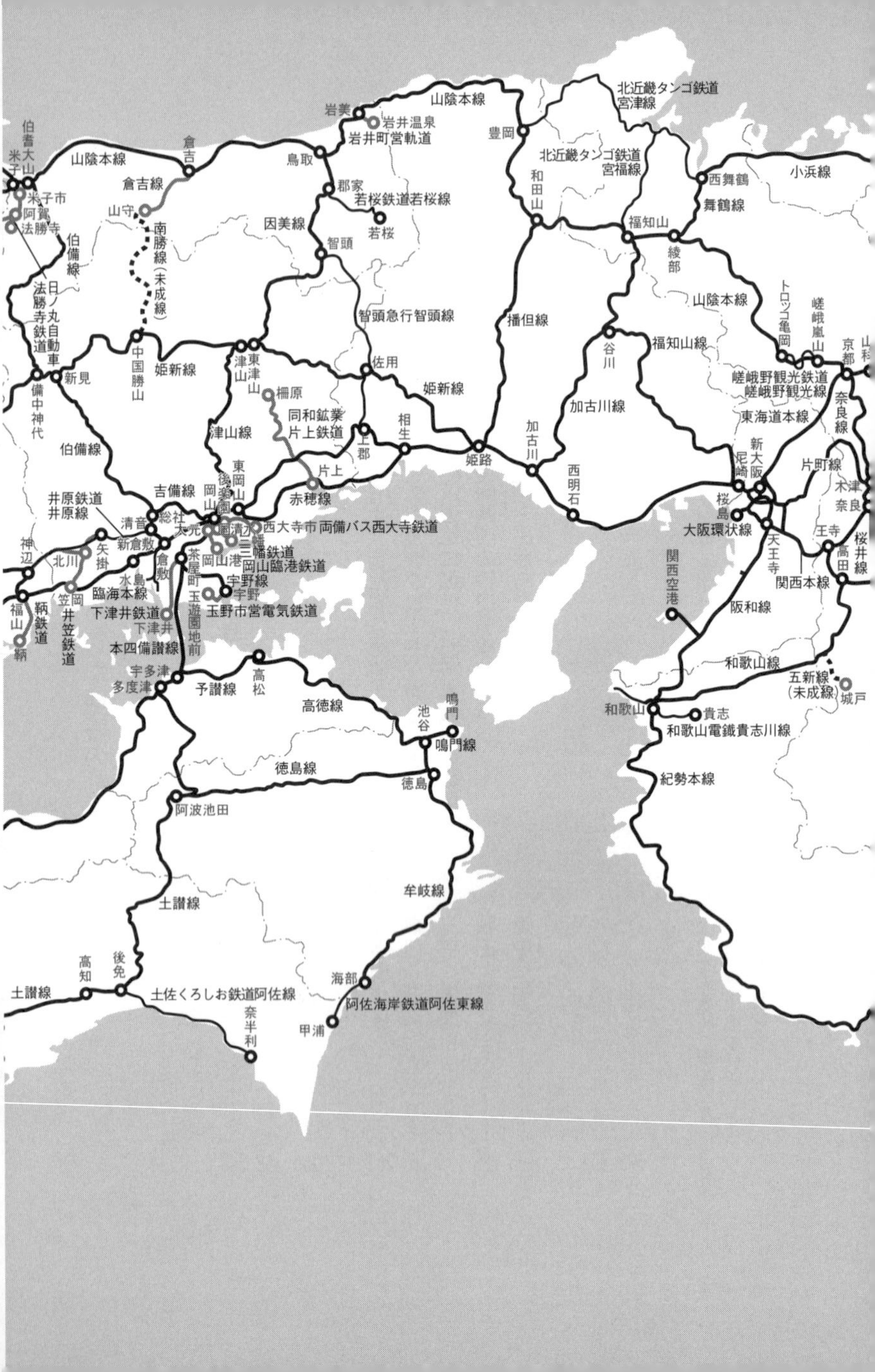

北近畿タンゴ鉄道
宮津線
山陰本線
岩美
岩井温泉
岩井町営軌道
豊岡
伯耆大山
米子
倉吉
山陰本線
鳥取
北近畿タンゴ鉄道
宮福線
西舞鶴
小浜線
倉吉線
郡家
若桜鉄道若桜線
和田山
米子市
阿賀
法勝寺
山守
舞鶴線
若桜
因美線
福知山
綾部
伯備線
南勝線（未成線）
智頭
山陰本線
トロッコ亀岡
嵯峨嵐山
日ノ丸自動車法勝寺鉄道
智頭急行智頭線
播但線
谷川
福知山線
京都
山科
中国勝山
姫新線
津山
東津山
佐用
備中神代
新見
嵯峨野観光鉄道
嵯峨野観光線
柵原
姫新線
加古川線
奈良線
同和鉱業片上鉄道
東海道本線
津山線
上郡
相生
加古川
新大阪
伯備線
姫路
西明石
尼崎
片町線
東岡山
片上
後楽園
岡山
吉備線
赤穂線
木津
奈良
井原鉄道
井原線
清音
総社
大元
清水
西大寺市
西大寺市両備バス西大寺鉄道
桜島
大阪環状線
天王寺
王寺
神辺
新倉敷
矢掛
三幡
三幡鉄道
岡山港
岡山臨港鉄道
桜井線
高田
北川
倉敷
茶屋町
関西空港
水島
宇野
宇野線
関西本線
福山
臨海本線
笠岡
玉遊園地前
玉野市営電気鉄道
鞆鉄道
井笠鉄道
下津井鉄道
下津井
阪和線
鞆
本四備讃線
高松
和歌山線
宇多津
五新線（未成線）
城戸
多度津
予讃線
鳴門
高徳線
池谷
和歌山
貴志
和歌山電鐵貴志川線
鳴門線
徳島線
徳島
紀勢本線
阿波池田
牟岐線
土讃線
後免
高知
海部
土讃線
土佐くろしお鉄道阿佐線
阿佐海岸鉄道阿佐東線
甲浦
奈半利

中国地方の鉄道路線（新幹線を除く）と隣接地域の主要鉄道路線

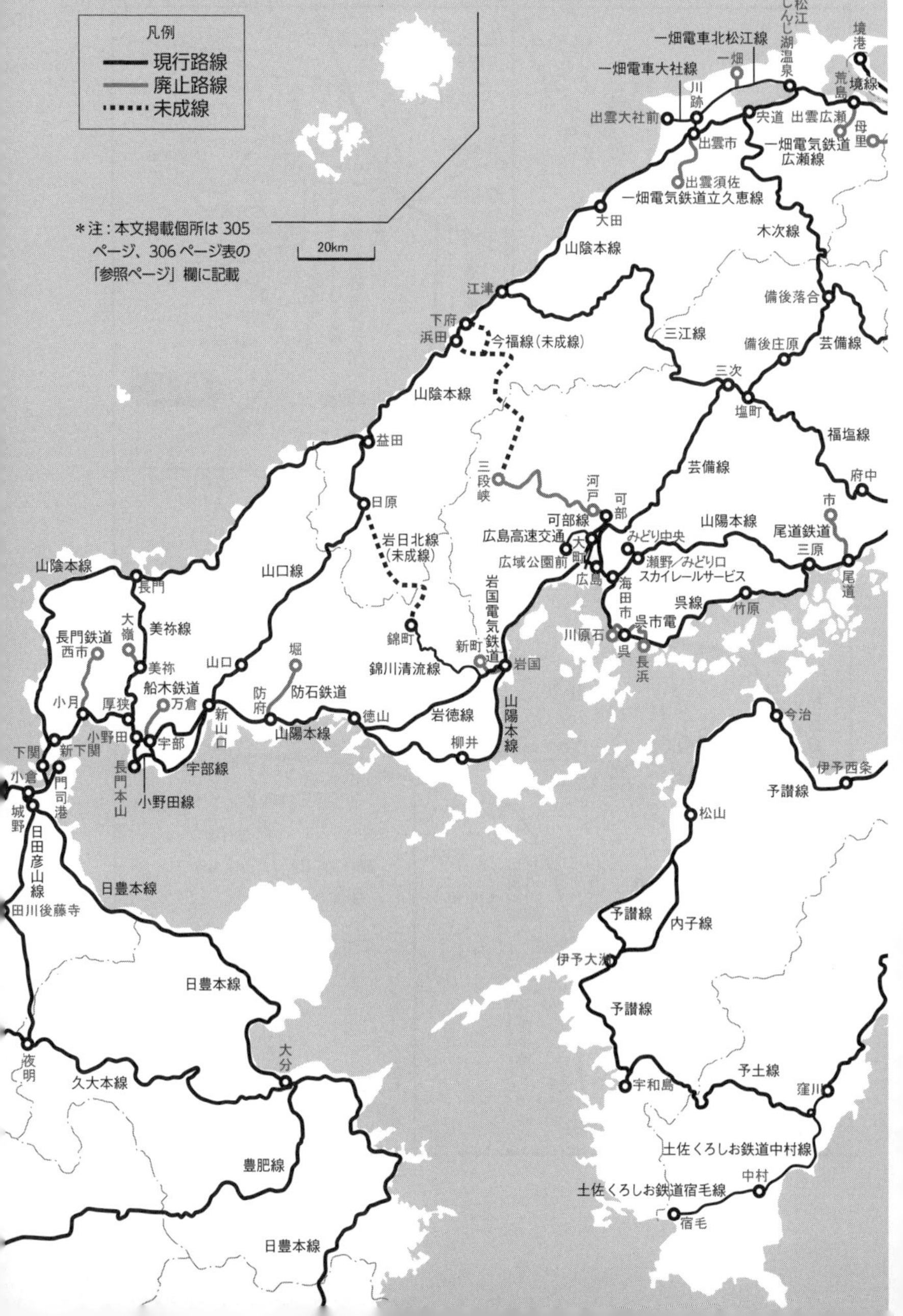

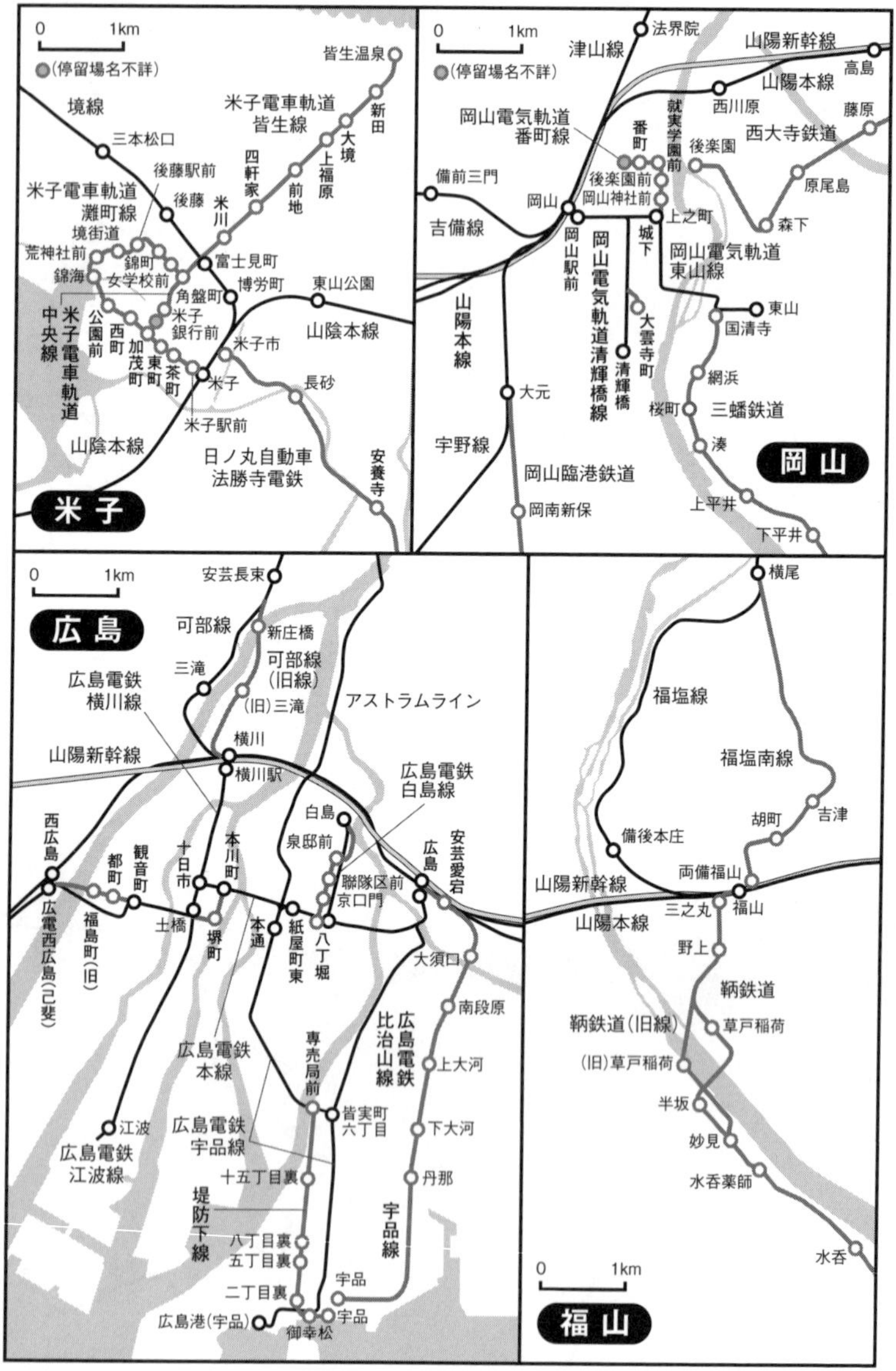

0 1km
(停留場名不詳)
米子
境線
三本松口
米子電車軌道
灘町線
後藤駅前
後藤
境街道
荒神社前
錦海
錦町
女学校前
米子電車軌道
中央線
公園前
西町
加茂町
東町
茶町
角盤町
米子銀行前
米川
富士見町
博労町
米子電車軌道
皆生線
皆生温泉
新田
大境
上福原
前地
四軒家
東山公園
山陰本線
米子市
米子
米子駅前
長砂
山陰本線
日ノ丸自動車
法勝寺電鉄
安養寺
0 1km
(停留場名不詳)
岡山
法界院
津山線
山陽新幹線
高島
山陽本線
西川原
藤原
西大寺鉄道
岡山電気軌道
番町線
番町
就実学園前
後楽園
後楽園前
岡山神社前
原尾島
森下
備前三門
岡山
吉備線
岡山駅前
岡山電気軌道清輝橋線
城下
上之町
岡山電気軌道
東山線
東山
国清寺
大雲寺町
清輝橋
網浜
桜町
三蟠鉄道
湊
山陽本線
大元
宇野線
岡山臨港鉄道
岡南新保
上平井
下平井
0 1km
広島
安芸長束
可部線
新庄橋
可部線(旧線)
三滝
(旧)三滝
アストラムライン
広島電鉄
横川線
横川
横川駅
山陽新幹線
広島電鉄
白島線
白島
泉邸前
聯隊区前
京口門
八丁堀
広島
安芸愛宕
西広島
広電西広島(己斐)
都町
観音町
福島町(旧)
十日市
本川町
土橋
堺町
本通
紙屋町東
大須口
南段原
広島電鉄
本線
専売局前
広島電鉄
比治山線
上大河
皆実町六丁目
下大河
江波
広島電鉄
江波線
広島電鉄
宇品線
十五丁目裏
丹那
堤防下線
八丁目裏
五丁目裏
二丁目裏
宇品
宇品線
宇品
広島港(宇品)
御幸松
横尾
福塩線
福塩南線
吉津
胡町
備後本庄
両備福山
山陽新幹線
三之丸
福山
山陽本線
野上
鞆鉄道
鞆鉄道(旧線)
草戸稲荷
(旧)草戸稲荷
半坂
妙見
水呑薬師
水呑
0 1km
福山

中国地方主要都市の鉄道路線

凡例
- 現行路線
- 廃止路線
- 新幹線

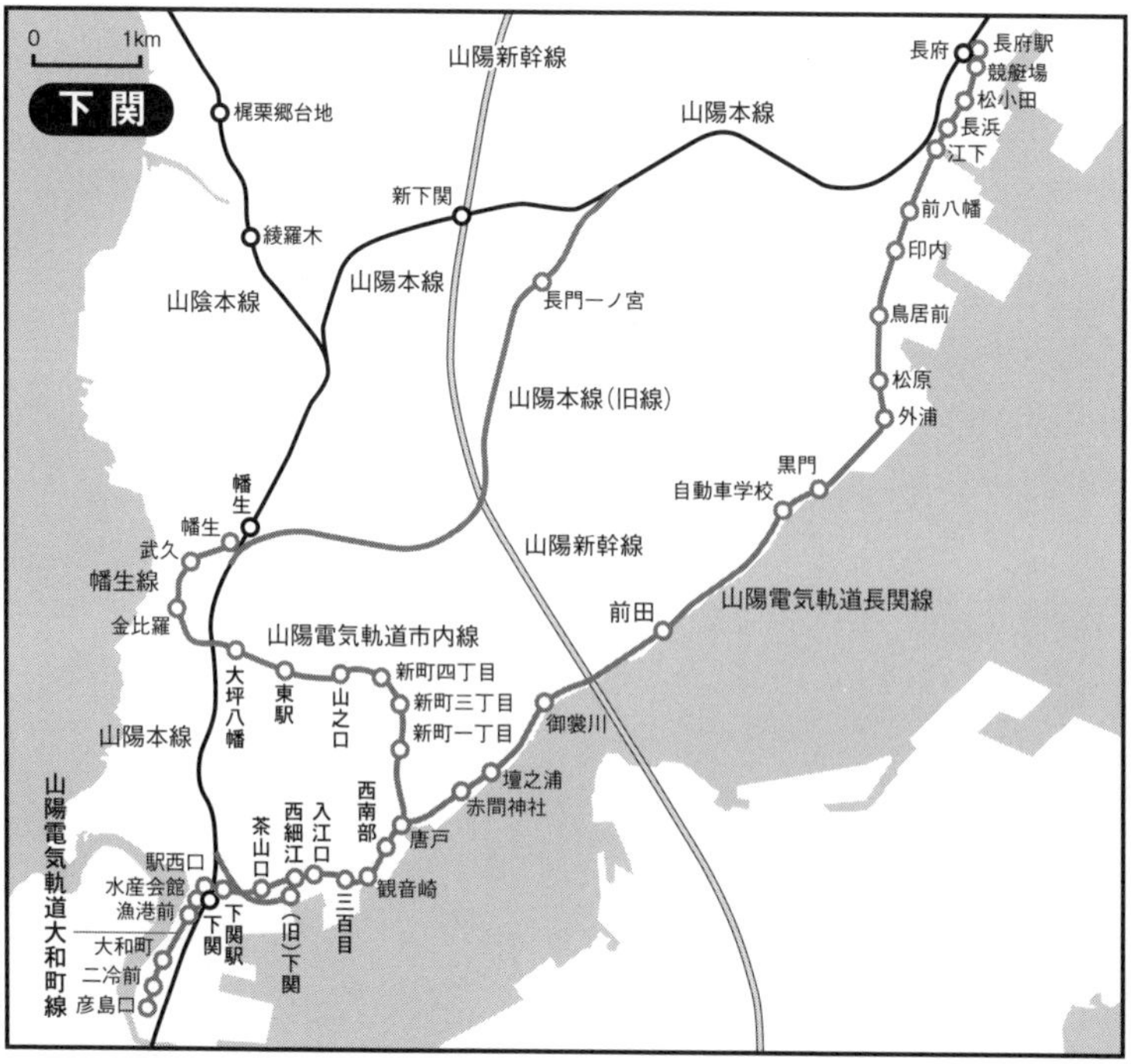

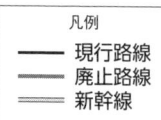

第1章

社会の発展と鉄道の役割

第1節 鉄道と社会

1．地域交通の発達と鉄道

石井　幸孝

交通の持つ統制力

古今東西、国家を統一するには交通を統制しなければならない。人、モノ、情報を掌握し、移動の権力を握る。紀元前3世紀ごろから1000年も続いたローマ帝国は「すべての道はローマに通ず」で知られるように、広域な支配下の地域に8万kmにも及ぶ国家計画道路網を建設したことによって繁栄を維持してきた。中国でも、同じころ秦《しん》の始皇帝の直道、馳道《ちどう》、下って6世紀から10世紀にかけて隋、唐の駅逓《えきてい》制度が国家の基本交通基盤として建設された。日本でも1300年ほど前の7世紀から10世紀にかけて、大化の改新*後の大和朝廷は全国に6300kmにも及ぶ「古代官道」を建設して400以上の駅を作った。これら古代交通はすべて早馬移動の乗継ぎであった。駅という字が馬偏《うまへん》なのもうなずける。寒冷地草原に適した馬の産地が軍隊も強かった。それはモンゴル高原から興った「元」が中国を支配し、日本の東国武士が強かったことからも分かる。

＊**大化の改新**：大化の改新：中大兄皇子《なかのおおえのおうじ》、中臣鎌足《なかとみのかまたり》らが時の実力者蘇我氏を滅ぼした乙巳《いっし》の変（645年）以降に行われた政治改革で、改新の詔《みことのり》（646（大化2）年）に基づき、首都設置や中央と地方を結ぶ駅伝制なども定められた。

馬車から鉄道に移った時代の英国の車両　栃木県立美術館蔵

鉄道の生い立ちと日本

日本は近代国家誕生まで馬車というものをまったく使ってこなかった。地形の平坦なヨーロッパ大陸では、ローマ帝国時代から馬車が巧みに使われ、19世紀初頭まで乗合馬車の交通網が発達してきた。今日の幹線道路はかつての馬車道である。19世紀に産業革命が英国で勃興し、大量輸送機関の効率性と制御性のために、馬車は鉄の軌道の上に載った。やがてジェームズ・ワットの蒸気機関の発明によって、馬は蒸気機関車に替わった。初期の鉄道は、馬車の車体を並べたような客車であり、ローマ時代からの馬車の轍《わだち》と鉄道の標準軌のサイズが一致しているのも分かる。ヨーロッパではごく自然に鉄道が庶民に受け入れられ、鉄道網は国家の実力になっていった。１８２５年、英国で誕生したストックトン・アンド・ダーリントン鉄道に続いて、瞬く間に英国はじめ、米国、フランス、ドイツと鉄道網が建設されていった。鉄道は人の足に頼っていた時代に比べて、10倍ほどのスピードを提供し、馬車に比べても格段の輸送力増となった。鉄道という交通機関の発達で、国力は飛躍的に増進し、西欧諸国による植民地政策につながっていった。

日本は江戸時代末期に半世紀遅れて鉄道の存在を知り、近代国家を

歌川広重（三代）『東京品川蒸気車鉄道之真景』　交通協力会所蔵

目指す明治政府は鉄道網の建設に執念を燃やす。馬車を知らない日本国民にとって鉄道はまさに驚きであった。文明開化の象徴になった。明治政府は目まぐるしい国際情勢の中で、政治、軍事、経済を左右する国家基盤として、鉄道の全国網建設を重要事項とした。東京―京都間を中心として官設官営としたが、国家財政の実力からそのほかは旧大名の華族資本などを当てにして、私有鉄道の形で建設を急いだ。ただし規格は全国統一し、日露戦争後軍事上の必要性を痛感し、1907（明治40）年にはこれらほとんどを国有化する。私鉄時代、日清戦争後は国内産業も目覚ましい発展を遂げ、好景気の波に乗って国民生活も向上し、鉄道のサービス向上が競われた。特に山陽鉄道では瀬戸内海航路との競争がうたわれ、1894（明治27）年にはわが国初の急行列車が登場、神戸―広島間9時間弱で相当なスピードであった。山陽鉄道は寝台車や食堂車も登場するなど営業精神が旺盛であった。

標準軌と狭軌　技術屋魂

英国の指導で始まったわが国の鉄道は、明治の中ごろになって大変なことに気付いた。軌間である。わが国では標準軌（１４３５㎜、４フィート８インチ半）より狭い狭軌（１０６７㎜、３フィート６インチ）、つまり植民地サイズだった。狭軌は一般に車体幅も小さく馬力もスピードも出ない。１８８７（明治20）年、陸軍から広軌（当時は標準軌のことを広軌と呼んだ）改築論が出たのをきっかけに、１９１９（大正８）年まで広軌に改築すべきか、狭軌のままで１㎞でも建設キロを伸ばすべきかの議論が、政権交代と絡んで繰り返され、最終的には狭軌のままで建設を急ぐことになった。

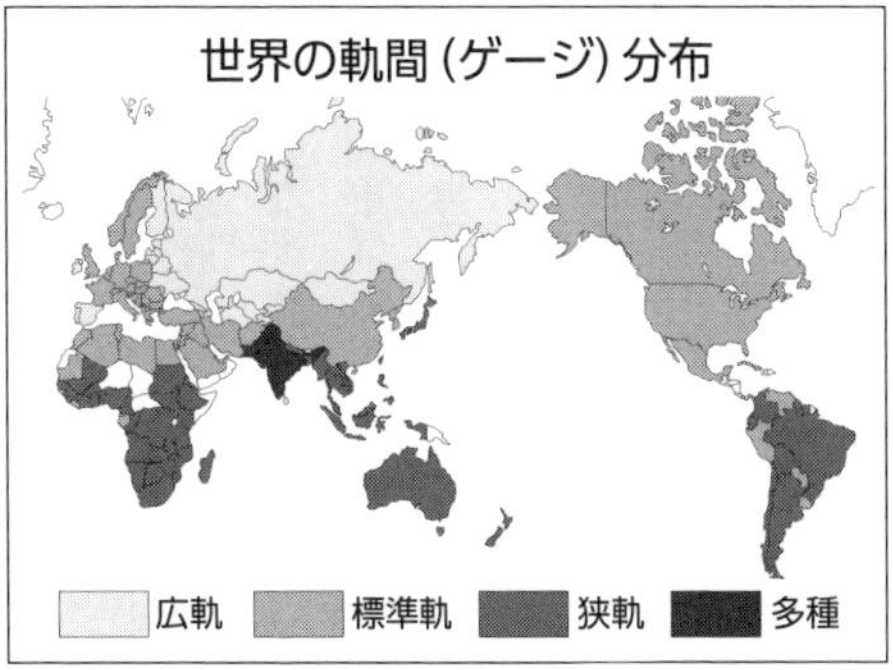

時の鉄道院では広軌への現実的な切り替えのための試験を幾度も繰り返したが、広軌論が敗退すると、現行狭軌のままでいかに伸びゆく需要に見合う輸送力を提供するかが課題となり、狭軌のハンディキャップをいかにして乗り越えるかに、並々ならぬ苦心と工夫が凝らされることになった。狭軌でも標準軌に負けない車両の大きさと性能の実現が、以降の国鉄技術屋魂となっていった。車体幅は欧米標準軌並みの実現に成功し、また蒸気機関車の火室面積を大きく取るために従輪の上部に上げて広げ馬力を確保した。この標準軌根性は、後の満鉄での特急*「あじあ号」の実現、第二次世界大戦中の弾丸列車鉄道工事（東京―下関）、それ

＊特急「あじあ号」：旧満州国で日本資本の南満州鉄道（満鉄）が日本の技術によって大連―哈爾濱間を標準軌で運行させた高速豪華列車。後の新幹線技術につながった。

を引き継いだ新幹線へとつながっている。

１９０７（明治40）年に国有化が完了して、帝国鉄道庁が誕生し、１９０８（明治41）年には鉄道院となった。国有化後ただちに直通運転が行われ、中でも東海道、山陽本線は重要な大陸連絡ルートであり、最急行、急行、直行の三本立てとなった。明治期の蒸気機関車は大半が英、米、独からの輸入品であった。本州は英国流、九州と四国はドイツ流、北海道は米国流でスタートしたが、機関車の設計思想に個性があった。英国は重厚で見てくれを重視し性能は二の次、ドイツは理論的、技術的、高性能で乗り心地も良かった。米国は車両が軽量で線路に負担をかけず、西部開拓精神で１㎞でも線路を伸ばすことが本位とされた。また部品の互換性を重んじ標準化がすでに進んでいた。わが国の鉄道技術陣はこれら三つの流儀の良いところを学んで、国産化に進んでいくのだった。

鉄道の成長と戦時

本格的な国産蒸気機関車は大正期、１９１３（大正２）年の貨物用９６００形、１９１４（大正３）年の旅客用８６２０形から始まった。キュウロク、ハチロクと呼ばれた両機関車は大量生産され全国で活躍した。やがて軌間の1・5倍以上もある動輪直径１７５０㎜の旅客急行用機関車Ｃ51形が登場。１９３０（昭和５）年10月1日から東京―神戸間に超特急「燕」号が登場し、東京―大阪間所要時間は11時間半から8時間20分に短縮した。その後蒸気機

蒸気機関車C57形は性能の良さ形の美しさから「貴婦人」と呼ばれた
写真提供：鉄道博物館

関車は狭軌極限まで大型化を達成し、貨物用Ｄ51形、旅客用Ｃ57形、Ｃ59形といった花形機関車を生んでいった。狭軌鉄道でも標準軌鉄道にほとんど遜色《そんしょく》ない輸送を山岳の多い日本で達成した。

戦中戦後の苦しい時期を１日も休まず「汽車」は走った。戦況厳しくなった１９４４（昭和19）年ごろからは旅客の特急や急行も止め、貨物列車と極力平行ダイヤとして、列車運転本数を目いっぱい確保した。１９４５（昭和20）年８月６日広島原爆投下の日にも、正午前には救援列車が市中に乗り入れている。東京大空襲の翌日にも蒸気機関車が牽引《けんいん》した列車が電車線に走った。

電車と軌道

戦前の国鉄は蒸気機関車牽引が主で、一部電気機関車牽引もあったが、客車がほとんどで、電車は大都市

第二次世界大戦前後の国鉄

年　月	事　項
1930（昭和 5）年	「燕」登場
1937（昭和12）年	鉄道旅客黄金時代
1940（昭和15）年	紀元2600年祝賀行事（聖戦旅行）
1941（昭和16）年８月	広軌新幹線（弾丸列車）着工
1941（昭和16）年12月	第二次世界大戦突入
1942（昭和17）年	「戦時陸運非常体制」行楽旅行制限
1943（昭和18）年	「燕」廃止 「決戦ダイヤ」（貨物増発、旅客速度低下）
1943（昭和18）年度末	広軌新幹線工事中止
1944（昭和19）年	特急、急行全廃。貨物輸送力大増強
1946（昭和21）年	戦後貨物優先、旅客復活徐々
1949（昭和24）年	特急復活「へいわ」
1950（昭和25）年	「つばめ」復活

軌間 762mm（非電化）の軽便鉄道だった鞆鉄道の列車
写真撮影：細川延夫

が中心の区間に限られていた。支線区の鉄道も小型蒸気機関車による短編成の客車列車が輸送を担っていたので、効率も悪かった。私鉄はどうかというと、東京、名古屋、京都、大阪などの大都市圏には電車が国鉄と並んで輸送を担っていた。国鉄と違い、ターミナルに百貨店や野球場、遊園地、劇場などを作って多彩な鉄道多角経営を行い、楽しい市民生活を演出した。

また中核都市には簡便な私鉄が蒸気や一部電車で登場した。石油燃料の乏しいわが国では、内燃動車の発展は諸外国に比べ遅れていた。明治30年代から昭和初期にかけて地方都市の平野部に軽便《けいべん》鉄道が誕生した。極小型の車両による軌道で、現在のバス路線並みの小回りの利く輸送を担ってきた。小型蒸気機関車が馬車並みの客車を引く愛らしい風景もあったが、天野工場（日本車輌製造の前身）が製造したバス並みのガソリンカーが主体であった。これらは戦時中の燃料事情で廃止されていったものが多い。九州では筑後平野など南北方向が国鉄や西鉄の幹線であったのに対し、主として東西の補完路線が多く、今のバス路線より便利だった面もある。

戦後復興

戦後の鉄道は、むしろ動いているのが鉄道だけというような荒廃状態から始まった。終戦ですべての価値観がひっくり返りぼうぜんとする国民に、「汽車が動いている！」という姿はどんなにか生きる元気を与えたことか。外地からの復員、引き揚げ輸送、進駐軍輸送、食料、資材輸送、大都市の満員電車通勤、通学、買い出し列車と、荒廃した施設を酷使して限界ぎりぎりの輸送が行われた。少しずつ復興に向かっていく感じであった。まさに鉄道が復興を牽引しているような状況だった。産業の復興と国民生活の正常化から、さらに生活水準向上へと、奇跡のような成長時代へと進み、鉄道も旅客輸送を中心に発展していく。特に電化の進展とともに、電車の長距離運転が進められ、湘南電車に始まり、特急電車「こだま」を経て、やがて新幹線の開発につながっていった。

「あさかぜ」客車（1958（昭和 33）年）
写真提供：鉄道博物館

80 系湘南電車（1950（昭和 25）年）
写真提供：鉄道博物館

鉄道黄金時代と改革、そして高速時代

戦後の特急黄金時代は、１９５８（昭和33）年登場の豪華寝台特急「あさかぜ」と長距離電車特急「こだま」に始まり、鉄道に新風を吹き込んだ。少し遅れて１９６０（昭和35）年、ディーゼル動車特急「はつかり」が登場したが、ローカル・ディーゼル動車からの急成長のため初期故障の連続で苦心した。電化とディーゼル化による「動力近代化計画」は着々と進められ、蒸気機関車全廃による完全無煙化が１９７５（昭和50）年度末に達成された。

「はつかり」ディーゼル動車（1960（昭和35）年）

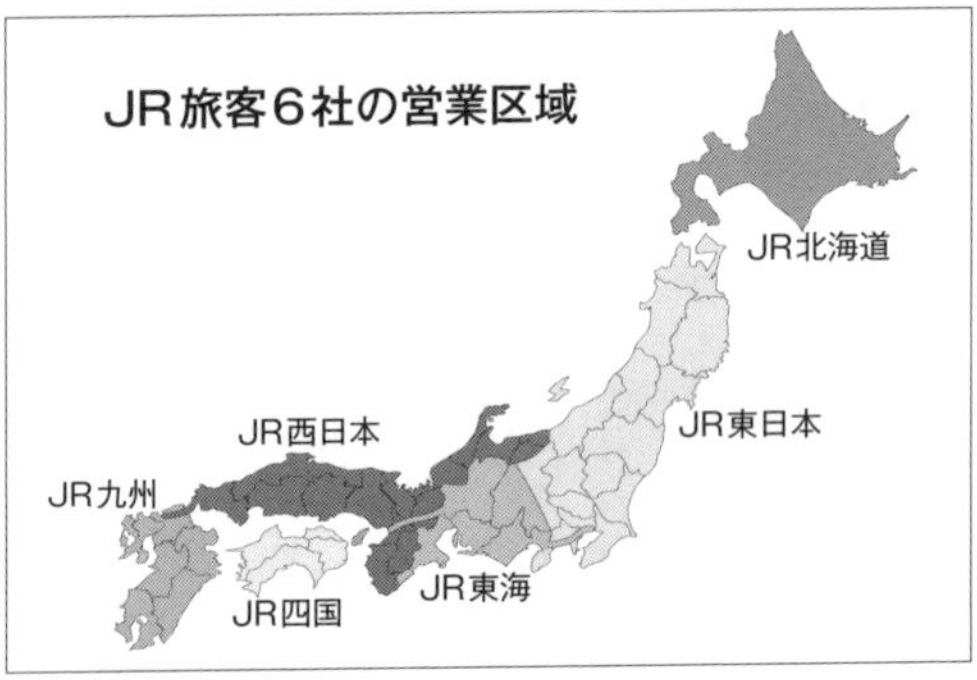

経済は成長し、国民生活が飛躍的に向上すると、皮肉なことに自動車と航空機の大衆化によって鉄道は競争時代に入り、独占の気風から脱皮できないまま顧客を失っていく。新幹線開業の１９６４（昭和39）年度に、国鉄はついに赤字経営に転落する。硬直化体質、サー

ビス低下、労使関係悪化と経営が傾き、国鉄は分割民営化という「国鉄改革」へと進む。１９８７（昭和62）年ＪＲ７社（旅客６社、貨物１社）が誕生しそれぞれ個性ある経営を展開していった。

新幹線の発展は世界的に新線による高速鉄道への挑戦に刺激を与え、最高速度300㎞／ｈ時代を迎えた。

鉄道貨物輸送の今と今後

鉄道貨物輸送は戦後の一時期までは、旅客と並んで国鉄の大黒柱だった。戦争などの有事には旅客を犠牲にしても貨物を運んだ。戦後は旅客優先で新幹線も登場し、わが国は旅客鉄道大国になった。しかし諸外国や未来を見たとき、鉄道の持つ環境に優しい特性、省エネ特性、大量高速性、長距離道路輸送の諸問題、細長い国土での自然災害時の広域有事支援などを考えると、貨物輸送の道路から鉄道へのモーダルシフトは今後の大きな課題である。現状、陸上貨物での鉄道の衰退ぶりは極端で、これには近年の小回りの利く宅配便等、物流革命もあるわけだが、今後、総合的な物流議論が必要なときにきている。新幹線の列島大動脈が完成しつつある現今、その夜間物流活用なども施策としてある。

2．日本社会の発展と鉄道

石井　幸孝

国民性や風土を背負った鉄道

鉄道は19世紀の英国で産業革命の申し子として馬車から誕生した。ヨーロッパの馬車や米国の幌《ほろ》馬車の移動文化が根付いていた社会ではごく自然に社会生活に取り込まれ、国家も当然のごとく鉄道を育てた。鉄道という装置は同じでも、国によりその固有の文化によって受け入れ方、育ち方、社会に対する影響が異なっている。

馬車の経験のなかった日本では、突然変異的に鉄道が登場した。徒歩から汽車へ。最初は脱いだわらじが発車後のホームにたくさん残っていたという笑い話があるくらいだった。明治政府が国家基盤として鉄道を全国に建設する際、複雑で変化に富む自然と地形への順応と克服が課題だった。これは今も同じである。それは農業での過酷な条件と同じであった。日本の鉄道は農業風土とともに育ってきた。都市部以外の鉄道は現地農家の次男や三男に支えられた。村の数と同じくらい駅ができると、そこの名士は村長と駅長になった。「半農半鉄」といわれるくらい農業と鉄道の働き手は切っても切れないくらいだ。

日本の鉄道は農業の勤勉さ、きちょうめんさを踏襲して、世界一正確な鉄道を作っていった。人々は時計で定時運転を確認し、汽車の汽笛は時計代わりになっていき、国民の正確な行動習慣を作っていった。それに応えてますます鉄道運転は正確を期するようになっていった。もちろんそこには江戸時代からの時鐘や時太鼓の時間観念もあった。
明治以来鉄道は小学校などの教科書にしばしば登場し、近代文明を理解させる斬新な乗り物として紹介された。また鉄道旅行は旅を語ることになり、全国各地の多彩な風物詩と生活を紹介し、自然と「地理」になっていった。

東京巨大都市圏を作った鉄道

わが国の鉄道旅客は年間延べ230億人（2008（平成20）年度、国土交通省統計）に達し、「なぜ日本人はかくも鉄道に乗るのか」というほどの「旅客鉄道大国」になっていった。特に巨大都市圏東京では、毎日の通勤通学に鉄道はほぼ独占的交通機関になっていった。また東京以外でも日本は都市圏の人口密度が高いので通勤通学の足になった。東京では満員電車で1時間から1時間半、地方都市では30分が通勤の相場になっていった。東京の山手線の2分ヘッドの電車運転は世界でも稀有であり、4ドアから6ドア車11両編成が走って、なおかつ朝通勤時乗車効率200％という状態である。また首都圏のJR、地下鉄（メトロ、都営）とそれに乗り入れる各方面の私鉄によって構成される鉄道網はまさに独占的公共交通機関である。列車は通し運転でも運賃は各社別の加算制で、最近ではICカードによる自動精算である。その点ヨーロッパ等の大都会の乗り放題ゾーン制（電車、地下鉄、バス共通）と違っている。ヨーロッパの各種交通機関共通のゾーン制は都心へのマイカー乗り入れ抑制策であって、東京ではこんなことをしなくてもマイカー通勤は極端に少ないのである。首都圏の独占鉄道網は世界でも独特の存在である。

都市構造を変えた鉄道

地方都市に行くと人口がほぼ40万人以上の都市では鉄道の通勤輸送が機能しており、この場合最低でも15分間隔が常識になっている。平均して待ち時間が7・5分になる理屈で、これだと時刻表なしでも気楽に利用できる。

九州の拠点博多駅　写真撮影：藤井美穂

日本の都市の多くは鉄道網を基軸として形成されている。ターミナル駅は都心の中心であり、商業ビルが駅そのものに構成される。駅が都心になる駅ビルは日本独特である。駅近辺にはビル街が構成され、「ステーションフロント」といわれる街が形成される。大きい駅ビルにはホテル、公的機関、娯楽、教養、保育園、医療機関などの多機能性が現れる。郊外ではマンションが併設され居住区になる。ちょっとした駅なら駅前にはタクシー、バス、小売店、軽食店、土産物屋といった門前町のような「駅前文化」が誕生した。

都市圏の駅間距離は国鉄時代ほぼ4、5㎞間隔であったが、現ＪＲや私鉄ではその半分の２km間隔になっている。駅までの徒歩距離が１kmということだ。それ以上の距離には接続公共交通機関が設置されている。

鉄道は最も密度が高い通勤通学時の輸送量でピーク輸送形態（編成両数、運転間隔等）が決まる。朝夕のラッシュアワー以外はビジネス（用務）客である。中距離以上は「都市間輸送」でビジネス旅行と観光旅行を構成する。鉄道利用中の拘束時間は仕事も休息も運ぶ。最近は車内でのパソコン使用も常識になってきた。さらに観光列車が登場、「乗ったときから観光」をセールスポイントに「ゆふいんの森」号のように楽しみや癒しを運ぶ非日常空間を作っている。イベント列車や「ななつ星」のような豪華列車も誕生している。

ＪＲ九州の観光列車「ゆふいんの森」号
写真撮影：藤井美穂

新幹線開通で変わるビジネス

新幹線開業は単に時間短縮という単純なものではない。２０１１（平成23）年3月12日に全通した九州新幹線鹿児島ルートが九州、西日本経済に及ぼす影響は多岐にわたる。

(1) 九州域内の時間距離が半減し、新しいビジネスが始まる。九州域内が1日行動圏になるのでビジネス範囲が拡大し、支店範囲の見直しなども起こる。
(2)新しい都市間交流、大阪、姫路、岡山、広島と九州中南部（熊本、鹿児島）が直結し、企業進出や連携が始まる。
(3)福岡に九州各地からビジネスや買い物に集まるか？またその逆もある。特長や特産がないとストロー現象で魅力ある方に集まり競争が激化する。
(4)近畿や中国地方からの観光客は、観光都市としての魅力やランドマークがないと福岡を素通りする。終着駅博多は強かったが、今後は熊本や鹿児島が国際会議等で台頭する。

九州新幹線 800 系「つばめ」
写真撮影：藤井美穂

(5)筑後都市圏に新幹線駅が4駅もできた。新たな生かし方を考えないと、域内移動時間は早いが値段が上がるので厳しい。
(6)列島大動脈（鹿児島中央―新青森）はやがて新函館や札幌まで完成する。国家的視点でも新たな活用が期待される。

「駅弁」と「駅長ブランド」

駅はヨーロッパで誕生したときから都市の象徴であり、「ステーションホテル」が最高級ホテルだった。それをまねた東京駅にその面影が感じられる。今では「ステーション

今もホームで販売されるＪＲ九州折尾駅の名物駅弁「かしわめし」

ホテル」はビジネスホテルのようなネーミングになってしまったが。

「駅弁」は鉄道開通時からある鉄道独特の風物詩である。最初は竹の皮に包んだおむすびだったが、やがて幕の内弁当が定番になっていった。かつて大きな駅では蒸気機関車の給水や給炭に長時分停車するので、開閉式の窓で「駅弁売り」から買ったものである。今ではそれも見られなくなったが、名物弁当は健在であり、折尾駅の「かしわ飯弁当」、横川や軽井沢の「峠の釜めし」など全国に多い。今なおデパートの「駅弁大会」は人気で、駅以上にそちらで売れる有名駅弁も多い。駅弁文化は今日の「コンビニ弁当」「ほか弁」に進化して健在といえるだろう。また「駅弁屋」さんは一流レストランに進化したものもある。今日のコンビニ、弁当文化はこのように鉄道による物販、飲食文化がその元祖だといえるだろう。

地方の人は「国鉄で一番偉い人は駅長さん」と思っていた。鉄道管理局長や部長の方が偉いと思うのは国鉄の人だけだった。今でも「一日駅長」が駅のセレモニーで大切な役回りだ。ＪＲ九州の温泉旅行商品「駅長おすすめのゆ」が人気だったので、旅行会社が「店長おすすめの○○」を出したがさっぱりだった。「駅長ブランド」は信用があるのだ。

舞台装置としての鉄道

小説や映画の名舞台に鉄道や駅が登場し、その描写で時代背景と土地柄が分かる。古くは夏目漱石『坊ちゃん』（１９０６（明治39）年、松山の軽便鉄道）、石川啄木の短歌「さいはての駅に下り立ち　雪あかり　さびしき町にあゆみ入りにき」（１９０８（明治41）年1月21日、釧路駅）、川端康成『雪国』（１９３７（昭和12）年、清水トンネル）がある。時間の正確な鉄道は推理小説のモチーフにもなった。松本清張『点と線』（１９５８（昭和33）年、東京駅）、西村京太郎のトラベルミステリー（第1号は『寝台特急殺人事件』、１９７８（昭和53）年）。鉄道マン気質を描いた浅田次郎『鉄道員《ぽっぽや》』（１９９５（平成７）年から雑誌掲載、１９９７（平成９）年第117回直木賞）。これら多くは映画化された。

阿川弘之文、岡部冬彦絵『きかんしゃやえもん』（岩波書店、1959（昭和 34 年））

また松本零士のマンガとアニメ『銀河鉄道９９９《スリーナイン》』（１９７７（昭和52）年から）、阿川弘之の文、岡部冬彦の絵による絵本『きかんしゃやえもん』（１９５９（昭和34）年）も鉄道が舞台となっている。小津安二郎の映画『早春』（１９５６（昭和31）年）では東京駅や蒲田駅がよく出てくる。

歌では大和田建樹『鉄道唱歌』（１９００（明

人気の鉄道情報誌『鉄道ピクトリアル』（交友社）、『鉄道ファン』（電気車研究会）、『鉄道ジャーナル』（鉄道ジャーナル社）

治33）年から）が一世を風靡《ふうび》し、歌謡曲でも二葉あき子『夜のプラットホーム』（１９４７（昭和22）年）、小林旭『恋の山手線』（１９６４（昭和39）年）、石川さゆり『津軽海峡冬景色』（１９７７（昭和52）年）などが鉄道の持つ旅情を歌い人々の心を誘う。

書店では鉄道コーナーができるほどファン層も厚く、雑誌では『鉄道ピクトリアル』（１９５１（昭和26）年創刊）、『鉄道ファン』（１９６１（昭和36）年創刊）、『鉄道ジャーナル』（１９６７（昭和42）年創刊）などが根強い人気だ。鉄道ファンにも乗車、写真、模型、研究などのジャンルがあり、「乗り鉄」「鉄ちゃん」「鉄子」などの言葉が出てきた。

労働集約型の鉄道

鉄道の特徴は地上設備と車両と従業員とが一体的に管理運営されないと質の向上は目指せないことだ。安全の維持を大前提とし、サービス向上、速度向上は永遠の課題であり、終わりなき努力が必要である。この点、自動車と高速道路、飛行機と空港、船と港湾のように上下分離できるものと異なる。ヨーロッパでは鉄道経営の上下分離を行ったが、JRでは行わず、地域分割を行った。鉄道は新幹線も含めて労働集約型事業であるから、国が違えば同じ構造でも成功したりしなかったりする。その国の仕事に対するきちょうめんさや意志疎通といった国民風土と深い関係を持っている。ハードとシステムとハートの一体的所産である。この点ではわが国の国民性は鉄道を育てるのに向いているのだろう。新興国への輸出などの場合にも自動車や航空機や船舶のようにはいかないので、保守や管理のノウハウや習慣まで持ち込んで根付かせないと成功しない。最近ではソフト面の指導やそれらも含めた総合的協力、パッケージ輸出などの形がとられるようになっている。

有事における鉄道の使命

第二次世界大戦末期におけるわが国の国鉄は極限までの輸送維持の危機管理を体験した。特に石油燃料枯渇、海上封鎖、本土空襲の時期には唯一頼れる交通機関として鉄道に対する国、軍部、国民からの期待は大きく、また鉄道側も精一杯それに答えた。旅客列車速度低下や貨物列車増送の「決戦ダイヤ」を組んだ。

2011(平成23)年3月11日発生の「東日本大震災」は鉄道にも大きな教訓を残した。

常磐線や三陸鉄道は長期不通となったが、東北新幹線は4月29日に全線再開した。明治期東北線建設時、海上からの砲撃を恐れて常磐線を本線にしなかったので、東北新幹線も内陸部を走っている。津波が艦砲射撃にとって代わるとは思ってもいなかった。今回は福島第一原子力発電所の破壊にまで至った。東海道本線も当初東京―京都間を中山道経由で計画したが、あまりにも工事が困難なので現在の太平洋沿いにした経緯がある。実際1945（昭和20）年には、当時の国鉄浜松工場が米軍艦砲射撃で壊滅的被害を被った。

今「南海トラフ大震災」が懸念され、東京―大阪間には中央リニア新幹線と北陸新幹線が計画されている。東海道新幹線が破壊されたときのことも想定すべきときにきている。この細長い日本列島に新幹線列島大動脈が完成する時期を迎え、有事の中でも地震のような破壊を伴う災害と、疫病や環境汚染のような汚染による災害の際、この大動脈を広域ブロック間支援に生かすことができたら、細長い日本列島は強みになるはずである。

第2節

中国地方の鉄道と社会

1．山陽鉄道の敷設

長船　友則

鉄道創業と中上川《なかみがわ》彦次郎

日本では明治維新以降、最初の鉄道として１８７２（明治５）年、新橋―横浜間が開通し、続いて関西では１８７４（明治７）年には大阪―神戸間が開通している（うち三宮―神戸間は日本最初の複線）。当時は武士社会から市民社会への大変革の時代で、廃藩置県が実行されたが、さらに経費削減のため県の数も大幅に削減され、兵庫県庁は神戸市に設置とされた。しかし但馬《たじま》、西播磨《はりま》地域では県庁への距離が遠くなるため、再置県請願などの運動が絶えず、また産業が発展しないのは交通不便のためであるとして、兵庫県庁の村野山人《さんじん》は神戸―姫路間の鉄道敷設計画を立て、県令（現在の県知事）、財界有力者等を説得するなど運動を開始していた。

１８８５（明治18）年、県令が内海忠勝に代わると、鉄道敷設の時期到来と積極的に協力するが、政府からは計画を神戸―姫路間ではなく、神戸―赤間関《あかまがせき》（下関）間とすれば認めるとの内諾を得たことから、急きょ発起人会で合議の結果、会社を山陽鉄道会社と決め、神戸—赤間関間130里（511㎞）の鉄道敷設計画を推進することになった。このような大鉄道会社となることから、社長に福沢諭吉の甥で英国留学経験を有する中上川彦次郎が就任することが決められた。

中上川は創立委員総代に就任すると、早速日本土木会社に測量を委託し、顧問技師として外国人を雇用するなどの準備に着手した。一方政府は、私設の鉄道を認めるため1887（明治20）年5月「私設鉄道条例」を公布したことから、中上川はあらためて新条例に基づき「会社設立並起業の議に付稟請《りんせい》」を内閣総理大臣に提出した。これに対して政府は1888（明治21）年1月4日付で新条例による免許（第1号）を交付、1月9日、山陽鉄道会社は設立され、中上川彦次郎は初代の社長に就任した。

なお、免許の条件として次の2点が加えられていた。

①神戸—赤間関間は9年（許可を得た場合は1・5倍の13年半）以内に工事竣工のこと
②広島—赤間関間の線路は軍事上変更を要することもあり、事前に指揮を請うこと

以上二つの条件のうち、①については、神戸—下関間を13年5か月で完成開通させており、辛うじて条件を満たしている。②については、広島以西のルートに関しては厳しい条

件が付されたが、逆にいえば広島以東については、国からルートに関して一切の干渉はなかったことが分かる。

山陽鉄道としては、1888（明治21）年12月23日、兵庫から姫路まで開通させると、次は尾道までの工事にかかるが、兵庫、岡山県境を越えるルートの選定に当たり、技師たちは「100分の1*を越える勾配《こうばい》は避けられない」と強く主張したが、中上川は「それでは将来幹線としての機能が損なわれる」として100分の1を越える勾配は絶対に許さなかったことから、技師たちから「ワンハンドレット」とあだ名を付けられていたといわれる。結局現地調査の結果、上郡を経由して船坂峠*に隧道を掘ることでこの問題は解決したが、幹線としての将来を見据えて信念を貫き通した中上川の逸話として語り継がれている。

兵庫、岡山県境にある山陽鉄道では、最長の船坂隧道《ずいどう》（1137・7m）は当時としては難工事で、幸い山が低かったため真上から3本の立坑を掘下げ8か所から掘り進め、それでも2年弱の工期を要して完成し、1891（明治24）年3月隧道東口の仮三石—岡山間が開通している。

山陽鉄道初代社長中上川彦次郎

中上川は1889（明治22）年9月1日、兵庫—神戸間を最初から複線で開通させ、官設鉄道との連絡を実現させ、兵庫の本社近辺に広大な土地を購入するなど、将来赤間関までの全通をにらみ必要な投資には金を惜しまなかった。それに

＊100分の1：勾配は「勾配＝垂直距離÷水平距離」と算定する。100分の1の勾配は、100m進んだとき1mの高低差が生じる傾きを表すが、一般に鉄道の勾配は、1,000m進んだときの高低差で表し、「‰（パーミル）」とも表記する（69ページ脚注参照）。
＊船坂峠：兵庫県赤穂郡上郡町梨ヶ原と岡山県備前市三石との間に位置する標高180mの県境の峠。

『岡山名所図絵』（1892（明治 25）年）山陽鉄道岡山停車場

より開業区間が短く収入が少ない時期、新線の建設に多額の投資を必要とすることから、会社の収支が逼迫《ひっぱく》する中、１８９０（明治23）年の不況に遭遇し、会社の経営は危機的状況に陥った。

このため大阪の主要株主は社長に経費削減のための改革を強く迫ったことから、社長権限の縮小、役員報酬削減、人員整理、購入して間もない機関車の売却などを余儀なくされ、中上川は１８９１（明治24）年11月社長を辞任して三井財閥へ転職する。しかし１８９５（明治28）年4月から没した１９０１（明治34）年10月までの間、三井財閥をバックに非常勤の取締役として山陽鉄道の経営に復帰し、その発展を支えた。

広島県内路線のルート問題と日清戦争

尾道までの工事で最難関は、線路の尾道市内通過に対する強い反対運動であった。町民の反対理由は「町内に居住する町民の多くは借家人であり、線路を敷設することによりその住居を失う。生活用水はふもとから得ており、線路によりその供給を断たれる。ばい煙による火災の発生が心配だ」などであった。はじめは多くの町民の反対意見で町長まで北方迂回《うかい》案を提案する状況であった。当時の社長中上川は自ら現地に赴いて有識者を説得したが反対派を説得することはできず、松永村と吉和村をほぼ直線で結び、三原に出る北方迂回線を決断せざるを得ない状況に追い込まれた。

この状況を見かねて広島県知事は当初案で実施するよう尾道町長を説得。有力者の中にも街の将来に対する危機感から当初案を支持する意見が出はじめ、反対派を説得し1890（明治23）年11月、当初案での建設が決定した。反対運動のさなか、会社は建設終点を尾道から三原（現在の糸崎）に変更しており、尾道開業から約8か月後の1892（明治25）年7月20日三原まで開通し、開業区間の延伸から山陽鉄道最初の夜行列車の運転も開始された。

瀬野―八本松間の勾配問題

次に三原―広島間建設工事の最大の難関は勾配の問題だった。西条の街は賀茂台地の上にあり、最高地点八本松から瀬野まで約10㎞の標高差は200ｍ程度となる。路線の第一案はほぼ旧山陽道に沿う現山陽本線ルートだったが、第二案は1000分の10の勾配が可能なルートとして、八本松から北に向かい志和堀を経て芸備線上三田《かみみた》辺りに出て、後は現在の芸備線、可部線に沿う迂回ルートで山陽本線己斐《こい》（西広島）辺りに出る路線であった。

このルートの選択について、会社では1892（明治25）年8月株主相談会を開いて諮問案として提案し、第二案は線路延長が10哩《マイル》（約16㎞）ばかり延びることから工事費が多額になる上、所要時間、営業費の増大、瀬戸内航路との競争上不利となることを挙げて第一案を可決し、最急勾配*１０００分の22・６という現在の瀬野—八本松間のルートは決定した。そのため現在でも貨物列車は電気機関車の後押しが必要な上、一部の電車は出力の関係でこの区間は運転できないという制約を受けている。

もし１０００分の10の勾配にこだわって第二案のルートを選んでいたとすれば、広島駅は己斐《こい》辺りに設置され、広島の街も現在と随分違った発展を遂げ、宇品軍港と広島駅を結ぶ鉄道路線の建設にも大きな影響を与えたと思われる。

山陽鉄道が広島まで開通した１８９４（明治27）年６月10日はちょうど日本、清国間の緊張が高まっていたころで、８月１日に日清戦争が開戦になると、すぐ仮設で宇品線を開通させ、宇品港は軍事上の重要拠点としての機能を果たし、以後広島市は軍都としての性格を強めて発展していくこととなる。

広島以西ルート問題と三田尻開通

広島から赤間関への路線延長では、そのルートについて事前に政府の指示を受けなければならないことは免許の条件として付されていた。その理由は、広島以東については紀淡海峡、鳴門海峡および芸予諸島により敵艦船の侵入を防ぐことができるが、広島以西の海域については敵艦船の侵入を防ぐことが困難で、鉄道線路が直接敵の攻撃を受ける恐れがあるというものであった。

＊最急勾配 1000 分の 22.6：勾配の表記については 32 ページ脚注参照。

しかし山陽鉄道としては、免許の条件に付されていた期限内の全線竣工のほか、距離的に短く、人口密集地が集まり、かつ工事費のかからない海岸沿いの路線を想定していた。

一方陸軍参謀本部は、廿日市《はつかいち》から山間に入り六日市、七日市、津和野辺りを経て山口に出るルートを計画し、鉄道庁も独自に岩国近傍から須々万《すすま》、堀、仁保を経て山口に至るルートを選び、ほぼ測量を終えていた。そこで鉄道庁では技師を派遣して比較線の詳細な調査を行った結果、いずれの線も隧道数が96から136と多く、しかも最急勾配は30分の1（1000分の33・3）となることが分かった。山陽鉄道としては、海岸線案以外は容認できるものではなく、1893（明治26）年6月、自社の海岸線による路線案で工事着手の認可手続きを進めた。いつまでも認可が得られない状況が続くうち日清戦争が起こったことなどから、政府の中でも早期に全線建設を急ぐべきとの機運が高まってきた。

そこで山陽鉄道は1895（明治28）年5月、差し当たり広島以西三田尻（現防府）までの海岸線案による敷設工事に着手したい旨申請し、同年7月ようやく許可の指令を得て9月から建設工事に着手した。広島以西の工事に当たっては、将来の複線化を想定して橋台、橋脚等の基礎工事は複線仕様で建設するよう方針が立てられた。

山陽鉄道では広島から三田尻まで同時に開業する予定であったが、富海《とのみ》駅手前の大畠隧道の岩盤が予想外に硬く、初めて削岩機を投入して工事を進めたが、日数がかかるため取りあえず徳山までの開通を優先し1897（明治30）年9月25日開通にこぎつけた。

尾道開業後、尾道―門司間に鉄道連絡航路を持っていた大阪商船会社は徳山開通と同時に尾道―門司間航路を廃止して、徳山―門司間航路に振り替え、徳山が九州連絡の結節点として大きく浮上することとなった。三田尻開通は翌年3月17日であるが、九州への連絡は赤間関への全通まで引き続いて徳山が担うこととなる。

三田尻―赤間関間ルート問題と全通

三田尻―赤間関間の路線は、１８９６（明治29）年12月28日付をもって政府からルートについて指令が発せられた。それによると三田尻―有帆《ありほ》（山陽小野田市）間、小月―長府間はほぼ海岸沿いの路線を認めるものの、有帆―小月間、長府―赤間関間については海岸線を避けて山間線を選ぶよう命じたものであった。山陽鉄道では後者の長府―赤間関間については、はじめから山間線を容認することもやむを得ないと決めていたが、有帆―小月間についてはどうしても容認できず、山間線によるときは将来複線化分も含めて敷設費用増加分を国が負担するよう要求するなど強硬に反対したが、一切受け入れられなかった。この山間線は軍部が唯一意地を通して決めた路線といえるかもしれない。

終点赤間関までの全通は１９０１（明治34）年5月27日で、この日から新駅名は馬関《ばかん》とされたが、翌年6月1日下関と改称されている。

山口県内の路線問題では山陽鉄道は大きな苦難を強いられたが、一方、用地の買収に関しては地元民の絶大なる協力があったことは特筆に値する。それは線路用地の寄贈が相次ぎ、同社の営業報告書では「既ニ領受シタル筆数約二千八百筆ニシテ、此人員千百名ニ達シタリ」と述べている。

鉄道が下関まで全通すると、その日から徳山—門司間の航路を廃止し、下関—門司間に関門航路を開設し、九州連絡の改善を図っている。

高く評価された山陽鉄道の先進性

明治期、日本には官鉄のほか、五大私鉄（北海道炭鉱鉄道、日本鉄道、関西鉄道、山陽鉄道、九州鉄道）が存在したが、そのうち山陽鉄道は日本の鉄道発達史上断然輝いていると旧国鉄の広報誌「R」は評価する記事を掲載していた。当時、鉄道企業を立ち上げるには、経験を積んだ官鉄から人材を受け入れるのが普通であったが、中上川社長は英国留学経験があったことから、海外の文献を取り寄せて研究する一方、顧問技師として外国人1人を雇用しただけで、官設鉄道からの人材は一切受け入れなかった。

中上川社長が退任して約半年後、社長に就任した松本重太郎は就任の条件として、内海航路を経験した今西林三郎を支配人として採用することを主張した。

そのころ山陽鉄道の強力な競争相手は瀬戸内の航路であったが、当時は航路同士の競争は激しく船賃の値引き競争は激烈を極めそれが常態化していた。三原開業前、支配人とし

山陽鉄道の１等室

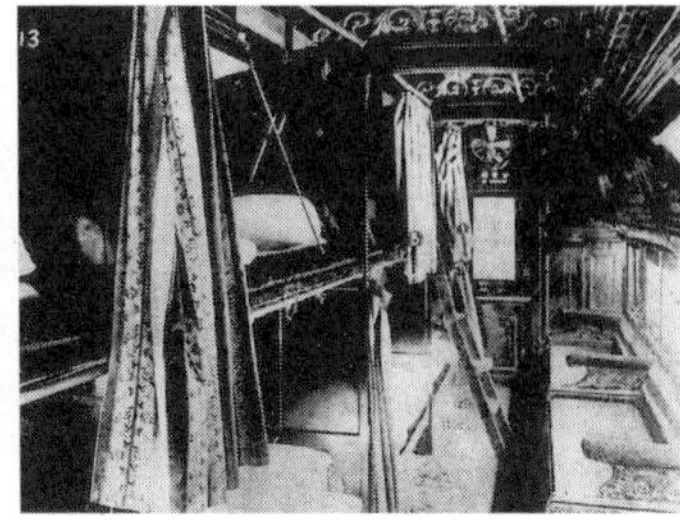
山陽鉄道の寝台付１等客車内部

て入社した今西林三郎は、当時の一般庶民に鉄道はぜいたくな乗り物という風潮があり、鉄道利用の大衆化を図るためには運賃を安くしなければならないとして、中上川社長退任後に値上げされていた運賃を、三原開業日である7月20日から値下げして元に戻したほか、特に遠距離運賃の大幅な値下げを断行した。その上値下げ後の運賃を、会社創業5周年記念として1週間限り半減するという大胆な施策を実行して乗客の大幅な増加をもたらし、大衆に身近な乗り物として受け入れられるきっかけを作った。

山陽鉄道の功績として最も優れた点は、各鉄道会社に先駆けて斬新な各種サービスを提供したことであろう。創業以来、山陽鉄道の客車はすべて小型の2軸客車であり、車両から車両へ移動はまったくできない構造になっていた。そのためこの客車は走る密室となり、車内では凶悪犯罪も発生していた。

それが徳山開業の1897（明治30）年ごろから客車の大型化（ボギー車といわれる2軸または3軸の単台車2組で車体を支える長大な車両への更新）が始まり、車両から車両へ移動が

下関山陽ホテル、右旧館と左国有後の新館

可能になったこと、それと路線の延伸により長距離の乗客に対してそれなりのサービスが必要となり、列車電灯、客車暖房のほか、食堂車、寝台車の連結、赤帽制度の採用などを他社に先駆けて次から次へと新しいサービスを提供した。

さらに客車、駅に担当の車掌、駅長の氏名を掲出したほか、座敷付客車、列車ボーイ制度の採用、庶民が安価に寝台車を利用できるよう思い切った構造の2等寝台車の新造、また寝台料金不要の3等寝台車（椅子を後ろに傾けられる）を企画し、これは実現したものの3等寝台車という名称は幻に終わっている。

下関開通の翌年には駅前に和式旅館を開業し、同11月には直営で洋式の山陽ホテルを開業している。食堂車の営業も最初は神戸の自由亭ホテルの請負としていたが、自社のホテル開業で体制が整ったことから、翌年8月からは食堂車営業も直営に切り替えている。

山陽鉄道は線路の複線化も熱心に進めており、１８９９（明治32）年1月、姫路まで複線化したほか、１９０３（明治36）年12月には、官設鉄道呉線海田市―呉間の開通に合わせて海田市―広島間の複線化を実現させている。

大陸につながる鉄道として成長

１９０３年の年末ごろになると、日本とロシアとの間に緊張状態が強まり、１９０４（明治37）年１月５日付大阪朝日新聞は、「山陽鉄道牛場専務は12月末その筋の命に接し急ぎ上京して参謀本部に出頭し秘密的命令を受けたるものの如く」という記事を掲載したが、その内容については触れていない。

年が明けると、山陽鉄道は播但線新井―和田山間延長工事、岡山―宇野間新線工事、三石複線用隧道建設の三大工事の一時中止を決定し、続いて４月27日の定時株主総会で下関―釜山《プサン》間の関釜航路の開設、大嶺線敷設に必要な議案の決議が行われた。このことから先の秘密的命令とは、関釜航路開設と大嶺線建設を求められていたと考えられる。

日露戦争は１９０４（明治37）年２月10日開戦となり、山陽鉄道は軍事輸送で中心的な使命を担い協力するが、翌１９０５（明治38）年９月５日、日本勝利で日露講和条約が調印されて戦争は終わった。関釜航路の連絡船壱岐丸が完成して下関―釜山間の航路が開始されたのは同年９月11日で、続いて９月13日大嶺線厚狭―大嶺間が開通している。

大嶺線は大嶺炭田で採掘された石炭を貨物列車で徳山の海軍練炭製造所へ運び船舶用の練炭を生産するのが目的であった。

山陽鉄道は１９０３（明治36）年12月、最急行で速度向上を図ったころは新橋―長崎間を37時間半から38時間で結ぶことができたと報告書で述べるなど、九州への連絡鉄道としての意義を宣伝していたが、関釜航路の開設以降は釜山から京城（現ソウル）まで直通列車で13時間と日本で唯一大陸へつながる鉄道としての使命を強調する宣伝に変わっている。

山陽鉄道国有化と果たせなかった夢

1906(明治39)年12月1日、山陽鉄道は国有化されて、会社は解散となり19年の生涯を終える。同社が国有化前に計画していた工事で上郡—吉永間複線化のうち、船坂隧道(下り線、旧隧道は上り線に)は日露戦争のため一時工事を中断していたが、戦後完成を急ぎ国有化直前に完成させて国へ引き継いでいる。この区間の複線化完成までにはさらに4年前後を要したほか、宇野線の完成と宇高航路の開設も国有化後に実現している。

また実現はしなかったものの、山陽鉄道時代に構想されていた計画は、山陽線全線複線化、神戸—明石間の電車運転、下関—門司間の貨車航送のほか、将来的には関門海峡に橋を架けて列車を九州へ直通運転したいという夢を、当時の会社役員、幹部の発言等から読み取ることができる。

参考文献

長船友則『山陽鉄道物語』(JTBパブリッシング、2008年)

2. 区間ごとに成り立ちを異にする山陰本線…………長船　友則

現在の山陰本線京都―幡生《はたぶ》間は延長673・8㎞と日本一長い路線だが、最初の鉄道敷設について東部は京都鉄道、中央部は官設鉄道、西部は長州鉄道により企画され建設が進められた。

山陰本線二条駅（旧駅舎）

東部は京都鉄道からスタート

山陰本線の起点駅は京都駅となっており、実際に現在の山陰本線の一部が最初に開業したのは、京都鉄道会社によって１８９７（明治30）年２月15日に二条―嵯峨間が開通したことに始まる。京都鉄道は*浜岡光哲《こうてつ》、田中源太郎ほかが創立委員となり、１８９３（明治26）年７月に設立免許出願を行った。路線は起点を京都七条（現京都駅）とし、亀岡、園部、綾部を経て福知山との間および綾部から舞鶴、宮津との間を１区とし、福知山と和田山との間を２区として出願した。

実は１８９２（明治25）年６月に公布された「鉄道敷設法」では、まず敷設すべき路線として「京都府下京都ヨリ舞鶴ニ至ル鉄道」が挙げられていたが、２年後に公布された比較線路決定でも、前記の路線が選ばれていた。政府はこの路線を民間会社に行わせ

＊**浜岡光哲、田中源太郎**：浜岡は1853（嘉永６）年生まれ1936（昭和11）年没。田中は1853年生まれ1922年（大正11）年没。二人とも京都を中心に銀行、鉄道をはじめ各種企業や私立学校などの設立に携わったことで知られる実業家で政治家。

近畿の山陰本線とそれ以前の路線

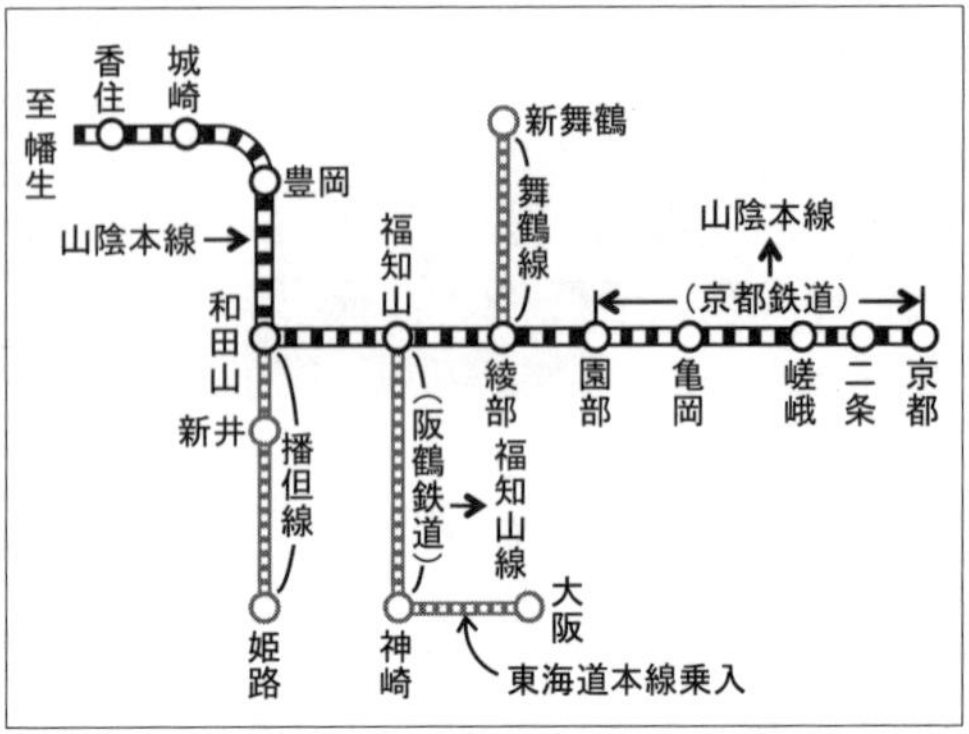

ることとして、１８９５（明治28）年11月に免許状を交付し、京都鉄道は翌年4月京都から工事に着手した。

京都鉄道の建設区間、嵯峨―園部間のうち、亀岡までの区間は保津川に急峻《しゅん》な山が迫る困難な地形だったため、トンネルや橋梁が多く難工事で予定以上に多額の建設費を要する区間であった。

しかも会社はこの路線が将来山陰への縦貫ルートの幹線になるとの判断から、京都―嵯峨間は将来用地買収が難しくなるということで複線用地を買収したほか、二条停車場などの大規模な建築を進めて建設費が過大な負担となり、経営の圧迫を招くことになった。嵯峨―園部間は１８９９（明治32）年8月に何とか竣工させ、京都―園部間の営業運転は開始できたもののそれ以上の建設工事が困難となり、政府に利子補給、補助金の請願を行ったが認められなかった。さらに１９０１（明治34）年3月園部以西未成線の竣工期限（同年11月5日）の3年間延期の申請を行い、これは認可されたが、「ただし未成線の急設を必要とするとき、政府はいつでも免許の取り消しと未成鉄道の収用ができる」という条件が付けられた。

そのころ日本とロシアの関係は緊張状態が高まりつつあり、舞鶴軍港の役割は重要性を増し、舞鶴への鉄道敷設は急がれていた。

一方東海道線神崎から路線を逐次北に延伸していた阪鶴《はんかく》鉄道は、1899（明治32）年7月、福知山南口まで開通させ（現福知山線）、さらに舞鶴まで延伸の免許申請を行っていたが、これは却下されている。

政府は舞鶴港までの開通を急ぐため、取りあえず福知山―綾部―舞鶴港間を官設鉄道として建設作業を進めた。日露戦争開戦後の1904（明治37）年11月3日福知山と新舞鶴（現東舞鶴）を結ぶ鉄道が竣工し、併せて阪鶴鉄道も終点福知山南口から官設鉄道新設の福知山駅までの1・1㎞の接続線を完成させた。

官鉄が竣工させた新線は同日から阪鶴鉄道に貸渡しされ、同社は念願の新舞鶴までの直通乗入運転開始により、大阪と新舞鶴を結ぶ路線が実現した。さらに阪鶴鉄道は1905（明治38）年4月、舞鶴港から鳥取県境港間に隔日運航の航路を開設して永田丸を就航させ、京都鉄道より一足先に山陰と関西を結ぶ連絡網を実現させた。

京都鉄道の方は園部から綾部までの建設ができないまま、舞鶴への連絡は棚上げの状態となり、かつて免許を得ていた残余免許線の取り消しも1902（明治35）年9月5日付で認可されていた。結局京都鉄道の開業線路は、京都―園部間（35・7㎞）のみで、当初目的とした舞鶴だけでなく、綾部までさえ開通は実現できないまま、1907（明治40）

年8月1日、国有化によりその使命を終えた。

鉄道敷設法による京都から舞鶴への連絡は、園部—綾部間が未開通のまま放置されたため大幅に遅れ、その区間が官設鉄道として開通したのは1910（明治43）年8月25日となった。京都市ではようやく舞鶴までの線路がつながり、京都—新舞鶴間に直通列車の運転が開始されたことから、27日に円山公園で京鶴線全通の盛大な祝賀会が行われた。

和田山から西への路線は、園部—綾部間、福知山—和田山間が未開通の時点で山陰東線として建設工事が開始され、1909（明治42）年9月には城崎《きのさき》まで開通していた。

その後城崎から山陰東線の西端香住《かすみ》までが1911（明治44）年10月25日に開通し、同じ日に最後まで未開通区間として残っていた福知山—和田山間も同時に開通したため、これで山陰東線は京都から香住まで全通したことになる。

中央部は最初から官設鉄道の山陰山陽連絡線としてスタート

明治期、米子、松江を中核とする山陰地方は関西経済圏の中に包括されており、軍事上の観点からも陰陽を結ぶ横断路線建設の必要性が強く望まれていた。

先の「鉄道敷設法」では「山陰及山陽連絡線」が挙げられていたため、さらに路線の実測調査が行われ、9通りに及ぶルートの調査結果が報告された。鉄道会議で討議の結果、大阪から時間的に最も早くて、アプト式*施工区間がなく建設が容易な路線として姫路—鳥

＊アプト式：急勾配を列車が上る際、車輪が滑らないように2本のレールの間に歯車状の軌条を取り付け、機関車側の歯車とかみ合わせることで走行させる方式。スイスのアプトが考案し、日本の現行路線では大井川鐵道井川線の一部に採用される。

取—境間の路線が選ばれ、１８９４（明治27）年６月法律第10号により「兵庫県下姫路ヨリ鳥取県下鳥取ヲ経テ境ニ至ル鉄道」として公布された。

鉄道敷設工事は１９００（明治33）年５月から山陰山陽連絡線として境から実測に着手された。官設鉄道による山陰地方最初の鉄道開通は１９０２（明治35）年11月１日で、境（現境港）—米子—御来屋《みくりや》間（36・８㎞）が開通した。引き続き鉄道は東に向かって建設工事が進められ、１９０５（明治38）年５月には青谷（境から87・５㎞）まで開通したが、ここまでは山陰山陽連絡線として建設された。ところがそれより以前、政府は１９０２（明治35）年12月８日、経費節減を主な理由としてルートを姫路—鳥取から姫路—和田山（兵庫県）に変更することを決定していた。

境線上道－境港間の山陰鉄道発祥地記念碑

１８９２（明治25）年の「鉄道敷設法」では、別に山陰線として「京都府下舞鶴ヨリ兵庫県下豊岡、鳥取県下鳥取、島根県下松江、浜田ヲ経て山口県下山口近傍ニ至ル鉄道」という路線も挙げられてはいた。しかしまずは陰陽連絡の実現を優先した結果、山陰山陽連絡線から着手したものと考えられるが、ではなぜ急にルートを姫路—和田山に変更したのか疑問が残る。

後藤総裁揮毫の石額が掲げられる桃観隧道東口

実は陰陽連絡線としてはすでに1899（明治32）年に神崎から福知山まで阪鶴鉄道が開通していたが、播但鉄道も姫路から路線を延長して1901（明治34）年8月には新井まで開通させており、和田山まで開通一歩手前まで迫っていたことも要因の一つとして考えられる。播但鉄道の当初の計画では路線をさらに和田山、豊岡を経て山陰の津居山《ついやま》まで延ばす予定で免許を得ていたが、経営難が続きすでに1897（明治30）年ごろから山陽鉄道との合併の動きもみられていた。いよいよ新井までの延長工事竣工の目途が立ってくると、播但鉄道は山陽鉄道に対して合併の申し入れを行っている。それに対して山陽鉄道は買収で応じることとし、1903（明治36）年に山陽鉄道に対する播但鉄道全線の売却が実現、同年6月1日から山陽鉄道が飾磨《しかま》—新井間の営業運転を開始していた。その後山陽鉄道は日露戦争で一時工事を中断した時期があったが、1906（明治39）年4月1日、新井—和田山間（13・8km）を開通させ陰陽連絡線を実現させている。

また中国地方では、中国鉄道が1898（明治31）年12月、岡山から津山口間（現在の津山線）の鉄道を開通させ、津山から勝山、四十曲《しじゅうまがり》峠、根雨《ねう》を経て米子へ通ずる街道につながる鉄道として利便性を向上させていた。このルートの当時の旅行記として大町桂月《けいげつ》の『迎妻紀行』は興味深い。

山陰山陽連絡線としての建設は青谷までで、以後出雲今市

（現出雲市）から兵庫県香住までの区間は山陰西線として建設工事が進められることとなる。

山陰西線の建設工事は東に向かって進められたが、浜坂―香住間の餘部《あまるべ》鉄橋と桃観《ももみ》隧道の建設という最大の難関が控えていた。

餘部鉄橋は最近架け替えられ（２０１０（平成22）年共用開始）、山陰名所として有名だが、桃観隧道（延長１９９１・９m）には、建設当時山陰視察中だった鉄道院総裁後藤新平が揮毫《きごう》したとされる扁額が東西の坑口に掲げられている。

一方山陰西線は米子から西に向かっても工事は進められた。１９０８（明治41）年４月米子―安来間が開通したのを皮切りに、１９１０（明治43）年10月には荘原―出雲今市間が開通。後は目標とする大社線大社までの区間を残すものの、山陰線は山陰西線浜坂―香住間の開通を待つだけとなっていた。

山陰東線はすでに京都から香住までが全通していたので、最後の難工事個所を含む山陰西線浜坂―香住間が開通した１９１２（明治45）年３月１日に京都―出雲今市間が全線開通したことになり、山陰東線、西線からあらためて山陰本線と改称された。

大社線出雲今市―大社間は同年６月１日開通し、同日は鳥取市において盛大な山陰本線全通式が挙行された。

しかしこの時点では、陰陽連絡線として開通した播但線より

山陰西線と山陰東線の分界点矢田川鉄橋（香住駅西）

西に陰陽連絡鉄道はまったくなく、陸上交通では1898（明治31）年開通の中国鉄道岡山―津山口間の路線が部分的な陰陽連絡交通の役割を果たしていたに過ぎなかった。

なお京都―出雲今市間全通直後の3月7日付山陰日日新聞の広告では、大阪商船が鉄道連絡便として境―下関間に急行船琉球丸を運航し、境奇数日午後0時30分発、下関偶数日午後1時00分発で、温泉津《ゆのつ》、浜田、萩に寄港し各21時間を要していた。

西部は東から官設鉄道、西からは長州鉄道がスタート

京都から出雲今市まで全通後、山陰本線は出雲今市から西に向かって建設工事を進めていくことになる。まず1913（大正2）年11月、出雲今市―小田間を開通させた後、逐次工事は西に向かって進められ、1921（大正10）年9月には浜田まで開通。さらに1923（大正12）年12月には石見益田（現益田）まで開通した。そのときすでに、山口線が同年4月1日に石見益田まで全通していたので、1892（明治25）年の鉄道敷設法で記されていた山陰線の敷設は一応かなえられたことになる。

山陰本線は石見益田からさらに西に向かって工事が進められ、1928（昭和3）年3月には須佐まで開通したが、この先には難所が控えていてしばらくは足踏み状態となる。

斐伊川橋梁を渡る旅客列車

一方下関からは長州鉄道が下関から正明市《しょうみょういち》（現長門市）に至る74㎞の免許を得て、本社を生野村大坪141（後の山陽電軌本社所在地）に置いた。

まず東下関（本社所在地）から小串間（23・８㎞）の建設工事にかかり、１９１４（大正３）年４月22日には開業している。その営業状況で貨物は不振であったが、旅客は好調で、政府の補助金を10年受け取る予定のところを５年目で不要としたほか、１９２０（大正９）年度以降は１割以上の配当を行うなど経営は好調に推移していた。しかし新たな線路延伸は、着工の遅れによる免許取り消しのほか、小串以北の路線は官設鉄道の工事として施行される情勢となってきたため免許を返上し、幡生―小串間（23・６㎞）の鉄道は、１９２５（大正14）年６月１日に国有化され小串線とされた。さらに小串線は同年８月に小串―滝部間を開通させ、１９２８（昭和３）年には阿川までを小串線として開通させている。

東下関駅付近の旧長州鉄道起点標と電車

長州鉄道には東下関―幡生（２・２㎞）の線路が残され、翌日から買収で除外された３両の客車と鉄道省から借用した２両の蒸気機関車で営業運転を継続したが、後に伊那電車軌道から購入した３両の電車を使用して、翌年３月９日から電車運転に切り替えた。

さらに長州鉄道は１９２８（昭和３）年12月、事業資産一切を下関で路面電車を経営していた山陽電気軌道に引き継ぎ解散した。

山陽電気軌道では市内電車路線は軌道法が適用となるのに対して、長州鉄道から引き継いだ東駅（旧東下関）—幡生間は地方鉄道法の適用で、しかも単線のため中間駅金毘羅に行き違い設備がありタブレット*を交換していた。その山陽電気軌道も１９７１（昭和46）年２月７日に電車事業を廃止したが、その日まで東駅の構内と道路の境界に長州鉄道の０km起点標が残されていた。

本州最西端の陰陽連絡線美祢線が、最後の区間於福《おふく》—正明市間の開通によって厚狭《あさ》—正明市間が全通したのは１９２４（大正13）年３月であるが、同年11月３日には正明市—長門三隅間が美祢線として東に向けて開通し、１９３１（昭和６）年11月には須佐の手前の宇田郷《うたごう》まで開通していた。

一方美祢線は正明市から西に向けても工事が進められ、まず１９２８（昭和３）年12月に正明市—黄波戸《きわど》間が開通。１９３０（昭和５）年12月には美祢線長門古市—小串線阿川間がつながり、翌年の宇田郷開通で難工事区間須佐—宇田郷間（８・８km）の工事を残すだけになった。

この区間には最後の難関として山陰本線最長（２・２km）の大刈隧道が控えていた。工事は１９２８（昭和３）年１月、まず手掘りから着手された。長い隧道を短期間で掘削するには機械力の活用を必要としたが、電力会社の既設設備からは動力用電気の供給は望めないため、須佐町の一角に400kWの省営火力発電所とその建物を特設し須佐発電所とした。電

＊タブレット：単線区間での衝突回避のため、一定区間を通行する際に必要とされる通行証の役割を果たすもの。

力供給は同年3月から23か月に及び、供給開始と同時に機械掘りに着手し、1930（昭和5）年4月下旬に竣工検査を完了している。この区間には写真撮影の名所として有名な延長189mの惣郷《そうごう》川橋梁も含まれている。

いよいよ1933（昭和8）年2月24日、須佐―宇田郷間の開通で美袮線の一部と小串線は山陰本線に編入され、ここに京都―幡生間の山陰本線は全通することとなった。最初に二条―嵯峨間が開通して以来実に46年ぶりに全線が開通したことになる。

工事中の惣郷川橋梁

山陰本線が全線開通以来80年を超える現在、民間航空路、高速道路を含む道路網の整備、自家用車の普及で鉄道は大きな影響を受けている。また山陽新幹線新大阪―博多間の開通で岡山から京都、新大阪、新山口への所要時間が大幅に短縮され、さらに1994（平成6）年因美線智頭―山陽本線上郡間を結ぶ智頭急行の開通で、鳥取―京都間に特急「スーパーはくと」が1日7往復所要時間3時間前後で運転されるようになった。その影響もあり、山陰本線は線路ではつながっていても運転の上では鳥取と益田を境目として大きく分断されている。山陰本線を通じての山陰地方と関西圏とのつながりについて見てみると、し鳥取駅発着の特急「はまかぜ」がただ1本のみ、山陰本線と播但線経由の大阪行きで、しかもかも早朝、深夜発着となっていて、関西圏とのつながりは非常に薄いといえよう。

鳥取駅を東西に直通運転される列車は1本もないという寂しい状況となっている。

鳥取と同じような状況になっているのが益田である。２００５（平成17）年2月28日までは益田―下関間特急「いそかぜ」が山陰本線経由で運転されていたが、現在山陰本線益田―幡生間は、特急、急行ともまったくなくなり完全なローカル線に変わっている。

現在陰陽連絡の特急は鳥取から前記以外に岡山行き「スーパーいなば」が6往復、鳥取、米子から山口線経由新山口行き「スーパーおき」が3往復、出雲市から伯備線経由の岡山行き「やくも」が15往復、東京行き「サンライズ出雲」が1往復で、山陰本線内では鳥取―益田間4往復と鳥取―米子間3往復の「スーパーまつかぜ」が運転されている。

大山口駅を行く山陰本線の現行列車

参考文献

日本国有鉄道編『日本国有鉄道百年史　第3巻、第4巻』（日本国有鉄道、１９７１～７２年）

石野哲『停車場変遷大事典　国鉄・ＪＲ編Ⅰ、Ⅱ』（ＪＴＢ、１９９８年）

谷口良忠『山陽電気軌道』（『鉄道ピクトリアル』１９６８年7月号）（鉄道図書刊行会）

3．軍事的背景で敷設された路線とその後①～宇品線～ …　長船　友則

千田県令による宇品築港と民間による宇品への鉄道計画

１８８０（明治13）年、広島県令として着任した千田貞暁《せんださだあき》は広島の街の発展には大型船の入港できる港が必要として宇品築港を計画、１８８４（明治17）年着工し、5年の歳月と莫大《ばくだい》な費用をかけて難工事の末に１８８９（明治22）年11月ようやく完成している。しかし港は完成したものの交通不便のためあまり利用されない時期が続いていた。

その宇品への交通不便を解消するため3回にわたって民設の鉄道が計画され、そのうち最初の計画は現実に開通までしていたという事実は案外知られていない。

宇品築港を計画した県令千田貞暁
（千田廟公園）

①現山陽本線の前身山陽鉄道は、１８８８（明治21）年11月1日、兵庫―明石間を開業したが、その4か月前の7月1日に宇品で軽便汽車が開通していたという事実がある。

１８８４（明治17）年、呉に海軍鎮守府の設置が決定し、大規模な埋立て工事が行われた。そこに参加していた粟村信武（広島商業会議所の初代会頭も務めた人物）が、工事終

了後不要となった蒸気機関車の一部を譲り受けて企画したものと考えられるが、広島の長橋（現御幸《みゆき》橋）東詰─宇品間の西堤防上に軽便汽車を運転して、同区間（2182m）を片道2銭で開業した。半月後の7月15日には来賓120名を招待して宇品で盛大な開業式を挙行したが、その3日後機関車の釜が破裂して乗務員が死亡するという事故が発生し、この計画は挫折している。

②現在の中国電力の前身広島電灯の創業を、1888（明治21）年末から高坂万兵衛らが計画していたが、1890（明治23）年、東京上野公園で開かれた第3回内国勧業博覧会で行われたわが国最初の電車運転を見学して影響を受け、電気事業を起こすのであれば併せて広島の宇品─市内間に電車事業をということで計画された。

これには2路線あり、甲は宇品栈橋前─御幸通り角─皆実村入口─長橋─鷹野橋─小町白神社前と、乙は皆実村入口で分れて、比治山鶴見橋─竹屋橋─戒善寺前通─小町白神社前という計画であった。その予算は電気鉄道8㎞、電車6両ほかで7万8500円程度必要とされたが、なぜかこの計画は実現に至らず、広島電灯は1893（明治26）年設立され、翌年10月20日に電力会社として開業している。もしこの計画が実現していれば、日本最初の電車による営業運転となるはずであった。

③山陽鉄道の広島開通が迫ったころ、広島駅や市内から宇品を結ぶ二つの鉄道計画が立てられていた。その一つは「広島鉄道」を設立し、宇品栈橋前から大河《おおこう》通り（後の宇品線）

を北上して比治山の東麓《とうろく》を巡って段原村に至り、京橋川を渡って平田屋橋近傍《きんぼう》に至る約5・2㎞の路線と、段原村から分岐して猿猴《えんこう》川を渡り、山陽鉄道停車場に至る約1・6㎞の2路線で、軌間1067㎜、機関車2両、客車12両、貨車、緩急車12両で運転するものだった。もう一つは「広島馬車鉄道」で、軌間は1067㎜とし、1区は宇品桟橋前から御幸通りを経由して皆実村に至り、京橋川を渡り竹屋村を経て袋町に至る路線と、2区は皆実村で分岐して比治山、段原村を経て広島停車場に至るもので、客車7両、荷車8両、馬匹15頭で営業し、将来は軽便汽車への移行も検討するものであった。

このうち広島鉄道は広島県告示で仮測量認可の公告が新聞に掲載されるなど計画はある程度進んでいたが、2計画競願となったため、県に留め置かれた間に日清戦争の開戦で急きょ軍用鉄道敷設が具体化してきたため、この計画は幻に終わっている。

広島停車場―宇品港間軍用鉄道の敷設と山陽鉄道国有化

1894（明治27）年6月10日、山陽鉄道三原―広島間が開通したが、そのころ朝鮮では東学党を中心とした民衆の内乱（甲午農民戦争）が拡大した。崩壊の危機に直面した李《り》朝《ちょう》政権は清国に出兵を要請したため、日本は6月2日邦人保護等の名目で朝鮮への派兵決定後、宇品町に軍隊や軍需品の船舶輸送を担う宇品運輸通信支部（後の陸軍運輸通信部宇品支部）を設置し、9日から出征部隊の輸送任務に当たった。また山陽鉄道でも開業2日前の8日から出征兵士に限り客扱いを始めた。

山陽鉄道の広島開通とともに軍港として重要性を増した宇品港を鉄道で結ぶため、陸軍では急きょ広島停車場から宇品港を結ぶ鉄道を敷設することとなり、山陽鉄道に鉄道の敷設を要請、仮設とはいえわずか17日間の工期で同年8月20日には完成にこぎつけた。

日清戦争は8月1日開戦となり、山陽鉄道、軍用鉄道宇品線は、兵士、軍需物資の輸送に活躍し、宇品港は後の戦争でも重要な軍港としての機能を果たし、広島を軍都として発展させる礎ともなった。

宇品御幸通を行進する兵士

日清戦争は翌年4月、日本の勝利で日清講和条約が締結され、終戦後は仮設の宇品線を陸軍省に委託された山陽鉄道が本敷設に改築工事を行い、線路使用許可を得て1897（明治30）年5月1日から広島停車場—宇品間（5・8㎞、後5・9㎞に延長）の営業運転（1日8往復）を開始した。山陽鉄道は1903（明治36）年1月には比治山簡易停車場（起点2・9㎞）を新設、1905（明治38）年4月にはそこに陸軍被服廠《しょう》広島派出所が創設され、同年12月31日に比治山簡易停車場に側線を設備して派出所の発着荷物取り扱いを開始している。さらに同派出所は1908（明治41）年3月陸軍被服廠広島支廠に昇格、規模の拡大が図られた。

日露戦争は１９０４（明治37）年２月開戦となったが、同年４月に陸軍運輸通信部宇品支部は陸軍運輸部本部と改称され、宇品港のほとんどを軍用に供する重要機関となった。そして６月には丹那簡易停車場（起点４・０㎞）も新設された。

山陽鉄道は１９０６（明治39）年12月１日国有化され、宇品線は陸軍、逓信《ていしん》両大臣の協議で鉄道作業局の所管に移され、神戸市が本拠の西部鉄道管理局の管轄下に入った。

その後１９０７（明治40）年、比治山南東（現広島大学病院の場所）に陸軍兵器庫が設置され、１９１９（大正８）年３月、広島陸軍兵器支廠も市内基町から同地（起点２・４㎞）に移り、宇品線沿線での軍施設の充実が図られた。

宇品線旅客営業廃止と芸備鉄道のガソリンカーによる営業再開

１９１９（大正８）年５月になると、糸崎以西の本支線は門司鉄道管理局所管区域に入ったが、同年８月１日から宇品線の旅客手小荷物の取り扱いは廃止されて宇品線の名称も消え、山陽本線に所属する貨物専用線となった。その理由は沿線人口が期待ほど伸びなかったことと、同年５月25日に御幸橋上流に広島瓦斯《ガス》電軌（広島電鉄の前身）の電車軌道専用橋が完成し、広島駅から宇品間の電車直通運転が実現したことによるものと考えられる。

これに対して県市、商工団体などは旅客営業の復活運動を続けたが実現しなかった。

その後、１９１５（大正４）年に創業し、広島―庄原間で営業を行っていた芸備鉄道ではガソリンカーを導入して車両の増備を図り、さらに宇品線でガソリンカーによる旅客手小荷物営業を計画し免許を取得した。線路の年間使用料、広島、宇品両駅の列車発着の取り扱いは鉄道省の従事員が行うなどの契約を鉄道省運輸局長と交わし、1930（昭和5）年12月20日からガソリンカー2両で営業運転を開始した。開業当日から中間に4停留場、さらに翌年3月に3停留場が新設され、営業は順調に続けられた。

1935（昭和10）年、鉄道省は全国に6局の鉄道局を1局増やすこととし、新潟市と誘致を競った結果、広島市に設置を決定した。局管轄範囲として山陽本線は明石操車場―下関間の本支線、四国は全域と広大な区域を管轄する広島鉄道局が同年8月1日に開設されることになり、急きょバラック建の仮庁舎が宇品町御幸通1丁目から2丁目に建築された。仮庁舎には700人を超える大きな職場が誕生したわけで、開局に合わせて通勤客輸送のため、ガソリンカーに加えて一部鉄道省の蒸気機関車による旅客列車も導入された。

その2年後の1937（昭和12）年7月1日には、芸備鉄道の国有化で、宇品線の旅客手小荷物営業は鉄道省に回収されることとなる。

太平洋戦争による原爆被害と戦後の通勤通学客輸送での活躍

日本は1931（昭和6）年の満州事変、1937（昭和12）年の日中戦争、1941（昭和16）年の太平洋戦争と続く長い大戦の時代に入る。1932（昭和7）年宇品港は広島港と改称され、翌年施行された「宇品港域軍事取締法」で指定区域内の施設や建物の新設に軍の許可が必要になるなど戦時体制が強まっていった。１９４１（昭和16）年12月太平洋戦争に突入すると資材や燃料の不足が顕著となり、１９４５（昭和20）年４月から宇品線のガソリンカーも姿を消し蒸気列車に一本化された。

１９４５（昭和20）年８月６日朝、空襲警報が解除され平穏な生活に戻った８時15分、米軍機が投下した一発の原子爆弾で10万人を超える死者と共に街は壊滅的被害を受けた。宇品線は爆心地から離れ比治山の陰だったため大きな被害はなく、翌日夕方から正常運転に復帰した。

宇品線の車内　写真提供：和久田康雄

８月15日に終戦を迎えると、分散していた官庁や学校が沿線の広大な旧軍用地や施設に集まり、宇品線は通勤通学客であふれた。

１９４９（昭和24）年度の宇品線の１日平均輸送人員は１万６６４６人、うち76％が定期券使用者で通勤通学客が圧倒的多数を占めていた。しかも戦後の客車不足のため大型貨車ワキ１形まで動員して需要に応じた。しかし戦後復興が進むと、路線バスの発達に加え、１９５２（昭和27）年に広島鉄道管理局が広島駅裏、１９５６（昭和31）年に広島県庁が紙屋町、1960（昭和35）年に国の合同庁舎が上八丁堀と、それぞれ市中心部の新庁舎に移転したため、宇品線の旅客は大きく減少し巨額の赤字を計上するようになった。

通勤通学専用列車運転から国鉄民営化前の全面廃止まで

その後道路網が整備され車社会が到来したため、国鉄は不採算路線を廃止することとし、宇品線も一般旅客営業の廃止が本社に上申された。しかし運輸審議会で通学輸送のため広島—上大河《かみおおこう》間の旅客営業のみ残すよう指示され、1966（昭和41）年12月20日、全線の一般旅客営業は廃止されたが、同区間の通勤通学定期券専用列車のみ存続することになった。広島駅の引き込み線となって宇品線の名称はなくなり、宇品駅は「宇品貨物取扱所」となった。このときから宇品線の路線図と時刻表は市販時刻表から姿を消し、運転される旅客列車は「幽霊列車」とも呼ばれた。

上大河駅

1972（昭和47）年4月1日、国鉄はこの列車を廃止すると同時に貨物営業も廃止し、東広島（貨物駅）—宇品貨物取扱所間は、民間運送業者4者運営の「宇品四者協定線」として毎日早朝1往復のみ貨物列車が運転され、日中線路は住民の通路としても利用された。しかしごく一時期日中に臨時貨物列車が運転されることがあった。インドネシアの飢饉《ききん》により長野県から大量の米を緊急輸出するため、旧宇品線経由で宇品港から積み出す計画が1977（昭和52）年12月9日から翌年1月26日まで27日間の計画により実施され、日中列車の走らない線路の事故防止には万全の措置が講じられた。

しかし国鉄民営化を前に車扱貨物輸送の廃止が急がれ、民営化前年の1986（昭和61）年9月30日限りで「宇品四者協定線」の貨物輸送は終止符が打たれ、宇品線92年の歴史は幕を閉じた。

広島駅0番線の通勤通学客専用列車

参考文献

『芸備日日新聞』（1894（明治27）年記事）

『中國新聞』（1977（昭和52）年12月10日記事）

広島市郷土資料館編『陸軍の三廠』（広島市郷土資料館、2014年）

長船友則『宇品線92年の軌跡』（ネコ・パブリッシング、2012年）

4．軍事的背景で敷設された路線とその後 ②～呉線～
… 三宅　俊彦

軍港呉と山陽鉄道を結ぶ鉄道として敷設

広島県の呉は、瀬戸内海を望む天然の良港で、海軍の鎮守府が置かれた。このため呉は重要な軍事拠点となっていた。この軍港の呉と山陽鉄道とを結ぶ鉄道の敷設は軍部からの要請もあり重要な課題であった。

1892（明治25）年6月21日公布、法律4号「鉄道敷設法」では、呉線の関係部分は次のように掲げられている。

第一章　総則
第一条　政府ハ帝国ニ必要ナル鉄道ヲ完成スル為漸次予定ノ線路ヲ調査シ及敷設スル
第二条　予定鉄道線路ハ左ノ如シ
（略）
山陽線
一　広島県下三原ヨリ山口県下赤間関ニ至ル鉄道
一　広島県下海田市ヨリ呉ニ至ル鉄道
（略）

第二章　第一期鉄道及公債募集
第七条　予定線路中左ノ線路ハ第一期間ニ於テ其ノ実測及敷設ニ着手ス
一　山陽予定線ノ内広島県下三原ヨリ山口県下赤間関ニ至ル鉄道及広島県下海田市ヨリ呉ニ至ル鉄道
（以下略）

「鉄道敷設法」が公布された1892年には、山陽鉄道は三原（現在の糸崎）まで開通直前であり、三原から広島への敷設工事の準備も着々と進んでいた。海田市から呉間の鉄道も第一期建設予定鉄道線路の一つとして編入されたことになる。

1893（明治26）年2月13日、第1回鉄道会議で「鉄道敷設法第一期山陽予定線ノ件」で鉄道建設と線路経過地点などの報告が議決された。1896（明治29）年3月28日、「明治28年度特別会計歳入歳出予算追加」が公布され、海田市―呉間の鉄道は1897（明治30）年度より3か年度継続の予算が立てられ、建設されることになった。

開業当初の呉線の路線図

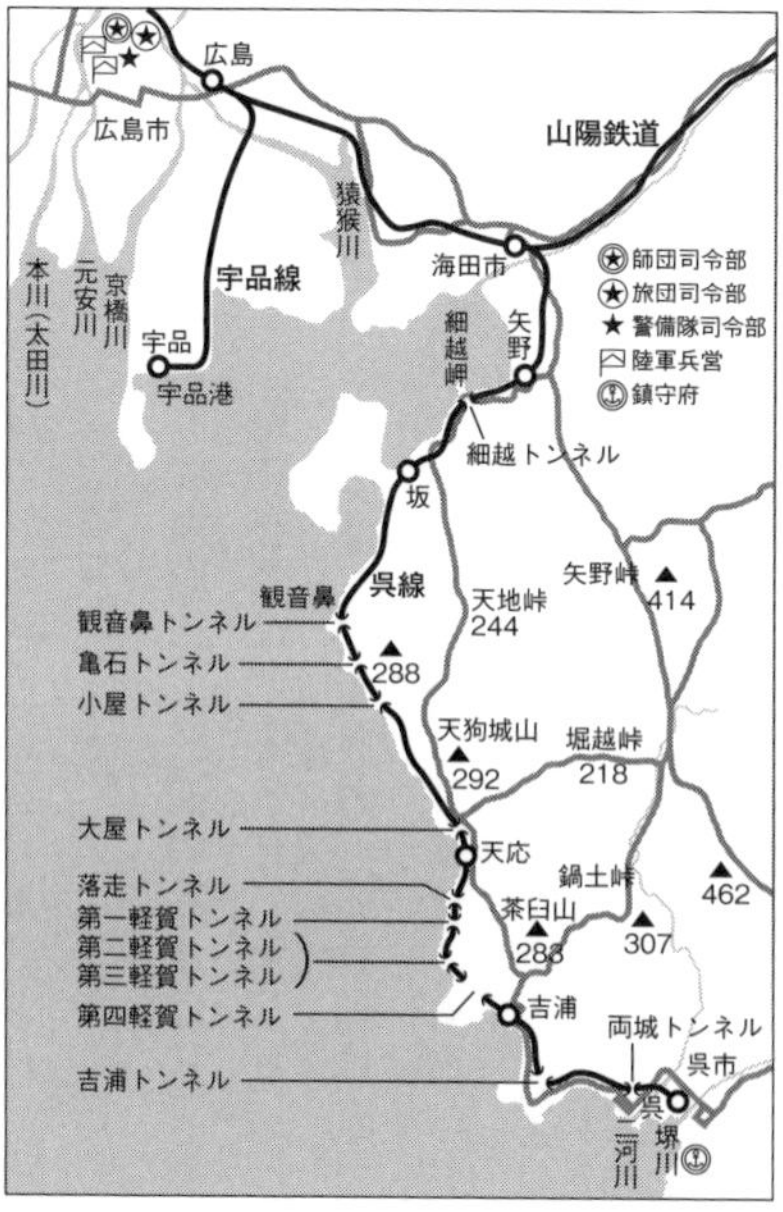

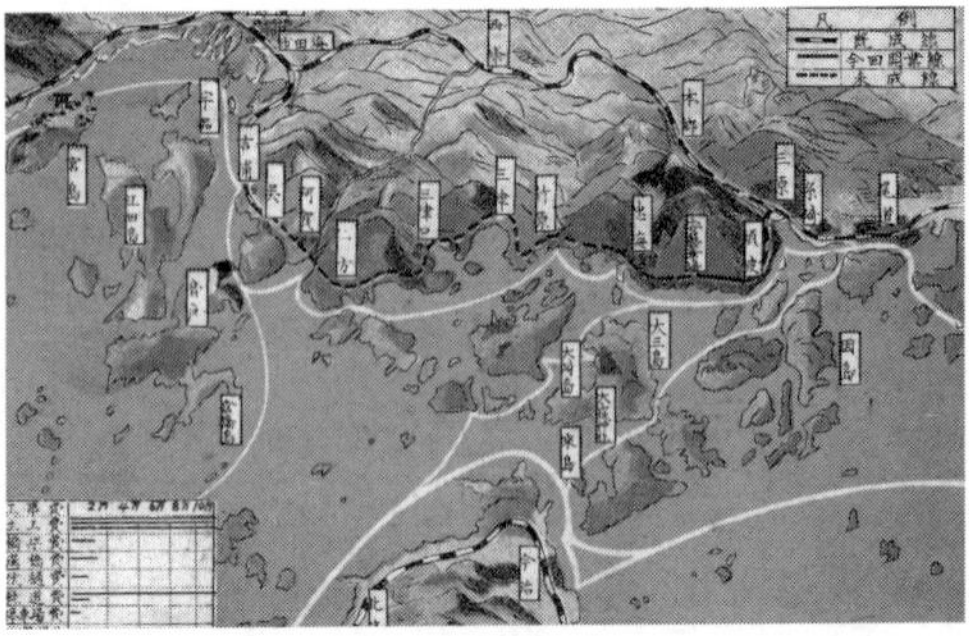

呉線の工事概要を示す絵地図　出典：鉄道省『三呉線須波安芸幸崎間開通記念絵葉書』

ところが1897年1月7日の第8回鉄道会議で「呉鉄道株式会社発起並鉄道敷設ノ件」が諮詢《しじゅん》された。これは呉鉄道株式会社発起人（神野金之助ほか11名）が山陽鉄道広島停車場―呉港間での鉄道敷設を出願したためであった。この諮詢事項は当日の鉄道会議で審議され、建設区間が海田市―呉間に修正されたが、この会議で受け入れられた。このように海田市―呉間の鉄道は私設線として建設することで免許を受け、1897年3月24日には法律が公布された。しかし同年5月、呉鉄道株式会社発起人はこれまで述べた申請書の却下を政府に願い出て、1899（明治32）年3月に認められた。

結局、官設鉄道による建設に決定し、1900（明治33）年3月、「明治33年度歳入歳出予算追加」が公布され、海田市―呉間の鉄道は1900（明治33）年度より3か年度間に建設されるように定められた。このように呉線の建設はスタートからつまずき、数年遅れた。海田市―呉間の鉄道の建設工事は、全体を七つの工区に分け、用地の買収が完了した工区より始められた。しかも予算額が不足しており継続年度が1か年延長され、最終年度は1903（明治36）年度となった。

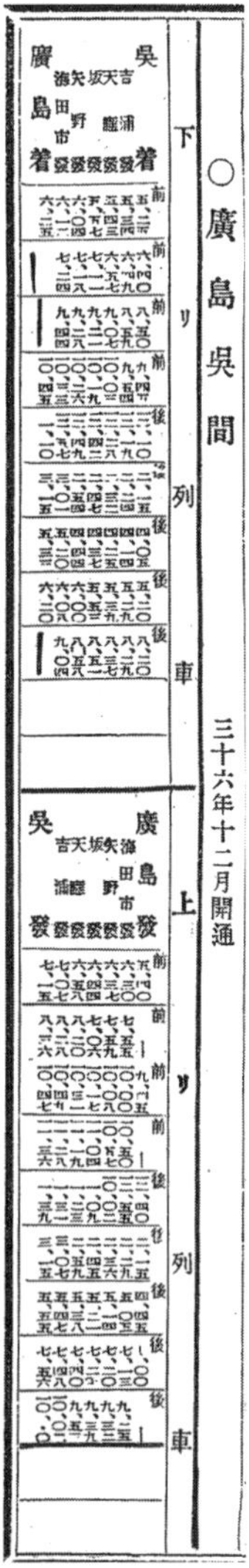

呉ー海田市間開通当時の時刻表
出典：『最新汽車時間表 旅行』1904（明治37）年1月号

営業開始から終戦時期までの呉線

海田市―呉間の鉄道は、1903（明治36）年12月27日に運輸営業を開始した。この間には矢野、坂、天応、吉浦、呉停車場の五つの停車場が設置された。同時に山陽鉄道海田市―広島間の複線化が完成した。呉線開通に伴い広島―呉間または海田市―呉間に合計9往復の列車が運転される。

呉停車場遠景

呉二河鉄橋を渡る列車

呉線はわずか20㎞の短距離線で、鉄道作業局は1904（明治37）年4月から呉に営業所を設置したが、他の官設鉄道と離れ管理にも不便であるため、1904年12月1日、運輸営業を廃止し、同日からは山陽鉄道に貸渡契約を締結した。坂―天応間には1904年7月28日から夏季に限り浜崎仮停車場が設置された。1906（明治39）年12月1日、山陽鉄道

セセッション風の外観が特徴的な２代目呉駅

は国有化されたため、貸渡契約を解除し帝国鉄道庁へ返納する。
１９１４（大正３）年5月1日には小屋浦停車場が開業した。海田市―呉間開業当時、坂村の小屋浦地区には駅が設置されず、隣接の地区への連絡もままならず不便であった。また対岸の江田島へも私営の渡船により旅客の便を図ることで請願が認められて駅が設置されたのである。なお坂―天応間ではやはり夏季に限り、安芸浜崎仮停車場が１９２６（大正15）年7月21日から１９６７（昭和42）年廃止になるまで旅客の取り扱いを行った。

大正時代後半には鉄筋コンクリート造りの標準仕様書が作成され、法規や基準制定によっての主要駅の本屋《ほんや》から普及するようになる。中国地方では１９２２（大正11）年に広島駅（２代目）、１９２３（大正12）年には呉駅（２代目）が完成した。しかも関東大震災によって耐震耐火性が認められ、その後１９２５（大正14）年には岡山駅（２代目）が完成している。このうち呉駅（２代目）は平家建、延べ面積が１１００㎡で、外観が幾何学的な窓ガラスの配置されたセセッション*風の本建築である。本屋内部の中央部分が2階分の吹抜けになっているので、一見して2階建てのように見えるが一般待合室を兼ねた広間で、この広間の右に出札室と事務室が面し、この右に1等、２等待合室がある。これまでの駅本屋のように車寄せを設置せず、全長に庇《ひさし》を設置し、広場からは三つの入口から広間に入るようになっている。

＊セセッション：1897 年にオーストリアのウィーンで結成された新しい造形表現を主張する芸術家グループ。「ウィーン分離派」とも呼ばれ、ウィーン市内の駅舎を手掛けたオットー・ワーグナーもこのグループに参加していた。

山陽鉄道は１８８８（明治21）年11月の兵庫―明石間の開業を皮切りに、１８９２（明治25）年には三原に達し、１８９４（明治27）年には広島まで開通した。三原―広島間のうち八本松―瀬野間は、上り列車が最急勾配22・6‰《パーミル》*、最小曲線半径300ｍが連続し山陽本線では唯一の難所である。このため上り列車の後部には必ず補助機関車が連結され後押しをした。この勾配区間は明治時代からたびたび改良を計画したが着手されなかった。ようやく改正「鉄道敷設法」別表の93項「広島県三原ヨリ竹原ヲ経テ呉ニ至ル鉄道」が１９２２（大正11）年第46議会の協賛を得て、岡山建設事務所所管で、１９２７（昭和２）年８月に三原方から、同年11月には呉方から工事を開始した。海岸回りの三呉線は最小曲線半径400ｍ以上、最急勾配10‰で建設が計画された。三原―広間は11工区に分けて施工し、まず１９３０（昭和５）年３月に三原―須波間が開通した。以後部分開業を重ね、１９３５（昭和10）年２月には三津内海（現安浦）まで開通した。一方呉方からは３工区に分けて施工し、１工区、２工区は呉―安芸阿賀間で呉線最長の呉隧道（２５８２ｍ）があり、完成まで６年以上を要した。１９３５年３月には広―呉間が開通した。残りの三津内海―広間は同年11月24日に開通して三呉線を改称、呉線海田市―呉間を編入して呉線三原―呉―海田市間87・０㎞が全通する。三原―海田市間は山陽本線経由では65・０㎞で勾配は緩和されたが、全国的に影

呉隧道呉方坑口

＊‰：1,000分の１を意味し、勾配を表す単位として使われる。１‰の勾配は1,000ｍ進んだとき１ｍの高低差が生じる傾きを表す。

響を及ぼすスピードアップにはつながらなかった。全通前は三呉線糸崎—三津内海間普通10往復、呉線広—広島間普通11往復、呉—広島間は普通17往復、気動車15往復など32往復を運転していた。気動車とはガソリン動車キハ41000形で、広島機関庫（1936（昭和11）年に機関区と改称）に8両配置となり、1934（昭和9）年4月20日から運転を開始する。全通後は東京—下関間急行7、8列車、普通下り21、23列車、上り24、42列車の2往復が山陽本線経由を呉線経由に変更される。また京都—広島間107、108列車が新設された。

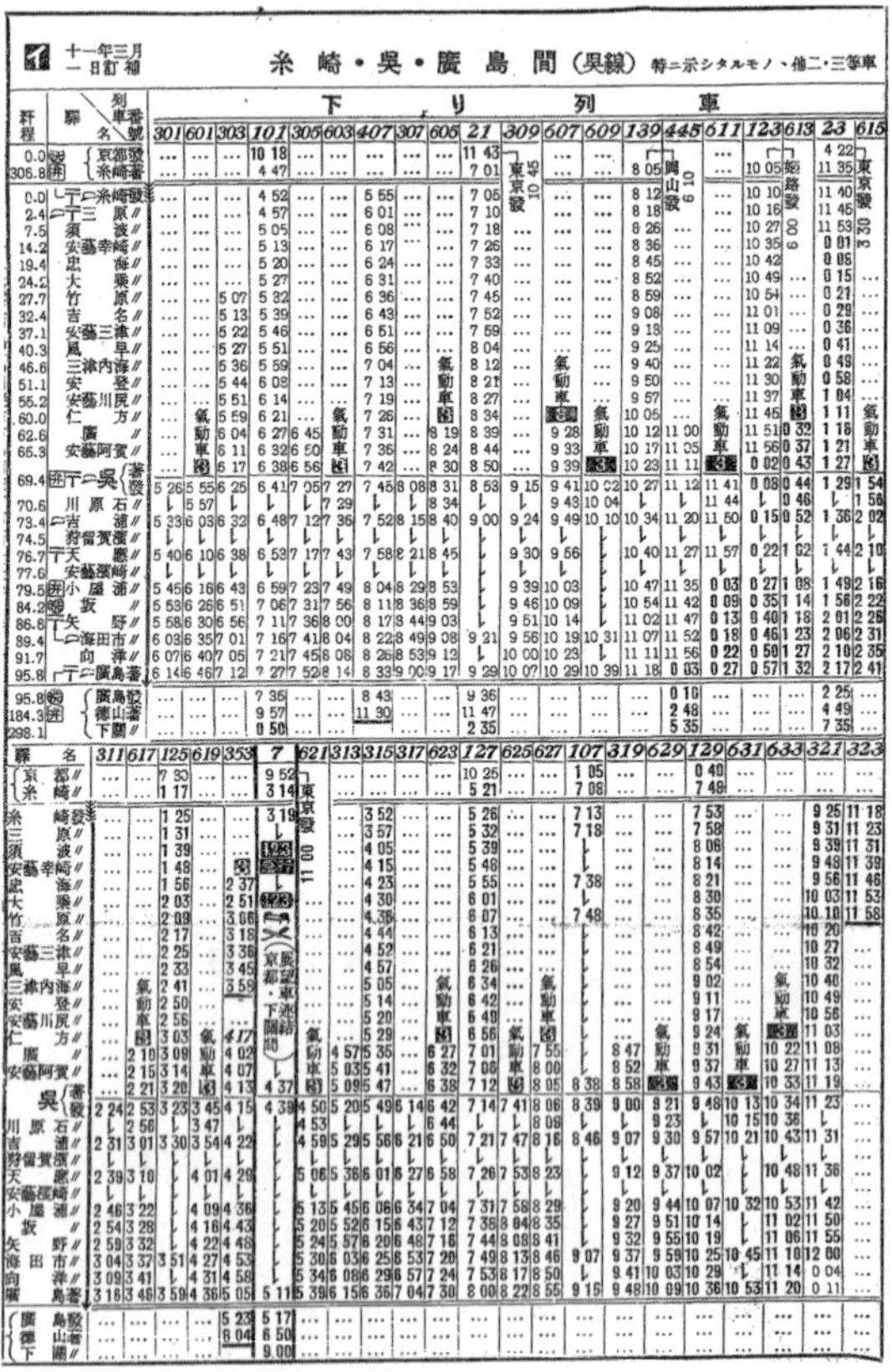
十一年三月一日訂補　糸崎・呉・廣島間（呉線）（特ニ示シタルモノノ外ハ二・三等車）

呉線全通当時の時刻表
出典：『汽車時刻表』1936（昭和11）年5月号

それを含め山陽本線経由を呉線経由にした旅客列車が9往復にのぼる。呉―広島間は急行列車を除き普通23往復、気動車17往復など40往復を運転していた。毎時2往復から3往復が利用でき便利な交通機関であった。ところで呉は要塞地帯で、地図上で囲まれた地域は「線内ハ要塞地帯デアリマスカラ許可ナクシテ撮影模写録取リ測量ハ出来マセン。犯シタルモノハ法律ニ依ッテ処罰セラレマス」とする注意が印刷されていた。

呉線の輸送力増強のため複線化工事が進められたが、完成せず終戦となる。

戦後は山陽本線のバイパス路線としての役割を担う

戦後は呉に占領軍の進駐により、１９４６（昭和21）年から連合軍専用列車を運転開始している。呉線は山陽本線のバイパス線としての性格から戦後いち早く単線自動化や重軌条化が行われる。一般向きの優等列車として、１９５０（昭和25）年5月11日、東京―広島間急行「ひばり」（同年「安芸」に改称）、同年10月には大阪―広島間準急「ななうら」（１９６８（昭和43）年に急行）、さらに１９６１（昭和36）年には大阪―広島間急行「音戸」が続々と増発される。それだけ呉線の重要性が増した。いずれも当初より大形の蒸気機関車Ｃ59形やＣ62形が使用される。一方普通列車についても朝夕の通勤通学時

Ｃ59形に牽引され広島へ向かう客車列車

呉に向かうＣ 62 形機関車と客車列車

は蒸気機関車の牽引する客車列車が重用される。朝6時から7時にはＣ59形やＣ62形の牽引する客車列車が広島へ向けて並んでいる広駅の光景は、まさに蒸気天国であった。１９６２（昭和37）年10月1日、急行「安芸」は寝台専用列車となる。

急行「安芸」は東京から岡山以西の諸都市を結ぶだけではなく、尾道では今治への定期船に接続して、宇高航路とは異なる四国連絡の道を開いた。また１９４６（昭和21）年5月1日、呉線仁方―予讃線堀江間に国鉄仁堀航路が開設された。本州から四国松山へは便利なルートとなる。しかし仁堀航路は運航本数が少なく、自動車航送の対応も遅く、１９８２（昭和57）年6月30日限りで廃止になる。

一方、呉線経由の都市間連絡の岡山―広島間気動車準急「吉備」が１９６０（昭和35）年6月1日に誕生した。またこのとき本線経由で岡山―広島―岩国間準急「にしき」が誕生している。１９６２（昭和37）年6月10日、山陽本線広島電化に伴い、東京―広島間に電車急行「宮島」が新設されたため、ほぼ同じ時間帯に運転の準急「にしき」は呉線経由となる。

広島以東で考えると、呉線は山陽本線に比べて電化が8年以上も遅れ、１９７０（昭和45）年10月1日、ようやく完成する。電化前はＳＬファンにとっては、旅客用大型機関車

C59形やC62形が見られる最後の聖地であった。いよいよ電化完成の時期が発表になると、完成1年以上前から急行「安芸」の牽引機関車にはヘッドマークが取り付けられ人気を博した。それは紺碧の海に宮島の朱の鳥居と緑の厳島をデザインした秀逸なものであった。呉線の電化完成を機会に東京―下関間特急「あさかぜ」の増発に伴い、東京―広島間急行「安芸」は廃止となる。急行「安芸」は呉線経由で京都―広島間と大阪―広島間の電車急行2往復に受け継がれる。

1975（昭和50）年3月10日、山陽新幹線が博多まで全線開業する。急行「安芸」は廃止になるが、新たに急行「音戸」を格上げ、新大阪―下関間寝台特急「安芸」が誕生する。しかし新幹線到来の時代にあって、呉線を経由する寝台特急列車は、時間帯が下り列車は早朝、上り列車は深夜で利用率が悪く、わずか3年後の1978（昭和53）年10月に廃止となる。

以後優等列車の運転は見られないが、快速「安芸路ライナー」が当初は日中1時間間隔、現在は30分間隔で運転されている。快速区間は呉―広島間である。また朝夕の通勤時間帯には、呉―広島間で矢野のみ停車の「通勤ライナー」が運転されている。

参考文献

日本国有鉄道編『日本国有鉄道百年史　第3巻』（日本国有鉄道、1971年）

5．産業の発達と資材輸送のための鉄道 …………… 松永　和生

山口県内で産業を支えた3路線

山口県西部に豊富に埋蔵する石炭や石灰石を輸送するために建設されたのが、美祢《みね》線、宇部線、小野田線である。これら3路線敷設の経緯と特徴を見てみよう。

◆美祢線

厚狭《あさ》と長門《ながと》市を結ぶ46㎞の美祢線の発達史は意外と複雑である。最初に開通したのは厚狭―大嶺間だった。これは徳山の燃料廠《しょう》へ大嶺の無煙炭を運ぶため、海軍から命じられた山陽鉄道が、1905（明治38）年9月13日に大嶺線として開通させたものである。翌年12月に山陽鉄道が国有化されたときに大嶺線も官営になった。

大嶺―南大嶺間の炭鉱屑が積み上げられたボタ山を背景に走るC 58
写真提供：長船友則

現在の南大嶺から重安《しげやす》までは1916（大正5）年9月15日に開業した美祢軽便鉄道が前身である。この鉄道の軌間は大嶺線への乗り入れを考慮して1067㎜とし、重安付近で採掘された石灰石を小野田のセメント工場まで直送した。後の石灰石輸送の元祖ということができる。大嶺線

が開通すると鉄道の利便性が認識され、日本海側にまで延長されることになった。その第一歩として美祢軽便鉄道は１９２０（大正９）年６月１日に国に買収され、路線名も美祢線に変わった。

その後１９２４（大正13）年３月に正明市《しょうみょういち》（現長門市）まで開通するが、「美祢線」としての建設史はこれで終わらなかった。現在の山陰本線も、東は宇田郷、北は仙崎、西は阿川まで美祢線だった時期がある。

もう一つ美祢駅から東に向かう専用線に触れておこう。この専用線の前身は伊佐軌道という馬車鉄道で、１９２２（大正11）年９月に吉則《よしのり》駅前（現在の美祢駅に相当）から北川までの２・６㎞で開業した。日本石灰工業が自社製品の輸送に利用していた。旅客輸送も行っていたが、利用者は少なく、１９３０（昭和５）年には休止している。第二次世界大戦後に美祢での石灰石採掘に乗り出した宇部興産が１９４６（昭和21）年11月に伊佐軌道を買収、軌間を１０６７㎜に改める工事を行い、翌年８月に完成させた。

美祢駅で専用線の機関車に交換

このように美祢線は陰陽連絡線と共に美祢地域で産出される石炭や石灰石の輸送路としての役割が大きかった。鉄道省の資料*によれば、１９２６（大正15）年に大嶺駅の石炭発送量は18万９７４９ｔで、北海道や筑豊、常磐の炭田地帯にある発送駅を除いた産炭地

＊鉄道省運輸局『重要貨物状況　第６編　石炭、骸炭、石油ニ関スル調査』（1927（昭和２）年）21ページおよび『重要貨物状況　第14編　石灰、煉瓦、セメントニ関スル調査』（1926（大正15）年）20ページ。

では大嶺駅の発送量は最も多い。また石灰石は1924年（大正13）年に伊佐（現南大嶺）8393t、吉則（現美祢）1万2201t、重安6327tを発送していた。

◆宇部線、小野田線

宇部線と小野田線の歴史は宇部鉄道（開業時は宇部軽便鉄道）、宇部電気鉄道、小野田鉄道（開業時は小野田軽便鉄道）の三つの民営鉄道から始まる。ちなみに3社とも国鉄との直通輸送の必要性から1067㎜で開業している。

宇部では主に海底から石炭が採掘されたが、この石炭を輸送する目的で渡辺祐策《すけさく》*らが設立したのが宇部軽便鉄道であり、1914（大正3）年1月9日に宇部―宇部新川間が開通した（1921（大正10）年に宇部鉄道に社名変更）。当初は軌間を762㎜にする計画だったが、直通輸送のため国鉄と同じ幅を採用することになり、資本金を8万円から15万円に増額して、工事を

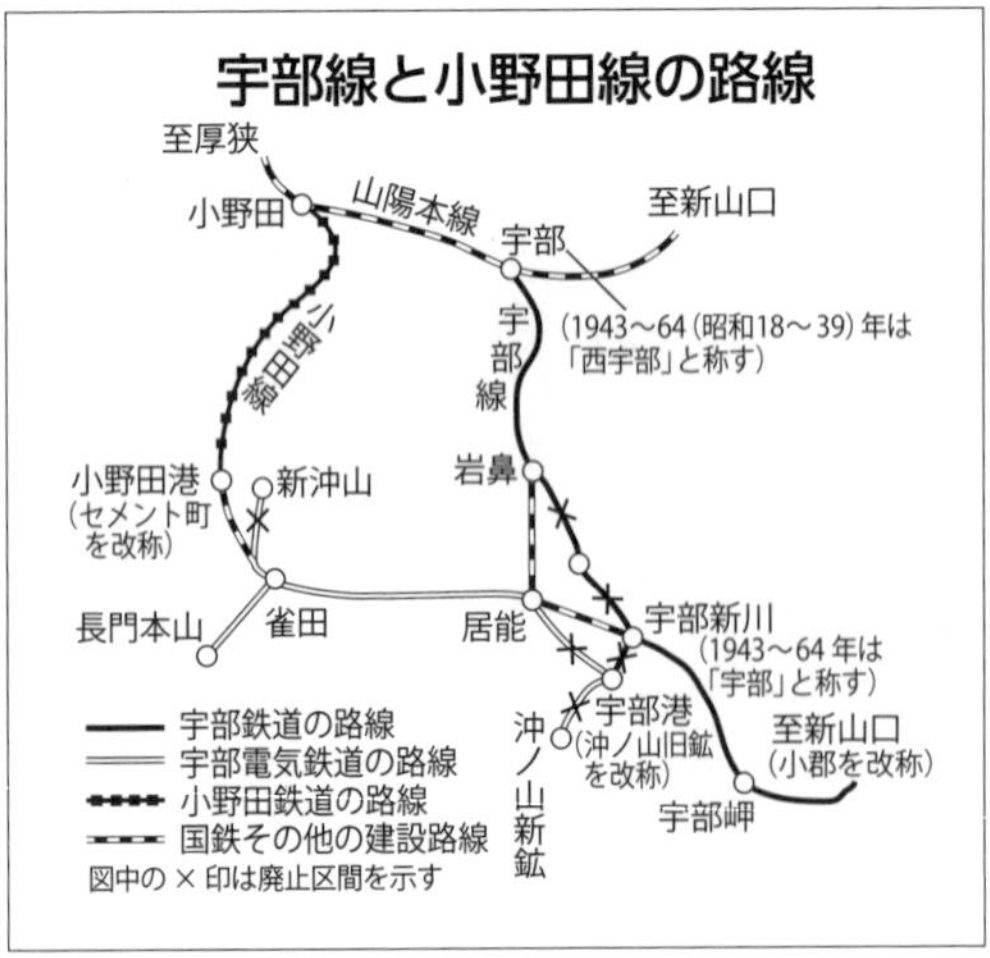

＊渡辺祐策：1864（元治元）年生まれ1934（昭和9）年没。政治家（立憲政友会）で宇部興産の創業者として知られる実業家。

完成させたのである。

　1925（大正14）年3月26日に小郡まで全通し、ほぼ現在の路線になった。1929（昭和4）年11月29日に電気運転を全線で開始した。電化は自動車の台頭に対抗して鉄道の競争力アップを図るのが目的だった。

　宇部電気鉄道は、宇部小野田地域で産出される石炭を主に宇部の港へ効率的に輸送するため、渡辺祐策を社長として1927（昭和2）年7月に設立された。1929（昭和4）年5月16日に新沖山（現在の小野田線雀田と小野田港の中間）と沖ノ山旧鉱（後の宇部港）との間8・0kmが開通、1930（昭和5）年4月に沖ノ山旧鉱から沖ノ山新鉱まで1・8km、続いて1937（昭和12）年1月に今は本山支線と呼ばれる雀田から分岐して長門《ながと》本山《もとやま》に至る2・3kmが開通した。社名どおり電気運転を行ったが、電圧は宇部鉄道の1500Vとは異なり600Vだった。

宇部軽便鉄道と宇部電気鉄道の設立に関わった渡辺祐策
写真提供：宇部興産

　宇部鉄道と宇部電気鉄道は1941（昭和16）年12月に山口県では最初の交通調整として合併し、新社名を宇部鉄道としたが、戦時下の重要路線として2年後に国に買収された。そのとき旧宇部鉄道の路線は宇部東線*という名称になった。また旧宇部電気鉄道だった区間は宇部西線となり、沖ノ

＊**宇部東線と駅名変更**：宇部東線は1948（昭和23）年まで約5年間用いられた路線名。一方1943（昭和18）年の路線名変更に合わせて、現在の宇部駅は「西宇部」、宇部新川駅は「宇部」に改称されたが、1964（昭和39）年に現在の駅名に再び戻された。

山旧鉱は宇部港に駅名が改められた。

一方、小野田セメント創業者笠井順八《じゅんぱち》らによって設立された小野田軽便鉄道（1923（大正12）年6月に小野田鉄道に社名変更）は、1915（大正4）年11月25日に小野田―セメント町間4・8㎞を開通させている。小野田鉄道も戦時の重要路線として1943（昭和18）年4月に国に買収され、セメント町は小野田港に駅名変更した。

小野田線雀田駅で発車を待つ長門本山行き電車

国に買収された3社は路線がまったくつながっていなかったといってもあながち間違いではなかった。宇部新川と宇部港の間には宇部鉄道が1931（昭和6）年に敷設した線があったが、6年で営業を廃止し、その後は車両の回送に使われるだけだった。戦後これらの路線を結ぶ工事が始まり、1947年（昭和22）年10月に小野田港―雀田《すずめだ》間がつながるとともに、雀田―新沖山間は廃止になり、現在の小野田線の姿になった。1948（昭和23）年2月には宇部東線が宇部線となり、宇部西線は小野田線に組み込まれた。さらに10月には岩鼻―居能《いのう》間を結ぶ線が新たに開通した。これによって宇部港から宇部へ直通する貨物列車の運転が可能になり、貨物輸送最盛期に向けての礎が築かれた。電化も進められ、1950（昭和25）年3月に旧宇部電気鉄道区間の電圧は1500Vに昇圧され、小野田―小野田港間も同年8月に電化された。ただし国鉄での貨物列車は蒸気機関車やディーゼル機関車が牽引し、電化の恩恵は主に旅客輸送が受けた。

◆貨物輸送の栄枯盛衰

第二次世界大戦後の美祢線、宇部線、小野田線は、高度経済成長やエネルギー革命そしてモータリゼーションによって栄枯盛衰という言葉通りに歩んでいった。石炭は戦後も産出され輸送量も増えていったが、セメント輸送はそれ以上に美祢で宇部興産の石灰石採掘が本格化し輸送量も増大した。１９５５（昭和30）年12月５日のダイヤ改正で美祢線—山陽本線—宇部線小野田線を直通する専用貨物列車の運転が始まった。この貨物列車は同じ区間を行ったり来たりするので「ピストン列車」と呼ばれる。最初のピストン列車は石灰石輸送で美祢—宇部港間４往復、重安—小野田港間２往復、重安—宇部岬間１往復、石炭輸送は大嶺—宇部港間１往復が設定されていた。当時は神武景気*だったが、輸送能力が限られる美祢線は輸送力不足が懸念された。そこで宇部興産が中心に組織した３線強化期成同盟の働きかけで、国鉄は１９５７（昭和32）年度にピ*ストン輸送の増強を図ることになった。１９５７年は列車増発こそないものの、ピストン輸送の歴史で重要な年である。ピーク時には重安—小野田港間で１日５往復、美祢—宇部港間では33往復

南大嶺に進入するピストン列車、左の線路は「大嶺支線」

＊神武景気：高度経済成長期 1954（昭和 29）年 12 月から 1957（昭和 32）年６月まで続いた好景気。神武天皇即位以来の景気との意味から名付けられた。

＊ピストン輸送の増強の内容：①貨車を 15 t 積みから 30 t 積みへ大型化、②機関車を牽引力の強いＣ 58 形や貨車の数によってはさらに強力なＤ 51 形に変更、③道床、軌条などを補修、④宇部港駅の操車能力を拡充。

が昼夜を問わず運転された。この33往復体制は1972（昭和47）年10月1日から10年間続き、この時期は貨物取扱量で宇部港駅と美祢駅が全国1位と2位の座を独占した。

ピストン列車の増発に対応して施設面でも改良が加えられた。信号所は美祢線で2か所（松ヶ瀬、鴨ノ庄）、宇部線に1か所（際波）が設けられ、単線区間での離合でダイヤ設定を容易にした。施設増強で白眉なのは山陽本線の宇部―厚狭間で線増して3線化したことであろう。美祢と宇部小野田の工場を結ぶピストン列車は山陽本線を横断しなければならないが、当時は優等列車も多くダイヤ設定でネックになっていた。これを解消する目的でもう1本増設されたもので、「直通線」と呼ばれる。1968（昭和43）年10月のダイヤ改正を前にした9月21日に工事が完成した。直通線は小野田と厚狭のほぼ中間の所で山陽本線上下線をオーバークロスする。国鉄最後のダイヤ改正となった1986（昭和61）年11月まで直通線は使用された。

このように活況を呈した各線の貨物輸送であるが、やがて陰りが見えてくる。エネルギー革命で宇部、小野田、大嶺の炭坑が1960年代後半に相次いで閉山したのに伴って石炭輸送量が減少し、大嶺―宇部港間の石炭専用列車は1971（昭和46）年4月に廃止された。大嶺駅ではその後も貨物営業は続けたが、1984（昭和59）年2月改正で取り扱いを廃止した。さらに南大嶺―大嶺間（通称大嶺支線）も1997（平成9）年に廃止になった。

一方、石灰石輸送の衰退理由は工場撤退とモータリゼーションの影響が大きく、さらにJR貨物になってからは車両の老朽化も加わる。

重安―小野田港間のピストン列車は、１９８５（昭和60）年12月をもって運転を終了した。これは小野田セメントが小野田でのセメント生成をやめたからである。そして翌年４月に小野田港駅の貨物取扱いが廃止され、小野田線の貨物輸送はなくなった。

最盛期には33往復を誇った美祢―宇部港間のピストン列車も、１９８２（昭和57）年７月から26往復体制になるとともに、終夜運転も廃止された。この区間の脅威となったのは、宇部興産が自社で建設した宇部―美祢高速道路（通称宇部興産道路）である。１９８２（昭和57）年に厚東《ことう》川の河口を渡る興産大橋が最後に完成し、美祢から宇部のセメント工場までがつながった。この社有道路は輸送量増加のためだけでなく、当時国鉄で頻発したストライキへの対策でもあった。この道路には一般道路では走行不可能な70ｔ積みや105ｔ積みのトレーラーが走っている。こうなると鉄道は減便の一途をたどることになる。

山陽本線をオーバークロスする宇部興産道路とダブルストレーラー

国鉄民営化でJR貨物は美祢線、山陽本線、宇部線では第※二種鉄道事業者として貨物輸送を引き継いだが、宇部線

＊**鉄道事業者の違い**：第一種鉄道事業者は線路を所有して列車運行し、第二種鉄道事業者にも路線を使用させる。第二種鉄道事業者は第一種および第三種鉄道事業者の路線を使って列車運行する。第三種鉄道事業者は線路を敷設して第一種鉄道事業者に譲渡するか第二種鉄道事業者に使用させ、自らは列車運行しない。

美祢線厚保で行き違うピストン列車

居能《いのう》—宇部港間では第一種鉄道事業者となった。JR貨物になってからもしばらくはピストン列車の運転は続けられた。だが貨車の老朽化や片荷輸送の非効率性から、美祢—宇部港間は1998（平成10）年3月、重安—宇部岬間は2009（平成21）年10月にそれぞれピストン輸送を終了した。なお居能—宇部港間は石灰石に続いて化成品輸送も終了して列車がまったく来なくなっていたが、書類上ではしばらく残ったままになっていた。それも2006（平成18）年5月1日付で正式に廃止になり、宇部港駅も廃駅となった。

美祢発のピストン列車が廃止された1998（平成10）年6月、美祢から美祢線、山陽本線、山口線、山陰本線を経由して岡見（目的地は中国電力三隅火力発電所）までの専用貨物列車が運転を開始した。美祢発の往路では火力発電で発生する亜硫酸ガスの脱硫剤として使われる炭酸カルシウムを運び、復路ではフライアッシュ（石炭灰）を積載し、美祢の工場に運ばれてセメントに混ぜられる。行きと帰りで異なる荷を同じ貨車に積載できるため、石灰石輸送に比べて輸送効率は良かった。だがトラック輸送の経済的優位性や度重なる自然災害での長期運休などにより、荷主との契約が更新されないことになり、美祢線も貨物輸送から撤退することになった。

備前地域で鉱業輸送を支えた片上鉄道

岡山県東部の柵原《やなはら》鉱山は、明治時代に入り硫化鉄の産出量が増加し、１９１６（大正５）年には藤田組が鉱山を買収した。片上鉄道はこの柵原鉱山と積み出し港の片上とを結ぶ全長33・８㎞の非電化単線の鉄道であった。

鉄道以前の硫化鉄の輸送は吉井川の水運が利用されていたが、気候の影響や輸送力不足から鉄道が望まれた。そのようなとき地元の有力者が、三石《みついし》の耐火煉瓦を運ぶ目的で片上と三石を結ぶ片上鉄道株式会社を１９１９（大正８）年11月に設立した。この鉄道の経営には、鉱石の輸送問題に関心を寄せる藤田組も加わった。結局、和気《わけ》から三石への建設は実現せず、代わって柵原方面へ向かって進められることになった。

片上鉄道を走る貨車客車連結車両
写真提供：長船友則

１９２３（大正12）年１月に片上から和気までの最初の区間が開通し、同年８月には和気から井ノ口（備前矢田と苦木《にがき》の貨物駅で１９３１（昭和６）年に廃止）まで延伸した。このとき、鉱山から矢田まで開通していた鉱石運搬用の索道とつながり、鉱石の輸送力は大幅に高まった。柵原まで全通したのは、１９３１（昭和６）年１月30日である。

１９４５（昭和20）年に藤田組は同和鉱業に社名変更し、傘下の柵原鉱山は戦後復興をいち早く遂げて１９６０年代に最盛期を

路線廃止当日吉ヶ原駅を出発する片上行最終列車　写真提供：長船友則

迎えた。しかし石油から硫黄生成が容易になるとともに、円高で輸入鉱石との競争に敗れ、１９９１（平成３）年３月に柵原鉱山は閉山になった。片上鉄道は、１９５０（昭和25）年６月に藤田興業が片上鉄道を合併したが、その藤田興業も１９５７（昭和32）年８月１日に同和鉱業に合併されたため、鉄道も同和鉱業片上鉄道事業所となった。

　鉄道輸送は鉱山と同じ運命をたどった。１９３０（昭和５）年度に24万ｔだった貨物輸送は10年後には54万ｔと倍増した。戦後も50万ｔ以上を運び、ピークの１９６６（昭和41）年度には93万ｔを記録した。以後は産出量の減少とともに輸送量も減少し、１９８５（昭和60）年度には16万ｔまで落ち込んだ。一方、１９８３（昭和58）年１月からはコンテナ輸送を開始した。コンテナでの輸送品目で多いのは耐火物（煉瓦、モルタルなど）で、片上から和気を経て関東や九州方面へ運ばれた。コンテナ扱いの開始は貨物輸送の起死回生を狙ったものといえるが、５年しか続かなかった。

　貨物主体の片上鉄道だったが、地域住民には大事な交通機関であり、赤穂線が開通するまでは片上の人々にとって岡山や姫路方面に向かう唯一の交通手段であった。しかし鉱山衰退による鉱山従業員削減が鉄道利用者の減少に拍車をかけた。同和鉱業は１９８７（昭和62）年8月18日、鉄道の廃止を表明した。同年10月末日をもって硫化鉄の輸送はトラックに切り替えられたため、この鉄道の本来の輸送目的を失った。１９８８（昭和63）年度中に貨物輸送はすべて廃止になった。旅客輸送についても、モータリゼーションや過疎化の影響で利用者の増加は期待できないことから、鉄道事業廃止の申請がなされ、１９９１（平成3）年6月30日に片上鉄道は最終日を迎えた。まさに柵原鉱山と歩んだ鉄道だった。

水島地域で産業輸送を担った水島臨海鉄道

臨海鉄道は国鉄、沿線自治体、臨海工業地帯に立地する企業の出資によって設立*された第三セクター鉄道の先駆的な存在である。

水島臨海鉄道の路線としての始まりは三菱重工水島航空機製作所の専用鉄道にさかのぼり、第二次世界大戦中の１９４３（昭和18）年7月倉敷から工場まで開通した。敗戦で三菱重工は解体されたが、１９４７（昭和22）年4月に設立された水島工業都市開発株式会社に専用鉄道も引き継がれた。この鉄道は倉敷に出る交通手段として一般市民も利用できることが望まれていたため、地方鉄道の免許を受けて１９４８（昭和23）年8月から社倉敷—水島—水島港間で旅客と貨物の営業を開始した。しかし水島工業都市開発の経営は苦しく、１９５２（昭和27）年4月に鉄道を含む全事業を倉敷市に譲渡し、鉄道事業は同市交通局が受け持った。

＊**臨海鉄道設立の3ケース**：①もとから臨海工業地帯が形成され鉄道整備が望まれて設立（京葉、神奈川、名古屋）、②新産業都市や工業整備特別地域に指定されたのに合わせて鉄道建設計画が組み込まれ実現（鹿島、八戸、仙台）、③もとから工業地帯で鉄道もあったが、新産業都市指定を機に臨海鉄道に改組（福島、水島）。

水島臨海鉄道のディーゼル機関車ＤＤ506（左）とＤＥ 701（右）

高度成長期を迎えると水島工業地帯の発展は著しく、輸送能力は限界に近づきつつあった。施設や設備の更新には20億円を要したが、倉敷市単独で賄うのは無理であった。そこで国鉄などの出資による水島臨海鉄道が１９７０（昭和45）年２月に設立され、同年４月１日に倉敷市交通局からの譲渡を受けて業務を開始した。資本金は８億５０００万円で、その出資比率は国鉄（現在はＪＲ貨物）35・３％、倉敷市35・３％、岡山県11・８％、進出企業17％となっている。

この鉄道の大きな特徴は、まずコンテナの取り扱いがほかの臨海鉄道に比べて早い方であったことである。臨海鉄道化の１９７０（昭和45）年９月には水島駅で、その２年後には東水島でコンテナの取り扱いを開始している。もう一つは旅客営業を行っていることである。*臨海鉄道で旅客営業を行っているのは水島と鹿島の２社のみである。

２０１４（平成26）年現在、路線は水島本線（倉敷市―倉敷貨物ターミナル11・２km）、港東線（水島―東水島1・７km）、西埠頭線（三菱自工前―西埠頭1・７km）からなり、総延長は16・５kmである。旅客輸送は倉敷市―三菱自工前間10・６kmで行っている。水島本線の終着駅である倉敷貨物ターミナルは１９８４（昭和59）年３月１日に三菱自工前と川鉄前の間に開設された比較的新しい駅である（このとき倉敷貨物ターミナル―川鉄前間は

＊**水島臨海鉄道と鹿島臨海鉄道の旅客営業の経緯**：水島臨海鉄道は市営時代からの引き継ぎで旅客営業しているが、鹿島臨海鉄道は新線区間の旅客列車運行を引き受けて旅客営業している（新線区間に貨物列車は走っていない）。

廃線）。また駅開業に合わせて車両基地もここに移った。

貨物輸送トン数は１９７２（昭和47）年度をピークに減少に転じた。輸送品目で多いのは石油製品や化学薬品である。長らく車《しゃ》扱い*が主体であったが、１９８６（昭和61）年度にコンテナ扱いが車扱いを上回り、２００６（平成18）年度には車扱いはなくなった。２０１３（平成25）年3月改正のダイヤでは、東水島発着3往復、倉敷貨物ターミナル発着1往復のコンテナ列車が設定され、すべて山陽本線の西岡山まで乗り入れる。一方旅客の輸送人員は１９８０年代以降に大きく増加した。この時期に貨物輸送は減少の一途をたどっていたので、貨物の減収を補うのに貢献した。しかし旅客輸送も１９９５（平成7）年度の244万人をピークに減少に転じ、21世紀に入ってからはおおむね160万人前後で推移している。非電化なので旅客輸送には気動車が使用されている。

水島駅に向かうキハ20形気動車

水島臨海鉄道は中国地方ではＪＲを除いて唯一貨物輸送を行っている民営鉄道であり、西日本では唯一の臨海鉄道である。旅客輸送を行っていることもあって、水島地域にとっては不可欠な存在であり、今後もその性格は変わらないであろう。

＊車扱い：国鉄やＪＲ貨物が保有する貨車や鉄道会社以外の企業が所有する貨車を使って貨物輸送を行うもの。

6. 地域間連絡鉄道で結ばれた中国地方

三宅　俊彦

智頭急行

中国地方の陰陽を結ぶ建設線の多くは、1922（大正11）年4月11日公布の改正「鉄道敷設法」に掲げられている予定線から計画している。

京阪神から山陰への鉄道については、長年列車の本数や所要時間の点で不満足な状況であった。「改正鉄道敷設法」第85項「兵庫県上郡ヨリ佐用ヲ経テ鳥取県智頭ニ至ル鉄道」、明治時代からこのルートによる鉄道建設は地元では悲願であったが、ようやく1966（昭和41）年に日本鉄道建設公団が着工した。当初は一般の地方交通線としての3級線であった。しかも国鉄の財政難から完成直前までこぎ着けていたが、中断されたままの状態であった。1986（昭和61）年に、兵庫、岡山、鳥取の3県や沿線市町村、地元企業などが出資して第三セクターの智頭鉄道（1994（平成6）年、智頭急行に社名変更）が設立された。1987（昭和62）年から工事を再開したが、その特徴は鉄道整備基金の適用を受けて、最高速度を95km／hから130km／hに向上し、振子車両を導入する高規格化、高速化計画を確立した工事を行ったことである。これにより大阪―鳥取間を2時間30分台で結び、

特急「スーパーはくと」

所要時間は航空機と、運賃は高速バスと対抗できる路線となるようにした。

第三セクターの智頭急行上郡―佐用―智頭間56・1㎞が１９９４（平成６）年12月３日開業した。智頭急行は全線単線非電化ながら最高速度130㎞／ｈを実現した。車両の形式称号は「ＨＯＴ」で、兵庫、岡山、鳥取３県のローマ字の頭文字を表している。同社の特急用ＨＯＴ７０００系気動車は制御付自然振り子方式により大阪―鳥取、倉吉間に特急「スーパーはくと」３往復が運転される。大阪―鳥取間は以前より約１時間30分短縮され、２時間34分で運転が行われるようになった。

津山線、因美線

津山線の前身は私設鉄道の中国鉄道である。開通は早く、１８９８（明治31）年12月21日に岡山市―津山（現津山口）間が開通した。中国鉄道は当初岡山市から津山を経て境港を結ぶ鉄道建設を目指し、岡山市―米子間に私設鉄道の免許を取得しているが、岡山―津山間に短縮した。１９０４（明治37）年11月15日に岡山市―岡山―総社（現東総社）―湛井《たたい》間が開通した。吉備線の前身である。

因美線は、１８９２（明治25）年６月公布の法律第４号「鉄道敷設法」の「山陰線及山陽連絡線」の中「一　兵庫県下姫路近傍ヨリ鳥取県下鳥取ニ至ル鉄道」の一部である。すなわち山陰線鳥取を起点として、智頭を経て因幡《いなば》国、美作《みまさか》国（現鳥取、岡山県境）の国境の中国山地を貫いて、美作に入り津山に達するものである。当初、この線は１９１４（大正３）年５月に「軽便鉄道法」により因美軽便線鳥取—智頭間の建設が決定した。軽便鉄道であるが、軌間は他の国鉄線と同じ１０６７㎜である。１９１５（大正４）年、鳥取から工事に着手し、１９１９（大正８）年12月20日、鳥取—用瀬《もちがせ》間が開通した。その後１９１８（大正７）年には智頭—津山間も追加された。１９２２（大正11）年９月には軽便鉄道の名称が廃止になる。１９２３（大正12）年６月５日、用瀬—智頭間が開通する。

一方津山側からは１９２８（昭和３）年３月15日、因美南線津山—美作加茂間が開通した。既設の鳥取—智頭間は因美北線と改称する。１９３１（昭和６）年９月12日、因美南線美作加茂—美作河井間が開通した。１９３２（昭和７）年７月１日、智頭—美作河井間が開通し、因美線鳥取—津山間が全通する。最終の開通区間の那岐—美作河井間の県境には物見隧道（３０７５ｍ）があり、完成まで２年５か月を要する難工事であった。後１９３６（昭和11）年10月10日に東津山—津山間は姫新線に編入され、因美線は鳥取—東津山間に変更になる。

開業当時の因美線智頭駅

これらの線区に優等列車を運転するようになったのは、準急列車用のキハ55系が増備されるようになってからである。１９６０（昭和35）年10月１日、大阪から上井《あげい》（現倉吉）まで姫路、津山、鳥取経由で準急「みささ」、大阪から中国勝山まで準急「みまさか」が運転を開始した。大阪―津山間は「みささ」「みまさか」が併結となる。同年12月20日、中国勝山―津山―岡山間に準急「ひるぜん」の運転が始まり、津山を中心に気動車ならではの複雑な運用となる。下り「ひるぜん」は中国勝山―津山―岡山間は単独運転、上り「ひるぜん」は岡山―津山―中国勝山間を運転の車両と津山で大阪から「みささ」と併結して上井までの車両とあり、間違うと大変だった。

２年後の１９６２（昭和37）年９月１日、鳥取―岡山―宇野間に準急「砂丘」を新設する。この「砂丘」がこの区間では最も多く３往復体制になり、新幹線岡山開業以降は陰陽連絡に活躍した。しかし１９９４（平成６）年12月に智頭急行が開通すると、京阪神と山陰の連絡は智頭線が主力となった。このため１９９７（平成９）年11月29日のダイヤ改正で、鳥取―岡山間に智頭急行経由で特急「いなば」の運転を開始する。鳥取―岡山間は因美線、津山線経由で132・１㎞、智頭急行経由で141・８㎞であるが、最高速度が高いため従来の急行「砂丘」より約30分の短縮となる。２００３（平成15）年10月、キハ187系の投入により特急「スーパーいなば」と改称する。一方急行「砂丘」の廃止で津山線には快速「ことぶき」を運転したが、急行列車の運転がないと地域のイメージダウンとなるため、快速列車の１往復が津山―岡山間急行「つやま」となる。しかし２００９（平成21）年３月13日のダイヤ改正で快速「ことぶき」に統合される形で廃止になる。

津山線福渡駅に到着の急行列車

伯備線《はくび》

伯備線は中国地方の幹線である山陽線と山陰線を結ぶため、東の播但線、西の山口線に対してほぼ中央で連絡する線として建設された本格的な横断線である。１８９２（明治25）年公布の「鉄道敷設法」「山陰及山陽連絡線一　岡山県下倉敷又ハ玉島ヨリ鳥取県県下境ニ至ル鉄道」の一部である。北側から着工し伯備北線伯耆《ほうき》大山《だいせん》—伯耆溝口間が１９１９（大正８）年８月10日に開通。以後１９２２（大正11）年11月には黒坂、１９２３（大正12）年11月には生山《しょうやま》、１９２４（大正13）年12月には上石見《かみいわみ》、１９２６（大正15）年12月には足立まで開通した。一方南側の倉敷からは伯備南線として、１９２５（大正14）年２月17日に倉敷—宍粟《しさわ》（現豪渓）間が開通した。これに伴い中国鉄道総社（現東総社）—湛井《たたい》間は伯備線に編入されず廃線になる。以後１９２７（昭和２）年に備中川面《かわも》まで開通した。１９２８（昭和３）年10月25日に備中川面—足立間が開通し伯備線は全通した。

１９５２（昭和27）年９月１日、岡山—米子—松江間に快速「だいせん」の運転を開始した。１９５８（昭和33）年10月１日、この

倉敷市外酒津水郷を行く伯備南線列車

伯備南線備中高梁停車場

列車が格上げ延長された形で、京都―岡山―大社間急行「だいせん」となる。当初は京都―広島間急行「宮島」に併結、１９６１（昭和36）年10月１日からは名古屋―鹿児島間急行「さつま」に併結される。１９６２（昭和37）年10月１日から気動車急行として単独運転される。１９６８（昭和43）年10月１日には急行「おき」に改称する。１９７１（昭和46）年４月26日、急行「おき」は新大阪―岡山―出雲市間気動車特急「おき」に格上げになる。

山陽新幹線岡山開業を控えて１９６８～７３（昭和43～48）年に倉敷―備中高梁《たかはし》間の複線化が完成した。１９７２（昭和47）年３月15日、山陽新幹線岡山開業により特急「おき」の区間変更を含め岡山―米子―出雲市―益田間に特急「やくも」４往復を新設する。

１９８２（昭和57）年７月１日に山陰本線伯耆大山―知井宮間と伯備線全線の電化が完成し、特急「やくも」が岡山―米子―出雲市間に381系振り子電車で運転を開始する。

総社付近の地形図　国土地理院 2006（平成 18）年更新２万 5000 分の１地形図『総社西部』に加筆

一方貨物列車では石灰石輸送のため、足立—新見間でD51形蒸気機関車による三重連が1972（昭和47）年まで見られた。

宇野線

山陽鉄道は1903（明治36）年3月18日から、中国地方と四国の讃岐鉄道とを連絡する岡山—高松間および尾道—多度津間の航路を開設した。岡山側の三蟠《さんばん》港は岡山駅から離れていて不便なため、連絡は岡山市内の京橋から小型船で旭川を河口の三蟠港まで下り、大型船に乗り換えることが必要であり不便であった。岡山—高松間には玉藻丸、尾道—多度津間には児嶋丸を使用した。

宇野港全景、後方は宇野停車場

初期コンクリート橋の田井拱橋

この航路の利用が不便であったため、山陽鉄道は岡山—宇野間の鉄道の仮免許を得たが、日露戦争の勃発により、工事が延期となる。その後、山陽鉄道は国有化される。政府が上記の計画を踏襲し、「鉄道敷設法」の中に岡山—宇野間の鉄道を第一期線編入した。1907（明治40）年6月12日、岡山—宇野間が全通した。田井駅北側にある田井拱橋《こうきょう》は珍しい初期のコンクリート橋で、表面に花崗岩《かこうがん》が貼り付けられている。宇野線の開通により、本州から四国へは、宇高航路宇野―高松間が主要ルートとなる。

1960（昭和35）年10月1日、全線電化が完成した。京都―大阪―宇野間に電車準急「鷲羽《わしゅう》」3往復の運転を開始。1961（昭和36）年10月1日には東京―岡山―宇野間に特急「富士」、大阪―岡山―宇野間に特急「うずしお」各1往復の運転を開始する。

1972（昭和47）年3月15日、山陽新幹線は岡山まで開業。岡山―宇野間で新幹線連絡の快速電車を運転し、東京―宇野間に急行を格上げして寝台特急「瀬戸」を新設する。

芸備線、木次線

芸備線は広島から中国山地に入り、備後落合で木次線に連絡し、さらに伯備線の備中神代を結ぶ。この路線は複雑な変遷をたどっており、芸備鉄道として1915（大正4）年6月、東広島―三次（現西三次）間が開通、1920（大正9）年に広島へ延長して山陽本線に連絡、1923（大正12）年12月8日には備後庄原まで開通する。なお芸備鉄道の一部、備後十日市（現三次）―備後庄原間は、1933（昭和8）年6月1日に国有化され庄原線となった。備後庄原以東は、庄原線として1934（昭和9）年3月15日に備後庄原―備後西城間が開通、翌1935（昭和10）年12月20日に備後西城―備後落合間が開通した。新見側は昭和に入って三新線として着工され、1930（昭和5）年2月10日に

ディーゼルカーが並ぶ現在の備後落合駅

備後十日市停車場（現三次駅）

新見―矢神間が開通、同年11月25日に東城まで、1935（昭和10）年6月15日に小奴可《おぬか》まで開通した。残る小奴可―備後落合間は、1936（昭和11）年10月10日に三神線として開通すると同時に庄原線が編入され、備中神代―備後十日市間が全通する。さらに1937（昭和12）年7月1日、鉄道省が芸備鉄道の残りの区間を買収し、芸備線は備中神代―広島間とする。

1953（昭和28）年11月11日、米子―広島間に快速「ちどり」の運転を開始。芸備線はC58形、木次線ではC56形が牽引する客車列車であった。1955（昭和30）年には、快速「夜行ちどり」が運転される。陰陽連絡の道路事情が悪いため7時間以上かかるが、需要があった。1959（昭和34）年4月20日、2往復の「ちどり」は気動車化され準急列車となる。所要時間は5時間30分に短縮される。

さらに1962（昭和37）年3月16日、米子―新見―広島間に準急「しらぎり」が新設された。このルートは木次線経由と距離的には差は少ないが、時間的には30分以上短縮の約5時間で結ぶ。1964（昭和39）年10月1日には鳥取―米子―広島間に準急「いなば」が新設される。

備後落合駅ホームに並ぶC 58形蒸気機関車とキハ02形気動車

木次線を走ったC 56形蒸気機関車

１９６８（昭和43）年10月1日には「しらぎり」と「いなば」も統合し急行「ちどり」は4往復となる。このころが陰陽連絡の「ちどり」のピークであったが、国道54号にマイカーの普及、長距離バスの進出があり、木次線経由が主体の急行では時間的にも料金的にも魅力を失う。

２００２（平成14）年3月22日、芸備線の優等列車の最後は、三次―広島間の急行「みよし」となる。翌２００３（平成15）年10月1日、快速「みよしライナー」が新設され、従来の快速は「通勤ライナー」と改称する。それも２００７（平成19）年7月1日には急行列車を廃止して快速「みよしライナー」にまとめられる。

参考文献

日本鉄道公団高速化研究会編著『三セク新線高速化の軌跡』（交通新聞社、１９９８年）
久保豪『津山線・吉備線百年史』（久保豪、２００４年）
鉄道省岡山建設事務所『因美線建設概要』（１９３２年）
岡山県教育庁文化財課編『あなたの街の近代化遺産ガイドブック』（岡山県教育委員会、２００７年）

7．街の発展と地域間交流を目指した鉄道……………松永　和生

大日本軌道山口支社線と山口線

「山口の町は鉄道に反対したから山陽本線が通らなかった」と言われるが、これは鉄道忌避伝説の一種であり、歴史像が歪められている。山口でも確かに鉄道反対の動きはあったが、それが決定的な理由ではない。当時山陽本線を建設した私鉄の山陽鉄道は、建設の免許に付けられた条件で遅くとも1901（明治34）年7月までに神戸―下関間を全通させなければならなかった。三田尻（現防府）まで開通したのが1898（明治31）年3月であり、下関全通が最優先課題だった状況下、三田尻から小郡に至るまでに建設距離が伸びるだけでなく長大なトンネル工事も必要になる山口経由のルートをわざわざ採用するとは考えにくい。かくして当時の山口町に山陽本線は通らなかったのである。だが幹線ルートから山口が外れたのは事実であり、ここから交通の不便さが生じ、県庁移転騒動に代表されるように県都としての地位を脅かされたり、そのほかにも何かにつけ他県に比べて後塵を拝することになった。

大日本軌道山口支社の山口駅プラットホーム　写真提供：長船友則

　このような状況を打開するために、小郡―山口間に鉄道を建設する動きが起こり、まず軽便鉄道の開業で実現するのである。

１９０７（明治40）年6月に小郡町と山口町との間の軌道特許が下付され、同年12月に山口軌道株式会社が資本金12万円で設立された。この会社の役員には、全国各地に軽便鉄道を敷設した雨宮敬次郎*や当初山口に鉄道を通すことに反対だった中村竹兵衛*らが名を連ねていた。山口軌道は翌１９０８（明治41）年6月にほかの軽便鉄道と合併して大日本軌道が発足した際に山口支社となり、同年10月に小郡町の新町と湯田の最初の区間が開通した。続いて12月に湯田―新道間（新道に山口駅を設置）、１９０９（明治42）年2月に小郡―新町間が開通した。そして１９１０（明治43）年7月に新道―後河原《うしろがわら》間が開通して、後河原に山口駅が設けられ、新道の山口駅は亀山に改称された。

山口線篠目駅に停止するD51重連の貨物列車　写真提供：長船友則

この軽便鉄道は全長4マイル76チェーン（12・9㎞）で軌間は762㎜である。蒸気機関車5両、客車8両、貨車8両を所有し、小郡―山口間を1日20往復、所要時間は約60分だった。１９１２（明治45＝大正元）年度には26・1万人、1日平均987人が利用した。この鉄道は山口線の前身とされることもあるが、駅の位置は小郡を除いて同じ場所ではない。軽便な鉄道であるがゆえに輸送単位も小さく、国鉄山口線に道を譲って１９１３（大正2）年2月に廃止になった。4年足らずの短命な鉄道であった。

軽便鉄道と同じころ国鉄線の建設も進められた。鉄道敷設法

＊**雨宮敬次郎**：1846（弘化3）年生まれ 1911（明治 44）年没。社会基盤への投資を行い各地で鉄道敷設とその経営を行う。
＊**中村竹兵衛**：山口の旅館経営者。山陽鉄道の下関開業を目にして方針展開し、山口への鉄道敷設運動を展開した。

2013（平成25）年の山口線開業100周年と全通90周年記念の神楽奉納（山口駅）

では山陰線を、京都府下舞鶴から豊岡、鳥取、松江、浜田を経て「山口県下山口近傍」に至る鉄道と定めていたが、地元の再三の陳情により、小郡—山口間を同線に含めることとなった。１９１０（明治43）年12月の第21回鉄道会議で鉄道敷設法改正法律案と鉄道敷設法年度割が諮問され、小郡—山口間を第一期線に編入することが了承された。また同区間の建設費は67万４１７５円とし、年度割を１９１１（明治44）年度30万円、１９１２（明治45）年度37万４１７５円とした。これらの改正案が第27回帝国議会に上程可決され、１９１１（明治44）年３月15日法律第10号で公布された。このような経緯で山口線の建設が決まったのである。

１９１１年４月に測量が始められ、翌年３月に着工した。工事に大きな障害はなく、山口線最初の小郡—山口間12・７㎞が１９１３（大正２）年２月に開通した。大正期を通じて、小郡—山口間には１日13往復から15往復が運転され、所要時間は約30分だった。また蒸気機関車牽引の列車のほか、開業時の数年間は蒸気動車が使用されていた。また途中駅は当初大歳と湯田（現湯田温泉）の２駅だった。しかし軽便鉄道時代には駅のあった小郡の新町から上郷《かみごう》一帯の住民にとっては著しく不便になり、地元からの請願を受けて１９１４（大正３）年11月に上郷駅が開業した。このほか周防下郷《すおうしもごう》と矢原も昭和10年代に開業しており、戦後の１９７２（昭和47）年に仮乗降場として開業した仁保津も含めると、小郡―山口間に途中駅が６駅あり、平均駅間は２㎞未満という駅間距離が短いのも同区間の特徴といえよう。

山陰線の一環として建設が始められたので、山口以北の路線（この工事線は津和野線と呼ばれた）の建設も着手された。１９１３（大正２）年５月、山口建設事務所が設置されて工事が本格的に進められ、１９１７（大正６）年７月に山口―篠目《しのめ》間が開通した。この区間では最長の田代トンネル（１８９７ｍ）をはじめ６か所のトンネルを掘削し、25‰という中国地方の鉄道でも有数の急勾配があり難工事が続いた。その後三谷、徳佐、津和野と随時延伸し、１９２３（大正12）年４月に石見益田《いわみますだ》（現益田）までの93・９㎞が全通する。同年12月に山陰本線の三保三隅《みほみすみ》―石見益田間が開通し山口線と山陰本線がつながって、山口線は本格的な陰陽連絡線としての使命を帯びることになった。

山口駅を発車するＣ57とＣ56重連のＳＬやまぐち号

山口線で特筆すべき点として、１９７９（昭和54）年８月から運転開始した「ＳＬやまぐち」号が今日も走り、観光路線としての性格がより鮮明になったことが挙げられる。また山口線だけに関わることではないが、起点の小郡駅は２００３（平成15）年10月に駅名を新山口駅に改称した。新幹線開業後に駅名を変更した全国初のケースである。

現在山口線には3往復の特急列車が設定され、中国地方西部での陰陽連絡を担っている。また新山口―山口間は日中ほぼ30分に1本の運転で、通勤通学やビジネスでの利用が多い。軽便鉄道も含め1世紀前に開通したときの性格を山口線は今でも引き継いでいる。

防石鉄道

山口県防府市を流れる佐波川の上流には徳地町（現山口市）があり、鎌倉時代初期、奈良の東大寺再建にはこの地の材木が切り出され、佐波川を下って運ばれたという。それから700年の時を経て佐波川に沿う鉄道が敷かれた。防府の三田尻と徳地の堀を結んだ防石鉄道である。明治末期に三田尻から佐波川をさかのぼり、津和野を経て石見益田に至る路線と、三田尻から南方の中関《なかのせき》港（現防府市内）を結ぶ路線の計画が立てられた。中関港からは船で九州へ連絡することで、防府を中心にして山陰、山陽、九州を鉄道で結びつけようという壮大な構想であった。それを実現する第一歩として、大阪の才賀藤吉*らが発起人となって申請した三田尻と柚木（現在は山口市徳地柚木）とを結ぶ軽便鉄道の免許が1912（大正元）年11月に下付された。1914（大正3）年5月に石三軽便鉄道株式会社が設立され（同年10月に石三鉄道株式会社に社名変更）、同年12月に起工式を行っ

廃止後バス乗り場となった旧三田尻駅
写真提供：長船友則

*才賀藤吉：1870（明治3）年生まれ1915（大正4）年没。各地の電気会社や鉄道会社の経営に参画し、「電気王」と呼ばれた実業家で代議士。

た。また1916（大正5）年7月に社名を防石鉄道株式会社に再度変更した。社名の「石」の字は島根県西部の石見を指し、この鉄道が陰陽連絡を目指していたことがうかがえる。折しも第一次世界大戦勃発による資材高騰とその後の不況による資金難に加え、橋梁建設費用の高さから、当初三田尻を出てすぐ佐波川を渡り右岸を通る予定だった路線が左岸を通すことになった。ようやく1919（大正8）年7月に三田尻―上和字《かみわじ》間11・3㎞が開通し、続いて翌年9月に上和字―堀間が開通した。

廃線になるまで実際に鉄道の営業を行ったのは堀までである。三田尻と中関港を結ぶ路線は、1921（大正10）年4月に免許の下付を受けたが、結局工事は行われず失効した。また堀以北は国鉄山口線が石見益田まで全通したため、山口線との接続を図るべく堀―柚木―生雲《いくも》（現山口市阿東）間の建設を目指すことに変更し、陰陽連絡という当初の目標からは大幅に後退した。しかし資金難のためこの区間も実現しなかった。さらに経営上も多くの難題を抱えた。資金調達を借入金に依存したため1920年代前半には債権者の広島信託の管理下に置かれたり、軌条などを売却して債務返済に充てようと鉄道事業の廃止を申請したり（1939（昭和14）年、ただしこれは認められず翌年取下げ）するようなこともあった。

防石鉄道客車内部
写真提供：長船友則

防石鉄道は全長18・8㎞（1958年3月堀駅の改造

防府市鉄道記念広場に展示される2号機関車と客車

による0・1㎞延長分を含む)、軌間1067㎜の単線非電化の路線であった。堀開通時は1日6往復、所要時間は約60分、運賃の大人70銭、小人30銭は全国でも最も高い賃率であった。さまざまな苦難を抱えた防石鉄道であったが、沿線住民にとっては大事な移動手段であった。堀まで開通したとき住民は祝賀会を催し、昼はシャギリ＊夜は提灯行列とにぎわいが二日二晩続いたという(『追憶―防石鉄道株式会社』)から、喜びもひとしおであったに違いない。最初は蒸気機関車が牽引する列車のみだったが、1930(昭和5)年にガソリンカー、戦後1949(昭和24)年にはディーゼルカーが導入されている。貨物輸送も行っており、主な輸送品目は材木であった。

戦後は自動車輸送の発達の影響を受けて利用者が減少し、1964(昭和39)年7月に鉄道事業を廃止することになった。その後もバス会社として輸送を行っていたが、1992(平成4)年4月に防長交通と合併し、「防石鉄道」という会社名もついになった。防石鉄道で活躍した車両のうち、2号機関車と客車のハ6とハニフ1がJR防府駅近くの山陽本線高架下にある鉄道記念広場に保存されている。2号機関車はドイツのクラウス社で1894(明治27)年に製造された蒸気機関車で、川越鉄道から譲渡され防石鉄道が廃止されるまでの47年間を走り続けた。

＊シャギリ：ねりものの行列に奏する囃子《はやし》。

倉吉線

鳥取県内の山陰本線は境（現在は境線境港《さかいみなと》）—米子—御来屋《みくりや》間が１９０２（明治35）年に開通したのが最初で、以後鳥取へ向かって延伸していく。１９０３（明治36）年８月に八橋《やばせ》、12月に八橋—倉吉間が開通し、境—倉吉間がレールでつながった。倉吉付近のルートは、①倉吉町を通るもの、②上井《あげい》（当時の日下《くさか》村、後の上井町で現倉吉市）を通るもの、③由良《ゆら》から海岸線を通り橋津経由で泊《とまり》に至るものの３案が考えられたが、最終的には②の上井を通るルートが採用された。それは建設工事費が少なくて済むことが最大の理由であった。倉吉町で鉄道に反対する声が上がってはいたが、それでルート変更が生じたわけではない。しかし鳥取県中部の主要都市だった倉吉に５㎞とはいえ幹線が離れたところを通ったことは、交通の不便さや経済的不利益につながった。

C 11 形機関車に引かれて上灘—倉吉間を走る列車　写真提供：長船友則

そのため倉吉町では１９１０（明治43）年９月に津山—倉吉間の鉄道建設を請願して鉄道を敷こうとしたが成功しなかった。そこで上井—倉吉町間で請願し直し、これが聞き入れられて１９１２（明治45）年６月に官設の倉吉軽便線の開通に至った。このとき山陰本線の倉吉は上井に駅名変更し、倉吉軽

山守駅に停車するキハ40形車両
写真提供：長船友則

便線の終点が倉吉と称し、同年10月には中間駅の上灘《うわなだ》が設けられた。１９１３（大正２）年12月改正のダイヤでは、上井―倉吉間を１日10往復設定され、所要時間は速い列車で11分となっている。車両は開通当初蒸気動車が用いられていた。なお１９２２（大正11）年９月に軽便線の呼称廃止で、以後は倉吉線と称することになった。

　ところで倉吉線は山陰本線と倉吉の中心地を結ぶ役割だけにとどまらず、実現こそしなかったが陰陽連絡の一環として根気強く請願活動が行われたことにも注目しなければなるまい。倉吉軽便線開通後も１９１３（大正２）年には「陰陽連絡倉勝間鉄道速成請願」を行い、上井―倉吉―勝山―津山―岡山間の鉄道建設を求めた。同年９月さらに１９２０（大正９）年にも倉勝線の速成請願を行った結果、１９２４（大正13）年の改正鉄道敷設法で勝山から倉吉の鉄道（南勝《なんしょう》線）が予定線になった。しかし中国山地を横断する路線の建設は容易でないうえに、政変や日中戦争勃発で着工には至らず、ようやく１９４１（昭和16）年５月に蒜山《ひるぜん》への軍事輸送を目的に倉吉―関金間が延伸開通した。戦後の１９５８（昭和33）年12月になって関金―山守間が開通し、倉吉線として営業した全区間20㎞が完成した。倉吉という駅は倉吉線内にあり山陰本線上にないため旅行者に分かりにくく、長年上井駅の駅名改称が問題になっていた。

これも１９７２（昭和47）年に倉吉線の倉吉を打吹《うつぶき》に（1月10日実施）、上井を倉吉に（2月14日実施）それぞれ駅名を改称することで解決が図られた。

山守開通後も姫新線の中国勝山へ向かう南勝線は、鉄道建設公団の手により１９７４（昭和49）年に起工式が行われ、測量や用地買収が始められた。しかし一方で自動車交通との競争が、まずバスそしてマイカーとの間で激化し、倉吉線の利用者は減少していった。こうした状況は全国で見られ、１９６８（昭和43）年に国鉄の諮問委員会は倉吉線を含む全国83のローカル線廃止を答申した。それに対して倉吉市などは倉吉線廃止反対期成同盟会を結成して反対運動を展開した。まさに建設と廃止のせめぎ合いだった。だが１９８０年代の国鉄再建でのローカル線整理で、倉吉線は輸送密度が1日１km当たり１０８５人だったため第一次特定地方交通線に指定され、南勝線の建設も凍結された。このときも激しい廃止反対運動が展開され、当時の関金町は第三セクター鉄道での存続を主張したが、結局バス転換を図ることになり、１９８５（昭和60）年3月で廃止になった。

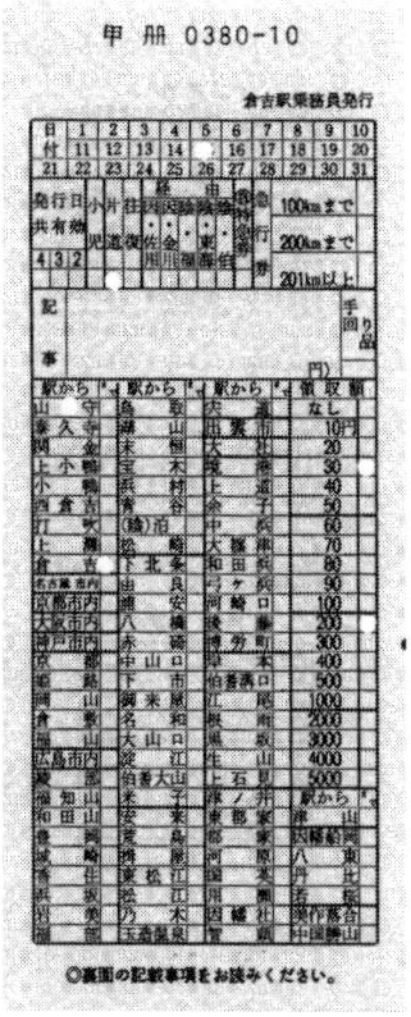

倉吉線内で発行された車内補充券（乗務員発券切符）

現在打吹駅跡地には倉吉線鉄道記念館が設けられている。ここにはＣ11 75が屋外に静態保存され、館内は写真パネルの展示が中心であるが、かつての倉吉線の様子を知ることができる。

8．信仰の地を結んだ鉄道

三宅　俊彦

ＪＲ大社線と一畑《いちばた》電車大社線～出雲大社～

ＪＲ大社線は国鉄時代の１９１２（明治45）年6月1日、出雲今市（現出雲市）―大社間が開通する。大社駅は門前町の各町内の利害が対立してなかなか駅の位置が決定しなかったが、当時の鉄道院総裁、後藤新平が出雲大社詣でに赴いた際にこの場所に決定したといわれる。開通と同時に参拝客輸送のため大阪、京都から直通列車が運転され、１９３５（昭和10）年に大阪―大社間の急行列車が運転開始される。戦後は大阪、東京から急行「出雲」が直通し参拝客の利便が図られた。しかしモータリゼーションの影響で、出雲大社までバスや車が直接乗りつけられるようになると、一畑電車大社神門（現出雲大社前）に比べ大社駅から参道を約１・６㎞歩くのが不便なため乗降客が少なくなった。特定地方交通線第三次廃止線指定で、１９９０（平成２）年４月１日廃止となる。ただ鉄道は廃止になるが大社駅舎は解体を免れ、そのままの位置に残存し内部を公開している。

駅前に人力車が並んだ大社線大社駅（昭和戦前）

大社駅は１９２４（大正13）年2月に改築工事が完成した。

線路側から見た出雲大社前駅　写真提供：長船友則

参拝客でにぎわうのにふさわしい大型木造の立派な建物で、神社仏閣を模した見事な鴟尾《しび》が輝く二層屋根の神殿風である。

一方、一畑電車、一畑電気鉄道の前身である一畑軽便鉄道は当初から出雲今市（現出雲市）―大社間の鉄道を計画していたが、国鉄大社線と並行路線であるためなかなか認可されなかった。そこで起点を北松江線の武志《たけし》、さらに川跡に変更して、国鉄線よりはずっと遅く1930（昭和5）年2月2日、川跡―大社神門（現出雲大社前）間が開業した。このルートなら一畑薬師への参拝客も利用が可能であるとの会社の主張が認められた。大社神門駅は国鉄大社駅に比べ出雲大社に近く有利であった。この駅舎は大社の門前に位置するには不釣り合いな中近東の寺院を思わせる半円形の屋根とステンドグラス窓が特徴で、日中はステンドグラスを通して7色の光が待合室に入る。経済産業省より近代化産業遺産に認定されている。

一畑電車北松江線～一畑薬師～

北松江線は1911（明治44）年8月、大阪の才賀電気商会、才賀藤吉や地元の関係者等15名の発起人が、出雲今市（現出雲市）―小境灘（後の一畑口）間の軽便鉄道敷設免許を下付されたことに始まる。１９１２（明治45）年４月６日、一畑軽便鉄道株式会社が設立された。社名に軽便が付与されているが、１９１１（明治44）年に制定された「軽便鉄道法」によるもので、「私設鉄道法」に比べて規定が緩やかであった。軌間は国鉄と同じ１０６７㎜が採用された。１９１４（大正３）年４月29日に出雲今市―雲州平田間、１９１５（大正４）年２月６日に雲州平田―一畑間が開通した。これにより一畑薬師への最寄りまで全通した。全通までに蒸気機関車４両、客車15両などが準備された。全線に１日８往復、所要時間は１時間10分を要した。蒸気機関車は１、２号がドイツのコッペル社１９１２年製のＢタンク機関車、３号がアメリカのボールドウィン社製のＣタンク機関車、４号は１、２号より大きいコッペル社１９２１年製のＣタンク機関車であった。客車は定員40名の３等緩急車ハフ１からハフ13と定員20名の３等荷物合造車ハニ１、２などを保有していた。これ

一畑軽便鉄道一畑駅に停車する電車

一畑軽便鉄道一畑駅と蒸気機関車に引かれた混合列車

らは１９２８（昭和３）年の全線電化完成後に廃止になっている。

その後全国的な電化の動向にかんがみ、１９２５（大正14）年７月15日に社名を一畑電気鉄道株式会社と改称した。１９２７（昭和２）年10月１日に出雲今市―一畑間の電化が完成した。翌１９２８（昭和３）年４月５日に小境灘（現一畑口）―北松江（現松江しんじ湖温泉）間が開通し、この区間は当初から電化が完成した。電車はデハ１形デハ１からデハ５が１９２７（昭和２）年９月、日本車輌製造が製造したものである。後に一部改造を実施するが昭和30年代まで活躍している。

大社宮島鉄道～出雲大社―厳島神社～

当初、出雲国と安芸国を結ぶ計画で雲芸《うんげい》鉄道が出雲今市（現出雲市）と芸備鉄道三次《みよし》を結ぶ鉄道敷設を申請する。しかし計画があまりにも壮大なため、なかなか認可されなかったが、１９２４（大正13）年に免許を得た。三次―広島間はすでに芸備鉄道が開通しているため、これに接続することを目的とした。このルートは改正「鉄道敷設法」別表の91項「広島県福山ヨリ府中、三次、島根県来島《きじま》ヲ経テ出雲今市ニ至ル鉄道及来島付近ヨリ分岐シテ木次《きすき》ニ至ル鉄道」の一部であった。

１９２６（大正15）年には鉄道王と呼ばれる東武鉄道の根津嘉一郎を迎え、東京に本社を置いて大社宮島鉄道を設立した。この社名も出雲大社と厳島神社を結ぶ壮大なもので

出雲鉄道の保存車両ハフ 21（米子市元町）

出雲鉄道を走った気動車キハ１
写真撮影：宮澤孝一

あった。しかし昭和恐慌で計画は進まず、ようやく１９３２（昭和７）年12月12日に出雲今市―出雲須佐間が開通した。以後工事が進まない中、近接する国鉄木次線が１９３７（昭和12）年に全通し山陽と山陰を結ぶ壮大な計画は断念した。翌１９３８（昭和13）年には出雲須佐―三次間の免許が失効し、同年６月９日、社名を出雲鉄道に変更し、本社を東京から出雲に移転する。

戦後は経営難から１９５４（昭和29）年４月１日、一畑電気鉄道が吸収合併し立《たち》久《く》恵《え》線とする。しかし観光輸送は奮わず、１９６４（昭和39）年７月、島根県内での集中豪雨で交通網が寸断された。特に立久恵線朝山―桜間では土砂崩壊、落石、線路の流失などにより四十数か所で不通区間が発生した。復旧には多大な費用がかかるため、１９６５（昭和40）年２月18日、出雲市―出雲須佐間全線が廃止になる。

中国稲荷山鋼索鉄道～最上《さいじょう》稲荷～

１９０４（明治37）年11月15日、中国鉄道吉備線岡山―湛井《たたい》間が開通した。吉備線は終点の駅名から湛井線とも呼ばれた。この吉備線には稲荷（現備中高松）駅があるが、ここから高松最上稲荷への参詣客の利便を図るため、稲荷―稲荷山間２・４㎞が１９１１（明治44）年５月１日に開通した。高松最上稲荷は京都市伏見区の伏見稲荷、愛知県豊川市の豊川稲荷と並ぶ日本三大稲荷の一つとして全国から多くの参詣客でにぎわうところである。この区間の軌間は当初762㎜の軽便鉄道であったが、稲荷駅で乗り換えの不便さがあるため、１９２９（昭和４）年12月に軌間を１０６７㎜に変更して、吉備線と同一にして岡山からの直通列車が稲荷山まで直通するようになって、所要時間の短縮と混雑の緩和にも寄与している。なお稲荷駅は稲荷山駅と紛らわしく、また最上稲荷の最寄り駅と間違う乗客がいるため１９３１（昭和６）年２月９日、備中高松駅と改称している。

中国鉄道吉備線稲荷停車場（上）と稲荷山停車場（下）　写真提供：岡山市立図書館

さらに高松最上稲荷の奥の院への参詣

高松最上稲荷の奥の院に登る中国稲荷山鋼索鉄道

客のため、中国鉄道の子会社中国稲荷山鋼索鉄道が１９２９（昭和４）年２月９日に奥ノ院―山下間０・４㎞に開通している。中国地方では唯一の鋼索鉄道（ケーブルカー）であった。所要時間は４分で、20分間隔で運転できた。しかし最上稲荷の参詣へのルートが確立した後、好況の時期はわずかで、その後太平洋戦争に突入した。やがて戦況悪化で各種物資が不足するようになった。ことに鉄材の枯渇で１９４４（昭和19）年２月には、不要不急路線の鉄材供出命令により、中国鉄道稲荷山線および中国稲荷山鋼索鉄道は共に廃止となる。戦後、鋼索鉄道は復活の計画があり、稲荷山観光ケーブルが設立された。１９６１（昭和36）年に鉄道敷設免許を取得したが、具体的に進まず１９６６（昭和41）年に免許が失効となった。

参考文献

島根県立古代出雲歴史博物館編『ＢＡＴＡＤＥＮ～一畑電車百年ものがたり～』（一畑電気鉄道、２０１０年）

第2章

特色ある中国地方の鉄道

～施設、駅、路線、沿線～

1．沿線の構造物とその技術……三宅　俊彦

現役の明治期鉄道橋梁群（備前市）

岡山県南東部の備前市三石《みついし》地区は、江戸時代山陽道の宿場町で、本陣が設置されていた。慶長年間（１５９６～１６１５年）に発見されたろう石をもとに、明治以降耐火煉瓦《れんが》などの産業で発展してきた。

山陽本線の前身山陽鉄道が兵庫県から岡山県に入る県境には難所の船坂峠が立ちはだかっている。難工事の船坂隧道を越えて有年《うね》―仮三石《かりみついし》間は１８９０（明治23）年12月１日に開通した。そして１８９１（明治24）年３月18日には仮三石―岡山間が開通したのであった。さらに山陽鉄道は国有化前に２本目の船坂隧道まで開通させていたが、上郡―三石間は国有化４年後の１９１０（明治43）年10月25日に複線になった。

船坂隧道三石方坑門、左側が上り線用

船坂隧道下り線三石方坑門

下り線の船坂隧道は長さ１１７１・５ｍである。三石方坑門は焼過《やきすぎ》煉瓦である。これは普通の煉瓦よりも高温で焼かれたもので、強度や耐水性に優れているといわれる。続いて船坂跨線

水路橋をくぐる。これは13・7mの半円のアーチ形の橋で、やはり焼過煉瓦が美しい。

　三石駅を過ぎると、山陽鉄道時代からの煉瓦のアーチ橋が原形を保って残っており、120年以上の歴史を刻んだ今日でも現役で使用されている。このため土木学会により2008（平成20）年10月に、「三石の煉瓦洪渠《こうきょう》群」として土木学会選奨土木遺産に認定された。三石駅から吉永駅へ向かって該当の施設を順次紹介する。

三石金剛川橋梁

◆三石金剛川橋梁

　径間6・1m4連の見事なアーチ橋である。三石駅付近で最大規模のものである。第一径間が車道、中2径間に金剛川が流れている。第四径間は水路と人道用になっている。1891（明治24）年に開通した下り線側は

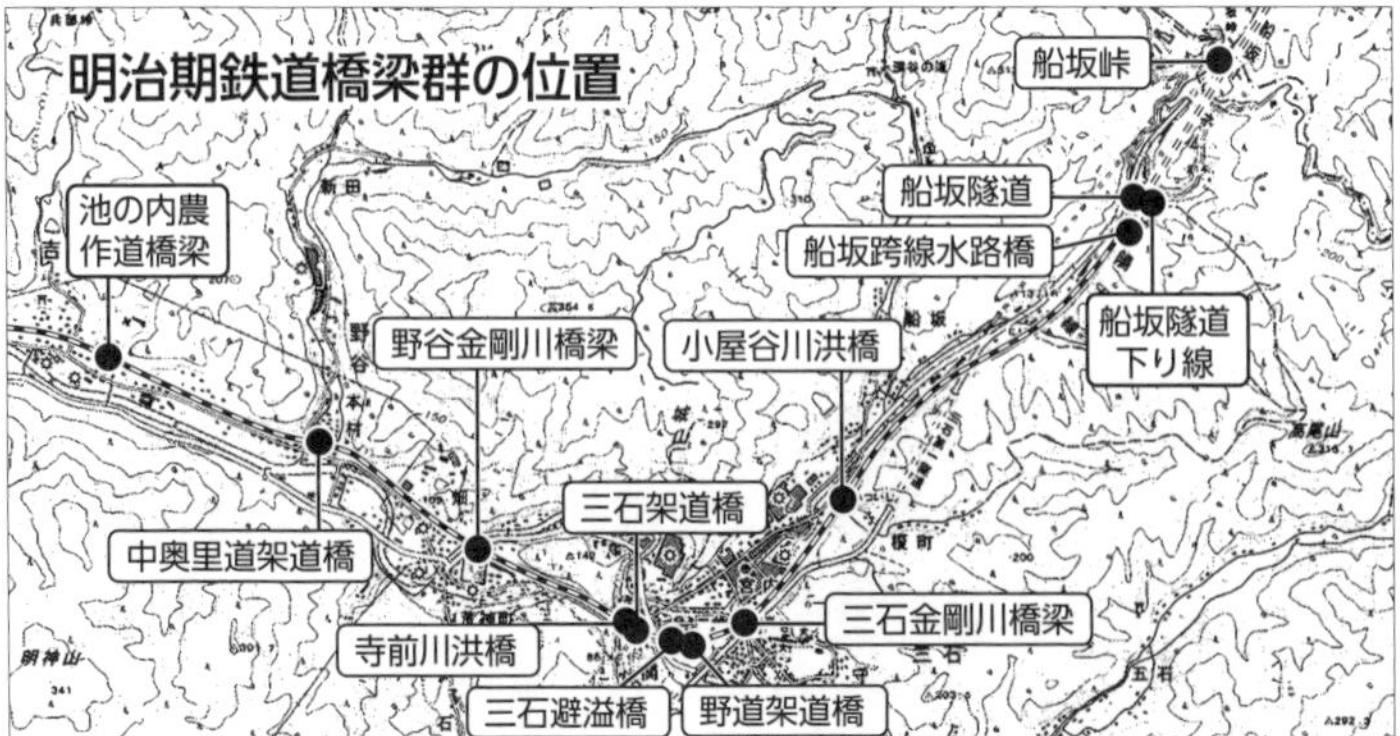

国土地理院2006（平成18）年発行2万5000分の1地形図『備前三石』をもとに加筆、調整

赤煉瓦造りで、隅石に花崗岩がはめ込まれている。1911（明治44）年に開通した上り線側は焼過煉瓦が用いられている。下り線側と同じく隅石に花崗岩がはめ込まれている。下り線側には土木学会選奨土木遺産に認定の銘板が取り付けられている。

野道架道橋

◆野道架道橋

地元の人の生活用道路として使われている。三石金剛川橋梁と同じく下り線側の坑門は赤煉瓦造り、上り線側の坑門はモザイク模様の焼過煉瓦である。アーチ橋の内部には焼過煉瓦による線状模様が見える。

◆三石避溢橋《ひいつきょう》

避溢橋は水害などのときに備えて水路をまたぐ橋である。水路と生活用道路を兼ねている。この橋は斜めアーチ橋であり、築堤に対して斜めに横切っているため、坑門の上辺が斜めになっている点が特徴である。

三石避溢橋

◆三石架道橋

旧国道2号の県道岡山赤穂線がくぐっているアーチ橋である。交通

野谷金剛川橋梁

三石架道橋

量が多い道で、船坂峠を越えて兵庫県へ続く。上り線側は日光山光明寺の門前である。こちらの坑門は焼過煉瓦であり、隅石に花崗岩がはめ込まれている。下り線側の坑門は煉瓦造りで、上り側と同じく隅石に花崗岩がはめ込まれている。

◆寺前川洪橋

日光山光明寺の山門前にひっそりと存在している。下を水路が流れている。その水が鉱山から流れてきたため川底は赤茶けている。上り線側は焼過煉瓦造りで、下り線側は品川開発の構内からわずかに見える方が煉瓦造りである。

◆野谷金剛川橋梁

2径間44・4mである。最初に開通した上り線側の橋脚は円弧状の煉瓦造りの見事なものである。下り線側はコンクリート造りである。

寺前川洪橋

中奥里道架道橋

池の内農作道橋梁

◆中奥里道架道橋

架道橋の下が水路になっている。現在用水路はふたがされている。最初に開通した下り線側の坑門の笠石部分と側壁は花崗岩が積まれている。アーチ部分は煉瓦造りである。上り線側の坑門は焼過煉瓦である。

◆池の内農作道橋梁

橋梁の下が水路になっていて、飛石でふたがされている。最初に開通した下り線側の坑門は煉瓦造りである。所々に焼過煉瓦が混じっている。上り線側の坑門は焼過煉瓦である。隅石に花崗岩がはめ込まれている。

参考文献

岡山県教育庁文化財課編『あなたの街の近代化遺産ガイドブック』（岡山県教育委員会、２００７年）
小西伸彦『鉄道遺産を歩く』（吉備人出版、２００８年）

2．魅力的な駅舎のデザイン

杉﨑　行恭

中国地方に多く残る近代駅舎

駅舎という建築は、まず玄関と改札口があって待合室や駅事務室に職員の宿泊所を持ち、それらが建物の中に納まっている鉄道建築ということになる。

もちろんこのような建物は日本に鉄道が伝来する以前にはなく、鉄道が全国に延伸してきた明治時代後期に成立した建築だ。現存する初期の駅舎（武豊線亀崎駅、１８８６（明治19）年）などを見ても、屋根の骨組みも伝統的な和小屋組ではなく、三角形を基本にした洋式のトラス組になっている。日本の駅舎は最初から洋館建築として登場したのだ。そして主要な都市の駅には、大ぶりな洋風建築が次々に建てられていった。

暮らしぶりは江戸時代とさほど変わらなかった明治時代の地方で、線路が敷かれ煙を噴く陸《おか》蒸気が走り洋館駅舎が建てられる。まさに時代が変わったことを教える鉄道は、新政府によるプロパガンダでもあった。ちなみに当時はまだ「駅」の漢字は当てられておらず「停車場」と呼ぶのが一般的だった。宿場の馬替え所であった「駅逓《えきてい》」が諸国の街道から消えた大正時代に、晴れて「駅」の字が鉄道に用いられたのだ。やがて各地にできた駅を慕うように家が建ち、駅前の風景が津々浦々にできていく。ともあれ車社会が到来するまで駅は地域の玄関でもあり、東京や神戸やその先にある世界への入口でもあったのだ。

中国地方には開業年代の古い路線が数多くあって、大切に使われてきた駅舎が全国的に見ても数多く残っている。その中から駅舎に特徴ある路線と名駅舎を訪ねてみよう。

津山線に見る明治駅舎群

岡山と津山を結ぶＪＲ津山線の開業は古く、私鉄の中国鉄道時代の１８９８（明治31）年にさかのぼる。因美《いんび》線と連結する陰陽連絡線の役割を果たすこの路線で、ひときわ古風なたたずまいを見せるのが建部《たけべ》駅だ。１９００（明治33）年に地元の請願で建てられたとされる駅舎は、ホームの高さにかさ上げされた檀上に建ち、片面切妻、片面入母屋の変形屋根を持つ。

開業当時の姿をとどめる建部駅

特にこの駅を印象付けているのが玄関にある手書き風の「建部驛《えき》」の看板で、駅舎保存を目的に２００８（平成20）年に完了した補修工事後も元の場所に掲げられている。現在駅事務室は地元タクシー会社が入居しているが、駅舎に人の気配がするのが好ましい。また隣接して鉄道官舎がほぼ原形のまま残る。建部駅は駅舎と官舎そして駅前通りが鉄道模型のジオラマのような風景を残すまれな場所だ。このほか津山線には切妻の周囲にひさしを巡らせた弓削《ゆげ》駅や誕生寺駅など津山線開業時からの駅舎が現役で残る。この両駅共に老朽化が進んでいたが、近年補修工事がなされた。この路線では建部駅とともに日本の鉄道駅舎が成立した当時のものが、今も現役として見られるのだ。

可部線に見るモダニズム駅舎の面白さ

広島市内の横川から太田川に沿って北上する可部線のうち、可部までは明治時代に軽便鉄道（軌間762㎜）の大日本軌道広島支社線として開業し、1067㎜に改軌された後、1936（昭和11）年に国有化された歴史を持つ。このため元私鉄らしく比較的小型の個性的な駅舎が並んでいる。この中で下祇園駅だけは1943（昭和18）年に三菱重工業広島工場の最寄り駅として建てられた三角ファサードが立派な駅舎だ。さらに緑井《みどりい》駅、梅林《ばいりん》駅とこぢんまりした駅舎が見られる可部線だが、1953（昭和28）年に建てられた上八木駅は片流れ屋根のコンパクトな姿で、戦後流行したモダニズム建築の開放的な気分を伝えている。その明快なデザインポリシーは終着可部駅の箱のような玄関正面のデザインにも見ることができる。さらに2003（平成15）年に廃止された可部—三段峡間は、1969（昭和44）年に全通した区間で、ここにもすっきりとしたコ

小さいながらも趣のある梅林駅

コンパクトな駅舎で片流れ屋根が特徴の上八木駅

ンクリート駅舎群が建てられたが、その一つ旧安野駅が公園となって残されている。数奇な運命をたどった可部線だが、駅舎デザインから見ても興味深い路線だ。

観光としての駅舎デザイン

大正時代から鉄道を利用する娯楽旅行が大衆化すると、全国の景勝地や有名な神社仏閣の最寄り駅には行楽気分を引き立てるように趣向を凝らした駅舎が建設された。鉄道による「観光旅行」の誕生である。現在名駅舎として評価が高いのはこのころ建てられたものが多く、中国地方の名駅舎もこのジャンルの駅舎ばかりだ。

堂々とした風格ある姿を見せる洋風駅舎の西岩国駅

◆西岩国駅～岩徳《がんとく》線～

岩国の名橋、錦帯橋の特徴的なアーチを玄関のモチーフにした駅舎だ。しかも正面ファサードにはシンメトリックな三角形を配して左右には縦長窓を並べ、その上部にもアーチをデザインするなど遊び心を見せながらも全体的に引き締まった洋館駅舎に仕上げている。１９２９（昭和４）年に岩徳線（１９３４～４４（昭和９～19）年は山陽本線）の岩国駅として開業した駅舎で、当時は岩国城下の錦帯橋の表玄関として観光客を迎えてきた。現在駅は無人化されているが、駅舎そのものは岩国市に譲渡され、改札口も木製ラッチを復元するなど国指定の有形登録文化財として保存されている。ともあれ実際に見ると意外にコンパクトな印象を受ける。優れたデザインの駅舎は、実際よりも大きく見えるという典型的な駅舎だ。

◆出雲大社前駅～一畑電車～

コンクリート製のドームにステンドグラスの明り取りを設け、かつての出札口にはアラベスク風の幾何学模様を各所に配した、日本唯一といえるイスラミックなデザインを取り入れた駅舎だ。この駅舎も出雲大社の参道に面して建てられた観光駅舎で開業は1930（昭和5）年（当初は大社神門駅）。神社参拝の駅舎でありながら和風情緒がみじんも感じられないどころか、「異教」のデザインを持ち込んだ無邪気さにあふれる建築だ。それというのも当時は、出雲大社の玄関といえば国鉄大社線の大社駅があり、その巨大な木造和風駅舎に対抗して、一畑電車は正反対のモダニズムデ

出雲大社の門前駅としては意表をつくような異国情緒漂う出雲大社前駅

白いドーム天井に色とりどりのステンドグラスがはめ込まれた美しい駅舎内

ザインでこのような駅舎を建てたのだろう。今では縁結びのパワースポットとして注目を浴びる出雲大社だけに周辺には若い女性向けの観光施設が軒並みオープンしていて、この出雲大社前駅も構内におしゃれなカフェが設けられている。

◆旧大社駅～旧大社線～

1924（大正13）年に大社線の終着駅として竣工《しゅんこう》した純和風の大型駅舎だ。建築時期は鉄道が日本に伝えられて半世紀、駅は洋館というイメージを払しょくすべく各所に和風駅舎が建てられたころで、この駅舎も明治神宮を手がけた伊藤忠太が設計に参加している。

格調ある純日本風木造建築の旧大社駅

駅舎内の天井に下がる和風シャンデリアがモダンな雰囲気を感じさせる

中央玄関を中心に左右に張り出しを設けた極めて横長の駅舎で、つやのある黒瓦に力強い柱が対比をなす白壁がきりっと締まる。まるで城の天守閣を分解して再構成したような複雑な屋根のラインも破たんなく、鉄道という西洋文明が日本に同化した証のような大建築だ。すでに大社線は1990（平成2）年に廃線となり、駅舎は国指定の重要文化財として公開されている。中央の正方形をなす高い天井からは古風なシャンデリアが下がり、他の照明もデザインが統一され宮殿のような趣。壁面は案外少なく、板ガラスを１６７９枚も使って採光しているため内部はさほど暗くない。中国地方では数少ない大型和風駅だけに出雲大社参拝の際はぜひ訪れたい名駅舎だ。

◆出雲横田駅～木次《きすき》線～

木次線の中間駅ながら宮造りの駅舎として日本屈指の完成度を見せるのが出雲横田駅だ。スサノオの妃になったクシナダ姫の伝説が残る土地にちなんだ宮造りの駅は、

中央に飾られた大きなしめ縄が印象的な
木次線出雲横田駅

１９３４（昭和９）年の路線開業時に完成したものだ。当時地元は停車場建設に土地や道路まで提供して期待をかけ、工事を担当した鉄道事務所も各地の和風駅舎を参考にこの駅を設計したという。古くから良質な木材を産出した横田は木材工芸や雲州そろばんの産地で（駅の隣に「雲州そろばん伝統産業会館」がある）、この駅舎も目の詰まった松材をがっちりと校倉《あぜくら》に組み上げた壁面が特徴だ。玄関には出雲の神社にちなんで太いしめ縄が下がり、いささかのすきもない見事な出来栄えだ。木次線のこの駅を通過する列車は10分程度停車する場合が多い（運

転士に要確認）、そんなときはちょっと駅前に出て見ておきたい駅舎だ。

◆比婆山駅《ひばやま》～芸備線～

木造駅舎が多く残る芸備線の中でも異彩を放つ駅舎だ。玄関には寺社風建築にみられる懸魚《げぎょ》*が下がり、車寄せや本屋の屋根も反りが入る神社風スタイルの駅舎となっている。この駅は１９３５（昭和10）年に備後熊野駅として開業した当時からの駅舎で、比婆山山中に鎮座するイザナミの命《みこと》を祭った熊野神社にちなんでこのような駅舎が設けられた。ちょうどこのころは戦前のナショナリズムが高揚した時期で、全国的にも由緒ある神社の最寄り駅に宮造りの駅舎が造られた時代だった。しかしこの駅から熊野神社まではかなりの距離があり、１９５６（昭和31）年には広く比婆山登山の玄関として現駅名に改称されている。振返って駅舎を見ると神社風とはいえ出雲横田駅のような完成度はなく、どこか洋館を強引に和風にしたような無邪気さも感じられる。面白いのが玄関に掲げられた駅名看板で、もともとどこかの駅の料金表に上書きしたものが風雪を経て下の文字が浮き出ている。また駅前の商店で比婆山駅スタンプを保管している。

社殿風な造りの中にも寺社建築にみられる装飾も併せ持つ比婆山駅

＊懸魚：切妻や入母屋などの日本建築で、屋根の勾配によってきでる三角形部の頂点に当たる個所を装飾するために取り付ける彫刻を施した板。

３．鉄道路線の変遷をたどる

～地図でたどる岡山、広島の鉄道の変遷～…今尾　恵介

岡山付近

岡山市は２００９（平成21）年に全国で18番目の政令指定都市となった。人口こそ広島市より少ないが、鉄道路線の集中度では中国地方随一であり、山陽新幹線を横軸に、また山陰へ通じる伯備線と四国へ渡る瀬戸大橋線を縦軸に、各方面への列車が頻繁に発着している。

岡山で最初の鉄道は山陽本線の前身である山陽鉄道で、神戸方面から延伸を繰り返し、岡山まで延伸されたのは１８９１（明治24）年のことである。同鉄道は瀬戸内海の汽船に対抗するため寝台車と食堂車を全国に先駆けて導入するなど、先駆的な鉄道会社として知られていた。１８９８（明治31）年には県都岡山から美作《みまさか》の中心都市津山（当時の津山駅は現津山口駅）を結ぶ中国鉄道が登場する。現在のＪＲ津山線であるが、当時の起点は岡山市駅で、現岡山駅の０・５㎞北方にあった。中国鉄道はその後総社方面にも路線を伸ばし、その先の湛井《たたい》までを１９０４（明治37）年に開業している。同駅は高梁川に面した水陸の接続地点で、伯備線が大正末に開通する以前には、ここから高梁方面への船便（末期にはプロペラ船）が運航されていた。

１９１０（明治43）年には宇野線が開業する。四国へ接続する鉄道連絡船（宇高連絡船）

戦後下津井鉄道は電化され下津井電鉄となった
写真提供：長船友則

の発着地としての宇野と岡山を結ぶ路線だ。それ以前の四国への航路といえば、岡山―三蟠《さんばん》―高松、それに尾道―鞆《とも》―多度津の２路線で、山陽鉄道が１９０６（明治39）年に国有化されると、２航路も国有化されている。前者の岡山―高松は便利そうに見えて、まだ路面電車が開通前なので、岡山駅から人力車などで京橋まで行って川船に乗って三蟠へ、そこで海の船に乗り換えるという手間のかかるものだった。そこで近代的な鉄道連絡船の発着港として新たに整備された宇野を四国への新しい入口としたのである。

　四国への人や物の流れが宇野に集中するのを危惧した古くからの港町下津井では、宇野線の茶屋町との間を軽便鉄道で結び、四国丸亀へのルートを確立させるべく下津井軽便鉄道（後に下津井鉄道を経て下津井電鉄）が１９１４（大正３）年に敷設されている。やはり宇野に主役の座を奪われた三蟠港側も、翌１９１５（大正４）年には旧来の高松航路のために三蟠軽便鉄道（後に三蟠鉄道）を岡山市内の桜橋から三蟠まで敷設した。しかし三蟠港の地位低下を阻止することはできず、１９３１（昭和６）年に廃止されている。

　図１は１９３０（昭和５）年に鉄道が書き加えられた版で、まだ広い面積が残っていた

図１　陸地測量部 1930（昭和５）年鉄道補入 20 万分の１帝国図『岡山及丸亀』

岡山臨港鉄道　写真提供：長船友則

児島湾が印象的だ。宇野線がこれだけ遠回りしている理由もこの時代の図を見れば分かる。下津井に向けて南下する国道（道路の両側が太線）は四国街道で、かつて金毘羅《こんぴら》参りの主要交通路であったことをしのばせる。

図２は１９６０（昭和35）年修正版で、児島湾は湾口に締切堤防ができて淡水化、干拓地もさらに広がった。また旭川左岸から消えた三蟠鉄道の代わりに対岸側に岡山臨港鉄道が１９５１（昭和26）年に工場専用線を地方鉄道に転用して開業、高度成長期には工業地帯の貨物輸送に活躍した。倉敷からは同様に戦時中建設の三菱重工専用線を転用した水島鉄道が１９４８（昭和23）年に開業、こちらも水島コンビナートの貨物輸送を担った。宇野駅からは１９５３（昭和28）年に備南電気鉄道（後に玉野市営電気鉄道）が宇野―玉間を開業（市名の玉野は両地名の合成）、後に玉遊園地前まで延伸している。平均駅間距離は０・４㎞と短く、三井造船従業員の通勤電車や玉野市内電車として活躍した。下津井鉄道は１９４９（昭和24）年に電化して社名も下津井電鉄に改称。図はモータリゼーションが急激に広まる前の黄金時代である。

図３は１９９９（平成11）年修正版で、大きな変化としては１９６７（昭和42）年に倉敷市が児島市、玉島市と合併して「大倉敷市」となったことが挙げられる。その後

図２　国土地理院 1960（昭和 35）年修正 20 万分の１地勢図『岡山及丸亀』

図３　国土地理院 1999（平成 11）年修正 20 万分の１地勢図『岡山及丸亀』

１９７２（昭和47）年には山陽新幹線が岡山まで開業、１９７５（昭和50）年の博多延伸で全通した。瀬戸大橋線*は１９８８（昭和63）年の開業で、それに伴って宇高連絡船は大幅に減便、１９９１（平成３）年には残っていた高速艇の運航も停止されて長い歴史を閉じた。瀬戸大橋線と同様のルートをたどっていた下津井電鉄は、同線の開業後も一部区間（児島―下津井）で存続していたが、１９９１（平成３）年元日付で全線廃止。岡山臨港鉄道は旅客輸送をバスに奪われ、また鉄道貨物も減少したことにより１９８４（昭和59）年に廃止された。玉野市営電気鉄道は１９７２（昭和47）年に廃止されている。

広島付近

山陽本線の前身である私鉄の山陽鉄道は１８８８（明治21）年の兵庫―明石間の開業を皮切りに、西へ向けて順次延伸を繰り返し、広島まで開業したのは１８９４（明治27）年の６月10日のことである。これはくしくも日清戦争開戦の前々月に当たり、正式に清国に対して宣戦布告して３日後の８月４日には、完成したばかりの宇品港と広島駅を結ぶ軍用仮設線の突貫工事が始まった。戦地へ人員と貨物を迅速に輸送するためである。工事はわずか17日間で完成し、軍需輸送が開始された。大本営も９月には広島へ移り、明治天皇自ら広島入りしている。

図４は１９０８（明治41）年版である。日清戦争の後に１９０４～０５（明治37～38）

＊瀬戸大橋線：ＪＲ西日本岡山駅とＪＲ四国高松駅を結ぶこの路線は、宇野線岡山―茶屋町間（ＪＲ西日本）、本四備讃線茶屋町―児島間（ＪＲ西日本）、本四備讃線児島―宇多津間（ＪＲ四国）、予讃線宇多津―坂出―高松間（ＪＲ四国）からなり、愛称として「瀬戸大橋線」の名称が使用される。

図 4　陸地測量部 1908（明治 41）年製版 20 万分の 1 帝国図『広島』

年の日露戦争も経て戦時の鉄道の威力が評価され、「一旦緩急」のときに備えて鉄道網を国有化すべしとの声が高まり、山陽鉄道も1906（明治39）年の鉄道国有法により全国各地の幹線を担う私鉄と共に国有化された。図4はその2年後で、当時の市街地は太田川三角州の全域にはまだ及んでおらず、宇品が中心部から遠く離れた市域最南端であることが分かる。広島駅から南下するのが軍用仮設線から転じた後の宇品線である。さらに海軍の鎮守府が置かれた呉市との間には1903（明治36）年、こちらは日露戦争の前年に呉―海田市間（呉線）が開業している。

広浜鉄道を走っていたモハ90（熊本電気鉄道北熊本車庫）　写真提供：長船友則

図5は1930（昭和5）年に鉄道を補入したもので、この時期までに1915（大正4）年には三次方面へ向かう芸備鉄道が開業した。現在のJR芸備線であるが、当初の起点は東広島駅（現広島駅の0・6km東側）で、終点も旧三次駅（現西三次）であった。芸備線はその後中国地方の中央部を東西に結ぶ亜幹線と位置付けられ、1937（昭和12）年には国有化され、芸備線となった。

横川から北上する細い軌道線は1909（明治42）年に横川―祇園を開業した軽便鉄道で、大日本軌道広島支社が経営していた（1911（明治44）年に可部まで開通）。最初は軌

図５　陸地測量部 1930（昭和５）年鉄道補入 20 万分の１帝国図『広島』

広島瓦斯電軌時代に走っていた車両（広島電鉄宮島線荒手車庫）　写真提供：長船友則

間762㎜の狭い線路の上をミニサイズの蒸気機関車が貨客車を引く鉄道であったが、その後電化され、１９３６（昭和11）年には国有化され可部線となっている。こちらは会社名が一時「広浜《こうひん》鉄道」だったことからも分かるように、山陰の浜田に延伸する意図を有し、国有化後の１９６９（昭和44）年には県境に迫る三段峡まで開業したものの、モータリゼーションの急進展でローカル線建設の意義は低下、その先の工事は凍結された。かなり完成に近づいていた浜田側の未成区間も放棄された。

もう一つ、この中では今も私鉄として現役なのが広島瓦斯《ガス》電軌である。現在の広島電鉄宮島線であるが、己斐《こい》（現広電西広島（己斐））―草津町（現草津）を１９２２（大正11）年に開業、その後は１９３１（昭和６）年に電車宮島（現広電宮島口）まで延伸、宮島への観光客誘致を国鉄と競い合った。なお、広島瓦斯電軌は今の広電市内線の前身でもあり、現在と少し違う区間もあるが、市内に路線を延ばしていった（当時の帝国図では都市内の路面電車は表記せず）。

図６は戦後の１９６０（昭和35）年修正版で、可部線、芸備線が国鉄となり、かつ宇品線もまだ健在のころだ。同線にはその後市内電車のような間隔で駅がいくつも設けられたが、気動車や蒸気機関車が引く客車列車で近代化が遅れて乗客も減少、１９６６

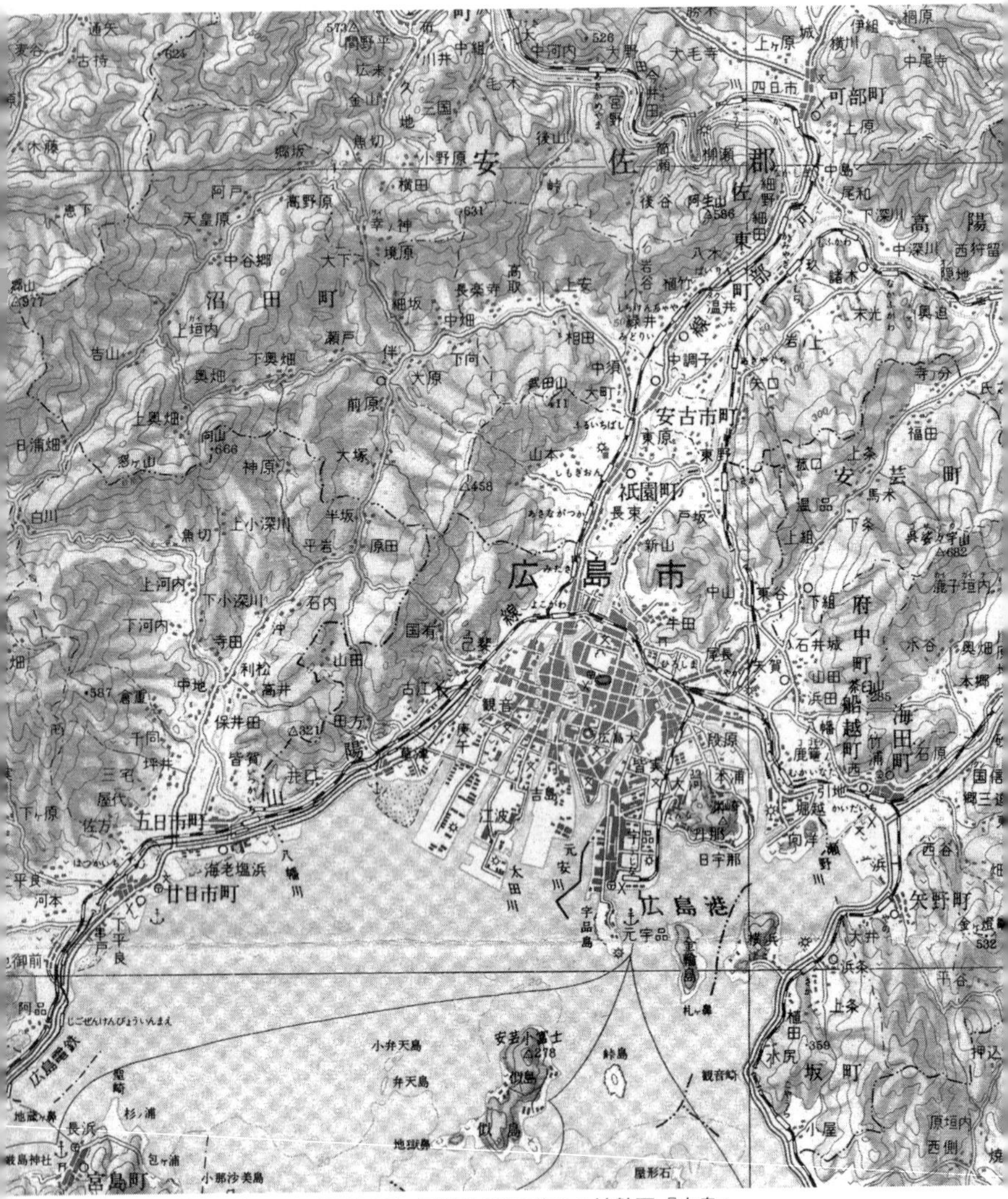

図6　国土地理院1960（昭和35）年修正20万分の1地勢図『広島』

（昭和41）年には旅客列車を廃止した（ただし定期券利用者専用の列車がその後数年間運行）。貨物線となった宇品線も１９７０（昭和45）年度の営業係数（100円の収入を得るための経費）が４０４９と国鉄全線で最悪を記録し、ついに１９７２（昭和47）年に廃止となった（実際には線路を運輸業者が使って貨物輸送を１９８６（昭和61）年まで続けた）。

図７は最新版の２００４（平成16）年修正版である。図６の後に新幹線（１９７５（昭和50）年開業）が岡山から博多まで延伸され、山陽本線の昼間の特急は消滅した。さらに新交通システムであるアストラムライン（広島高速交通）が都心部の本通から北上、安佐南区の広域公園前まで18・４㎞で開業している。またこの図では広島電鉄の宮島線へ直通する市内線（路面電車）の系統だけが描かれている。

広島電鉄も一時は他の都市のように路面電車の撤去が取り沙汰されたものの、県警など*交通関係者に見識があり、一時期解除された軌道内への自動車乗入規制を実施し直すことで、その後も市民の足として存続させた。近年では欧州型の低床連接車「グリーンムーバー」を導入して宮島線へ乗り入れさせるなど、ＬＲＴ*的な路面電車に脱皮、現在でも全国の路面電車の中では最大の輸送人員を誇っている。この間、広島市域は１９７１～７５（昭和46～50）年にかけて、安芸郡の一部と安佐郡全域に及ぶ周辺町村の編入を繰り返し、大幅に広域化した。消滅した安佐郡に安佐北区、安佐南区が設置され、旧可部町や旧祇園町などがここに含まれている。

＊広島県警などの対応については 188 ページ参照。
＊ LRT：Light Rail Transit の略で、国土交通省の定義では低床式車両（LRV）の活用や軌道、電停の改良による乗降の容易性、定時性、速達性、快適性などの面で優れた特徴をもつ次世代の軌道系交通システムを意味する。

図 7　国土地理院 2004（平成 16）年修正 20 万分の 1 地勢図『広島』

4．文学に描かれた中国地方の鉄道

……………………原口　隆行

中国地方の鉄道を描いた3人の作家

「文学に描かれた中国地方の鉄道」と聞いて、とっさに内田百閒《うちだひゃっけん》の名が頭に浮かんだ。岡山市の出身で、夏目漱石最後の弟子、何よりも無類の鉄道好きとして知られる作家である。次いで井伏鱒二《いぶせますじ》と林芙美子《ふみこ》が思い浮かんだ。

浅学のこととて、中国地方の文学に精通しているわけではないので口幅ったいことは言えないが、鉄道という裾野から中国地方の文学を仰視したとき、すぐに視界に入ってくる作家といえば、ほかに島崎藤村《とうそん》『山陰土産』、松本清張《せいちょう》『砂の器』なども挙げられようが、今回はこの三人に絞って鉄道との関わりを検証してみたい。

井伏は広島県深安郡加茂村（現福山市加茂町）に生まれた。林芙美子は下関市で生まれたが、それは行商で各地を回っていた両親がたまたま下関に滞在していたからであって、だから郷里とはいえない。それより芙美子には、多感な少女時代を過ごした尾道市の方がむしろ故郷に近いといえよう。

そこで、それぞれの作家のどの作品に中国地方の鉄道が登場するかということになるが、井伏は1935（昭和10）年に書かれた『集金旅行』、林芙美子は何といっても1930（昭和5）年、1932（昭和7）年、戦後の1947（昭和22）年から翌年にかけて月刊誌『日本小説』に連載された後1本にまとめられた『放浪記』と、1931（昭和6）年に月刊誌『改造』に発表された『風琴《ふうきん》と魚の町』にとどめを刺す。

ところが、一人百閒だけは作品を瞬間的に思い出すのは難しい。何しろ百閒には1951（昭和26）年から発表が始まった『阿房《あほう》列車』シリーズをはじめ、無数といっていいくらい鉄道を描写した作品があるが、これは何も中国地方の鉄道だけにとどまらないので、すぐには思いつかないのである。『内田百閒全集』を繰ってみて、ようやくいくつか探し出した。その一つは、1934（昭和9）年に刊行された『續百鬼園隨筆』中の『西大寺驛』で、これに1937（昭和12）年10月に刊行された『隨筆新雨』に収められた『上京』が続く。1944（昭和19）年刊の『戻り道』中の『通過列車』、そして1950（昭和25）年から始まった『阿房列車』シリーズの『第一阿房列車』中の『鹿児島阿房列車前章』と『春光山陽特別阿房列車』も捨て難い。以下、可能な限り原文を引用しながら、これら3人の作家の作品に描かれた鉄道情景を概観してみたいと思う。

鉄道を竹馬の友として育った内田百閒

内田百閒（本名内田栄造）は、1889（明治22）年5月、岡山の造り酒屋の一人息子として生まれた。岡山駅は生家から一里（約3・9㎞）も離れ、乗る機会もほとんどなかっただろうが、どういう訳か幼少のころから汽車が好きだった。あるいは遠くから汽笛が風に乗って流れてくるのを、聞くともなしに聞くうちに好きになったのかもしれない。

「今に、もう何年かしたら、あの汽車に乗つて東京へ行くんだ」

その當時の感傷では、夜汽車の汽笛に誘はれて、青雲の志を託した様でもあるが、その半面には窓の巣の中で何か呟いてゐる燕の聲に、まだ故郷を離れもしない前から、取り越しの鄕愁を感じてゐたらしくもある。

それは中學の何年生の時の事であつたか、はつきりした事は思ひ出せない。私は鄕里岡山の造り酒屋の一人息子に生まれて、我儘放題に育つたが、後に家が貧乏して店を仕舞ひ、倉も家屋敷も税務署から差し押さへられた。さう云ふ騒ぎの後で、父は私が中學を出る前に病死したけれど、幸ひ私の學資は殘つてゐたので、それから高等學校の三年間は鄕里の六高ですませた後、いよいよ二十二の初秋に、私は鄕里を離れて、生まれて初めて東京の土を踏む事になつた。

『上京』の一場面。当時の志を持つ地方の少年が等し並みに抱いたであろう東京へのあこがれが、格子のある部屋の近くでツバメがつぶやく

内田百閒　写真撮影：小石清
岡山県郷土文化財団所蔵

ように鳴くのを聞くうちに芽生えてきた様子を描いている。この後百閒は新橋へと直通する夜行急行をわざと避けて、夜中の2時40分に出る京都行きに乗り、神戸で乗り換えて朝の1、2等最急行に乗った。「初めて生まれ故郷を離れる悲痛な氣持を、できる事なら神戸までの間に片づけておいて、それから先はさつぱりした氣持で新しい汽車に乗り換へたい」（『上京』）というのが理由であった。

百閒が東京帝国大学（現東京大学）に合格して上京の途に就いたのは1910（明治43）年のこと。山陽鉄道国有化後、山陽本線に衣替えしてほぼ4年が経とうとしていた。

郷里の備前岡山に岡山驛がある。山陽線の上りは次が西大寺驛*である。私の生家から岡山驛には一里、西大寺驛は二里位であつた。西大寺驛は田圃の中にある。生家は町外れに近かつたから、西大寺驛へ行くには田圃道ばかりを通る。二里の間に所所大きな松の木がかぶさつて、その下に村がある。野路ではあるが國道筋なので道は廣く凹凸も少い。私は中學の上年級の當時から高等學校に這入つた後までも度度その道を自轉車に乗つて西大寺驛まで出掛けた。汽車の時間表を調べて、尤も時間表は大體暗記してゐるから第何列車が何時何分に通過すると云ふ位はいつでも知つてゐたのであるが、目當ての汽車を見る爲に自轉車を走らせる。

＊**西大寺驛**：当時の西大寺駅はＪＲ赤穂線西大寺駅とは異なり、現在の東岡山駅を指す。この駅が西大寺駅と呼ばれたのは山陽鉄道時代末期の1906年（明治39年）からで、その後国鉄の駅となり、1961年（昭和36年）に現在の東岡山駅に改称された。

『通過列車』の一節である。汽車を見るために駅に自転車を走らせるなど、尋常な少年の感覚ではない。今ならこの程度の鉄道少年は珍しくも何ともないが、何しろ今から100年以上も前の１９０２（明治35）年ごろのことである。この時代山陽本線はまだ私鉄の山陽鉄道であった。鉄道が趣味として認められるようになるのは、昭和も30年代後半に入ったあたりからのこと。それまでは大方の鉄道ファンはいつも変人奇人扱いされて肩身の狭い思いをしていたものだった。百閒はその先駆者だが、その割には「私は汽車が好きだ」と言ってはばからなかった。面目躍如の観がある。

さて百閒は上京した後、そのまま東京に居を構えたから、岡山にはほとんど帰らなかった。とはいえ郷里はいつだって懐かしい。旅行で岡山の近くを通り過ぎるときなど黙ってはいられない。次は『鹿児島阿房列車　前章』の一節である。

砂塵をあげて西大寺驛を通過した。ぢきに百間川の鐵橋である。自分でそんな事を云ひたくないけれど、山系は昔から私の愛讀者である。ゆかりの百間土手を今この汽車が横切るのだから、一寸一言教へて置かうと思ふ。

百間川には水が流れてゐない。川底は肥沃《ひよく》な田地であつて兩側の土手に仕切られた

現在の山陽本線東岡山駅はかつての西大寺駅だった　写真提供：長船友則

儘、蜿蜒《えんえん》何里の間を同じ百間の川幅で、兒嶋灣の入口の九蟠《くばん》に達してゐる。中學生の時分、煦煦《くく》たる春光を浴びて鐵橋に近い百間土手の若草の上に腹這《はらば》ひになり、持つて來た詩集を讀んだといふなら平仄《ひょうそく》が合ふけれど、私は朱色の表紙の國文典を一生懸命に讀んだ。今すぐその土手に掛かる。

しかし百閒の思惑とは裏腹に、同行の「山系」は百閒の郷愁にも百間川にもまったく関心を示さなかった。列車はこの後すぐにやはり思い出の深い旭川を渡り、九州へ向かった。なお、「山系」とは『阿房列車』の旅に常に同行して面倒を見た国鉄職員の平山三郎のことである。その語感から百閒は「ヒマラヤ山系」というニックネームを付けた。同じ『第一阿房列車』中の『春光山陽特別阿房列車』では、やはり百閒を懐かしがらせる吉井川の鉄橋を通過する場面が描かれる。この鉄橋にまつわる思い出は、小学校の先生が川の真ん中で曲がっているのは測量を間違えたからで、こんな鉄橋はほかのどこにもないと教えたという話である。やはりこれも郷愁に繋がっている。

百閒といえば、ぎょろりと目をむいたこわもての御面相の写真が多く、郷愁だの思い出などといった甘い感傷とは無縁のご仁ではないかとつい思ってしまうが、なかなかどうして人一倍感受性が強くて感傷癖が強かったようである。

郷里と自らを戯画化して登場させた井伏鱒二

『集金旅行』は、東京荻窪のアパート望岳《ぼうがく》荘の大家が急死、後に小学1年の男の子が遺《のこ》されたことから、その養育費に充てるため、大家の将棋仲間だった「私」と店子の「コマツさん」という中年の美人が、かつて家賃を踏み倒して郷里に戻っていた店子たちから取り立てようと中国地方から九州を訪ね歩くユーモア小説である。大家の女房はこれより先、「三番さん」と呼ばれていた店子と逐電していた。ちなみに「私」は店子ではなく、近くに住んでいるが正体不明。食べるのには困らない身分らしい。だから旅費も自分持ちにした。「コマツさん」はアパートでは「七番さん」と呼ばれている。どうやら水商売上がりらしい。中国、九州にはかつて自分を痛めつけた男がいっぱいおり、彼らから慰謝料を巻き上げるという。

井伏鱒二
写真提供：ふくやま文学館

二人は東京発午後3時の下関行き特急「富士」で発ち、翌朝8時ごろに岩国に降り立った。そして、まずは共に最初の集金を済ませて下関に向かった。

> 下關驛に下車するとプラットフオムのさきに直ぐ夜の海がつづき、そこには黒い小型の汽船が一艘、煙をはいて船體の向きを變へようとしてゐるところであつた。私もコマツさんもベンチにぐつたり腰をかけ煙突の煙や夜空など見てゐると、直ぐ目の前

の積み荷のかげから揉み手をしながら半纏を著《き》た若い衆が現はれた。

実は二人は、下関から船で九州に渡るつもりだったが、「コマツさん」が下関にも取り立てたい男がいると言い、客引きの男に誘われるまま下関に泊まった。下関駅は、現在の下関駅より少し南に下った辺りに駅と九州に向かう連絡船の乗り場があった。この時代、まだ関門海底トンネルは通じていなくて、九州に行くにはどうあってもこの船に乗らざるを得なかった。ちなみに、下関は韓国の釜山《プサン》に渡る関釜航路の発着港にもなっており、特急「富士」も「櫻《さくら》」もここが下り列車の終点だった。顕官や高官、軍人などが大陸との間を頻繁に往来していたから、大いににぎわい、山陽鉄道直営のホテルなどもあった。

さて、「私」と「コマツさん」は珍道中を繰り広げながら博多、尾道などと集金旅行を続け、最後に福山から両備軽便鉄道に乗った。目指すは加茂村に住む「鶴屋幽藏」である。

私たちは食事をすませると旅館を出た。福山から加茂村といふところに行く路順は、府中行き兩備輕便鐵道で萬能倉といふ驛に降り、そこから自動車で行くのが便利だと旅館の番頭はさう言つて説明した。兩備輕便鐵道は山が間近く見える平地を行く單線鐵道である。私たちは番頭に教はつた通り萬能倉驛で下車したが、自動車屋らしいものは見つからなかつた。人力車に乗つた。

何のことはない、井伏鱒二は集金旅行の最後の舞台に自分の郷里を選んだのである。

鶴屋家では折しも幽蔵の祖父の葬儀の真っ最中であった。幽蔵は「でっぷり太って眼鏡をかけ頭髪をもぢやもぢやにした」不細工な男で、二人を見て一瞬驚いたが、二人が弔問客と間違えられて丁重なもてなしを受けたため、集金は見事に失敗した。実はこの幽蔵は井伏その人がモデルである。かなり戯画化されてはいるが、おそらくこの時代の井伏はこんな風ぼうだったのだろう。井伏は一時期、鶴屋幽蔵を筆名にしていたこともあった。

試運転を行う両備軽便鉄道の機関車
写真提供：長船友則

なお両備軽便鉄道はその後両備鉄道と改名した後、１９３３（昭和８）年9月1日に国有化されて福塩線になった。『集金旅行』が刊行されたときにはもう福塩線だったが、井伏は福山に通学した当時の軽便鉄道を思い返しながら、そのまま登場させたものだろう。

汽車の窓から眺めた尾道が「故郷」になった林芙美子

蜿蜒《えんえん》とした汀《なぎさ》を汽車は這《は》っている。動かない海と、屹立《きつりつ》した雲の景色は十四歳の私の眼《め》に壁のように照り輝いて写った。その春の海を囲んで、たくさん、日の丸の旗をかかげた町があった。目蓋《まぶた》をとじていた父は、朱《あか》い日の丸の旗を見ると、せわしく立ちあがって汽車の窓から首を出した。

「この町は、祭でもあるらしい、降りてみんかやのう」

母も経文を合財袋《がっさいぶくろ》にしまいながら、立ちあがった。

「ほんとに、きれいな町じゃ、まだ陽《ひ》が高いけに、降りて弁当の代でも稼《かせ》ぎまっせ」

で、私たち三人は、おのおのの荷物を肩に背負って、日の丸の旗のヒラヒラした海辺の町へ降りた。

林芙美子　写真提供：新宿歴史博物館、新宿歴史博物館蔵

『風琴と魚の町』よりの引用である。これが、後に林芙美子が故郷と慕うことになる尾道に記した第一歩である。義父と母はもちろんのこと、まだ13歳の芙美子もこのときはまさかここに住むことになろうとは想像もしていなかった。しかし、こぎれいな尾道は三人をすっかりうれしがらせ、ひと稼ぎした後もそのまま居つくことになった。１９１６（大正５）年のことである。

人間の運命はほんのちょっとした気まぐれで思いもよらない方向に振れることがあり、それが吉と出るか凶と出るかは誰にも分からないが、結果として芙美子には吉と出た。

芙美子はこの後同い年の子より2年遅れで尾道市立土堂小学校に入り、卒業後は尾道市立高等女学校に入学した。このころ両親は相変わらず行商に明け暮れていたが、芙美子は向学心が強く、学資を帆布工場で働きながら捻出、１９２２（大正11）年に卒業した。

しかしその後の運命は芙美子には過酷なものだった。詩人になることを夢見て東京に出たもののうまくゆかず、友人の家や下宿を転々としながら、銭湯の下足番、帯封の宛名書き、徳田秋声《しゅうせい》家のお手伝い、女子工員、事務員、ウエートレスと職を転々とした。この時代の困窮のさまをこまごまつづったのが、代表作の『放浪記』である。

（八月×日）

海が見えた。海が見える。五年振りに見る、尾道の海はなつかしい。汽車が尾道の海へさしかかると、煤《すす》けた小さい町の屋根が提灯《ちょうちん》のように拡がって来る。赤い千光寺の塔が見える。山は爽《さわ》やかな若葉だ。緑色の海向うにドックの赤い船が、帆柱を空に突きさしている。私は涙があふれていた。

尾道市東端より市街を望む
写真提供：長船友則

山陽本線沿いの『放浪記』文学碑と林芙美子像
写真提供：長船友則

やはり芙美子には尾道は大切な故郷であった。このときの帰郷も何もかもがうまくいかない中でのものだったが、それだけに郷愁もひとしおのものがあったに違いない。

皮肉というか幸いというか、この極貧生活をつづった『放浪記』がベストセラーになり、芙美子は一躍流行作家になった。後に結婚して東京に家を構えたが、尾道を終生忘れることはなかった。尾道はほかの町同様、芙美子とは何のつながりもない見知らぬ町に過ぎなかったが、ついには「故郷」にまで昇華したのである。そしてその縁を取り持ったのが「汽車の窓」からの眺めであった。

出典

内田百閒『上京』（内田百閒全集第2巻）（講談社、1971年）
内田百閒『通過列車』（内田百閒全集第5巻）（講談社、1972年）
内田百閒『鹿児島阿房列車　前章』（内田百閒全集第7巻）（講談社、1972年）
井伏鱒二『集金旅行』（新潮文庫、1957年）
林芙美子『風琴と魚の町』（日本文学全集48「林芙美子」）（集英社、1972年）
林芙美子『新版 放浪記』（新潮文庫、1979年）

5．見応えある沿線風景……………………杉﨑　行恭

幾山河越えさりゆかば寂しさの 終《は》てなむ国ぞ今日も旅ゆく

この有名な短歌は１９０７（明治40）年、早稲田大学文学科に在学中の若山牧水《わかやまぼくすい》が備中から備後に抜ける旅路で作ったものという。もちろんこの当時はまだ鉄道は建設されておらず、酒と旅を生涯の友とした牧水は徒歩での旅路だった。ともあれこの歌にあるように中国地方には目を見張るような大山脈こそないものの、小さな村落が丘陵に区切られながら連綿と続く独特の美しさがある。

中国地方のローカル線はまさに「幾山河」を越えて走る路線が多い。例えば牧水の旅路をなぞるように路線を延ばす芸備線は、広島から岡山県西部に縦貫する波乱万丈の路線といえる。その芸備線に接続して島根県を南北に貫く木次《きすき》線は、山陰と山陽を結ぶいわゆる陰陽連絡線の中でも最も険しい路線だ。逆にのどかな瀬戸内の車窓を楽しめる赤穂線も見逃せない。そんな里、山、海と沿線風土の異なる三つの路線を旅してみよう。

芸備線～大都会から発車する中国地方屈指の山岳路線～

地上３階建て、まるで城壁のように続く山陽新幹線を見ながら芸備線のディーゼルカー

は広島駅を発車する。現在この路線を走るのは国鉄時代からのキハ40系が多く、内陸部の閑散区間ではキハ120形ステンレス気動車も使われている。特に鉄道ファンの間で「タラコ色」と呼ばれる朱色のキハ40系に乗り換えたときなどは、時間が何十年も巻き戻ったような感慨を受けるだろう。

2両連結のキハはやがて山陽本線と分かれてマンションが立ち並ぶ広島のベッドタウンを北上する。戸坂《へさか》駅からしばらくの間太田《おおた》川の東岸を走った芸備線は、下深川《しもふかわ》で支流の三《み》篠《ささ》川に沿って大きく東に向きを変える。この辺りまでは都市近郊区間らしく乗降客も比較的多く、太田川対岸を走る可部線と共に通勤通学路線の役割を果たしている。さて太田川に別れを告げた芸備線はこれより一直線状に伸びる谷を走ることになる。左手に風格のある白木《しらき》山（869m）が見えるころは、沿線はすっかりのどかな村落風景になっている。待合室に懐かしい「ディスカバージャパン」のスタンプ台が残る狩留家《かるが》駅では駅事務室が集会所になっていた。さらに駅長猫「りょうま」で話題になった志和口駅、そして瓦屋根の木造駅舎が残る井原市《いばらいち》駅と続く。この井原市駅のすぐ隣では地元NPOが町を活性化しようと食堂やフリーマーケットなどを開催していた。人々の集まる場所として活用するとき、長年地域の玄関になってきた駅は実に良い場所だ。その

のどかな井原市駅ホーム。駅隣では地域活動やイベントが開かれる

秋に川霧に覆われ芸備線沿線の三次では山頂から「霧の海」が眺められる
写真提供：三次市観光協会

先ハングライダーのフィールドとなっている神《かん》の倉《くら》山（562ｍ）を東に見て、向原駅を過ぎたところで早くも瀬戸内側と日本海側の分水界を越える。その先の三次《みよし》は芸備線沿線最大の街で、幾重にも続く山並みに囲まれた盆地となっている。

　秋には川霧が立ち上り幻想的な光景になるこの街で芸備線は三江線と分岐する。広島から三次まではほぼ1時間1往復の運転だが、これより先は一気に本数が減る。列車は古めかしいキハ40系から軽快なステンレスボディのキハ120の1両運転に変わる。三次市街から続く盆地の中で神杉駅、福塩線と分岐する塩町駅、さらに備後庄原駅と趣のある木造駅舎が残っている。これより芸備線の列車はいったん渓谷を走った後に、瓦屋根の町並みが印象的な備後西城の小盆地に至る。いよいよ険しくなってきた中国山地に囲まれた備後西城駅舎には地元観光協会が入居、続く比婆山《ひばやま》駅は簡素ながらも神社風の無人駅舎で、イザナミの命《みこと》が葬られた比婆山熊野神社参詣の駅として建てられたという。

　芸備線はこの比婆山駅から25‰の連続勾配区間に入る。エンジンの音を響かせて渓谷の縁をじりじりと走り、時折現れる農家にも茶色い石州瓦が見られるようになってき

草むらの線路を比婆山から備後落合に向かうキハ120

山間の集落にこぢんまりしたたたずまいを見せる備後八幡駅

た。やがて木次線との分岐駅、備後落合駅の2番ホームに到達する。

現在、芸備線の列車は上り下りともこの備後落合駅で折り返す運行ダイヤで、双方に直行する列車はない。さらにこの先備後落合から東城間には1日3往復しか列車が走らないダイヤとなっている。冬季などは14時台に走る1往復が明るい時間帯の唯一の列車になる。その列車に乗って急勾配を登って行く。列車は急カーブを繰り返して芸備線の最高所の道後山駅（624ｍ）に到着した。高々と橋脚を掲げた鉄橋が5本も続くこの路線のハイライトが、最も列車が少ない区間にあるというのも芸備線のつらさだ。

道後山駅を境にして列車は一気に下り、連続する急カーブや急勾配が約18km も続く。その間の小奴可《おぬか》、内名、備後八幡《やわた》など駅ごとに小集落があり、森の中に道が細々と続いている。ここは江戸時代に石見銀山の銀を運んだ街道だった。

東城駅は久しぶりに見る有人駅だ。すでに標高は312ｍに下り駅前に市街地が広がっている。ところで東城は広島県東端の町で、次の野馳《のち》駅との間にあり、広島と岡山の県境となる二本松峠こそ、明治の昔に若山牧水が「幾山河」と詠んだ場所だという。それから百十余年、鉄路は寂しいローカル線となったが、神代川に沿った谷には中国縦貫自動車道が一緒に延びて奇妙な対比を見せる。芸備線はこの先の備中神代駅で伯備線と接続して終わるが、乗ったキハ120はそのまま伯備線に乗り入れて新見駅まで走って行く。

木次線～たたら製鉄の里を走り神話の山々に挑む山岳路線～

山陰山陽を結ぶいわゆる「陰陽連絡線」はいずれも中国山地を南北に越えていく。大正から昭和にかけて両者を結ぶ道路が未整備だった時代に各地で鉄道建設が進められた。各線の最高所を比べると、三江《さんこう》線160m、美祢《みね》線198m、山口線309m、因美線418m、伯備線470m、そんななか木次線の最高所はずぬけて高く標高730mもある。文字通り「雲出《いず》る」大蛇《おろち》伝説の幽谷を登り詰めるこの路線は、全長81・9㎞の山岳ローカル線となっている。

木次線は山陰本線宍道《しんじ》駅が起点になっているが、木次駅まで約21㎞の間に早くも山岳鉄道らしい25‰の急勾配や半径160mの急カーブが現れる。やがて線路は沿線最大の町木次で斐伊川沿いに出る。しかし木次線は奥出雲地域の産業や文化を支えた斐伊川沿いには進まず支流の久野川をさかのぼっていく。この辺りから車窓は森林と竹やぶが交互に現れる大蛇伝説の谷が展開。日登《ひのぼり》駅付近から連続10㎞以上も続く25‰の急勾配は、木次線最長の下久

山を縫い走る列車が短いトンネルを抜けるたび緑輝く大自然が広がる

列車はのどかな田園風景の中を走る

出雲坂根駅にあるスイッチバック。急勾配を緩和するため進行方向を変え登る

そば屋が入る亀嵩駅。風情ある駅舎内でいただく出雲そばは格別

野トンネル（２２４１ｍ）の中まで達している。ここからいったん出雲三成《みなり》駅に下った線路は再び斐伊川沿いに出て、駅舎内に人気の出雲そば屋がある亀嵩《かめだけ》駅、宮造りの名駅舎が残る出雲横田駅と山中の町を巡っていく。

その先、八川駅からはいよいよ30‰という戦前の鉄道では限界に近い急坂となる。そしてついに標高565ｍの出雲坂根駅に至って前方の山に阻まれて線路は行き場を失い、列車はいったん800ｍほど後退してからエンジン音を響かせてもう一度前進を開始する。この２回のスイッチバックで高度を稼いでいく様子を運転席の後ろから見ていると、いまさらながら難所ぶりが理解できる。そして車窓からは国道314号の名所「奥出雲おろちループ」＊が見える場所で、列車は徐行運転して景観を楽しませてくれる。

標高730ｍの最高所で県境を越えると、それまでの急勾配がうそのような高原風景が現れる。その先にある三井野原駅は標高726ｍとＪＲ西日本最高所の駅。冬は駅前にスキー場も開設される中国山地の最深部だ。そんな峠越えのカタルシスを感じながら車窓に芸備線が見えれば終着備後落合駅は近い。

＊**奥出雲おろちループ**：国道314号の島根県奥出雲町三井野原と同町坂根の間にある約100ｍの高低差を解消するため、1992（平成４）年に開通した。七つの橋梁からなる総延長2,360ｍの二重ループ橋で、出雲神話に登場する八岐大蛇（やまたのおろち）がとぐろを巻く姿になぞらえて名付けられた。

ともあれ普通列車で全線乗って約3時間。車窓風景だけではなく急勾配に急カーブ、戦前の長大トンネルにスイッチバックなど近代化遺産としても見応えのある路線だけに、寂れさせておくには惜しい山岳路線だ。

赤穂線《あこう》～古くからの産業を車窓に見る瀬戸内のローカル電車～

岡山県の南東部、播磨灘《はりま》に面した瀬戸内沿いに線路を延ばしているのがＪＲ赤穂線だ。１９５１（昭和26）年から１９６２（昭和37）年にかけて順次開業した中国地方では比較的新しい路線で、このためコンクリートの箱型駅舎が数多く見られるのも特徴だ。そんな赤穂線は山陽本線東岡山駅から分岐するが、赤穂線で運転される列車は岡山駅まで乗り入れるほか、山陽本線を走って遠く三原や伯備線の新見まで走る電車もある。また、赤穂線の東側は兵庫県内に延び、播州赤穂駅は大阪近郊区間として新快速電車も発着する。単線の路線ながら、赤穂線はまさに近畿と中国の都市圏をつなぐ役割も果たしているのだ。

岡山側から赤穂線に入る電車に乗ると、しばらくは児島湾に面した平野を走り東岡山から山陽本線と分かれて、毎年2月に催される奇祭「会陽《えよう》」（裸祭り）で有名な西大寺に南下する。そして全長410mの鉄橋で吉井川を渡ると、長船《おさふね》までその吉井川に沿って北上する。

大富—西大寺間の田園地帯を駆け抜ける列車　写真提供：長船友則

この長船までが岡山通勤圏で、岡山方面に長船折り返しの電車も設定されている。

電車はやがて小高い丘に挟まれた谷状の地形に入っていくと、前方に山陽新幹線の高架橋が現れその下には国道2号も見える。豊かに水をたたえる大ヶ池の縁を過ぎると歴史を感じさせる瓦屋根の町並みが広がり、小さな煙突が突き出た家々が目立ってきた。そして長船から2駅目が伊部《いんべ》駅、ここは「伊部焼」とも呼ばれる赤く焼きしめた備前焼の里なのだ。小さな煙突はそれぞれが窯元で、伊部駅舎そのものが「備前焼伝統産業会館」になっていて、駅周辺にも窯元の販売店が点在する。この窯業が元になり沿岸部にセラミック工場が並び、次の西片上駅はちょっとした工業都市となっている。線路はそんな町並みを見下ろすように一段高い場所を通っていて、時折垣間見える瀬戸内海の風景も美しい。

駅前に海が広がる赤穂線日生駅

さてそんな海が駅前まで迫るのが日生《ひなせ》駅だ。ここからは沖に浮かぶ家島諸島に連絡航路が延びていて、時折駅前の波止場から小さなフェリーがのんびりと発着している。陽光を正面に見て、シルエットになった島々が重なり合う瀬戸内の風景がホームからも望めるところだ。そんな日生に来たら地元の牡蠣が入った名物のお好み焼き「カキオコ」も味わっていきたい。すでに日生は兵庫県境に近い。この先赤穂線沿線には赤穂城跡（播州赤穂駅下車）や古い港町の風情を残す坂越《さこし》（坂越駅下車）など兵庫県側にも見どころが並んでいる。

第3章

運営に特色ある民営、公営、第三セクター路線

1．地域の足として新たな展開を見せる第三セクター鉄道…松永　和生

1980（昭和55）年に国鉄経営再建促進特別措置法（国鉄再建法）が成立し、今までにない強硬なローカル線整理が始まった。とりわけ1日1km当たりの輸送密度が4000人未満の路線は、*一定条件に該当する場合を除いて、特定地方交通線としてバス等への転換が図られた。最終的には83線区約3160kmが特定地方交通線に選定された。またローカル線の新線建設（鉄道建設公団のAB線）は当然凍結された。こうして1983（昭和58）年10月に北海道の白糠《しらぬか》線を最初にローカル線廃止が進められていった。

そのような中で1984（昭和59）年4月、第三セクター鉄道第1号となった岩手県の三陸鉄道の開業は一つの転機となった。同鉄道は特定地方交通線を引き継ぎ、さらに未成区間を完成させて開業し、当初は黒字を計上したことで注目を浴びた。これが刺激になって、他地域でも第三セクター鉄道の形で存続を図ろうとする動きにつながるのである。

中国地方では若桜《わかさ》線と岩日《がんにち》線が第三セクターに転換し、建設工事が中断された井原線と智頭《ちず》線は第三セクター方式で工事を完成させて開業した。これら四つの第三セクター鉄道の概要は表の通りである。*智頭急行は特急を走らせて鉄道事業で黒字を計上しているわが国でも希有な存在であるが、本項では地域輸送のみを行う他の3社について述べる。

＊**特定地方交通線の除外条件**：①一方向の1時間当たりの最大輸送人員が1,000人を超える。②代替道路が未整備。③代替道路が積雪で年に10日より多く不通になる。④乗客の平均乗車距離が30km以上。

＊**智頭急行**については88ページ参照。

中国地方の第三セクター鉄道の概要

会社名	若桜鉄道	錦川鉄道	井原鉄道	智頭急行
所在県	鳥取	山口	岡山　広島	兵庫　岡山　鳥取
設立年月日	1987（昭和62）年		1986（昭和61）年	
	8月6日	4月1日	12月1日	5月31日
開業年月日	1987（昭和62）年		1999（平成11）年	1994（平成6）年
	10月14日	7月25日	1月11日	12月3日
資本金	1億円	1.2億円	7億円	4.5億円
本社所在地	若桜町	錦町（現岩国市）	井原市	智頭町
営業区間 営業距離	郡家―若桜 19.2km	川西―錦町 32.7km	総社―神辺 41.7km	上郡―智頭 56.1km
駅数	7	12	15	14
運転本数 (2013年4月1日現在)	若桜―郡家10往復 （うち7往復鳥取乗入）	錦町―岩国10往復	総社―清音17往復 清音―井原23往復 井原―神辺26往復 （うち3往復福山乗入）	スーパーはくと7往復 スーパーいなば6往復 上郡―大原17往復 大原―智頭12往復
保有車両 (鉄道営業用気動車 2013年4月1日現在)	WT3000形：3両 WT3300形：1両	NT3000形：4両	IRT355形：13両	HOT7000系：34両 HOT3500形：10両

若桜鉄道

若桜鉄道はＪＲ因美線の郡家《こおげ》から若桜に至る鳥取県東部の第三セクター鉄道で、その前身は国鉄若桜線である。若桜線は１９３０（昭和５）年12月１日に全通したが、戦後はモータリゼーションの影響で利用者は減少し、第一次特定地方交通線に選定された。そのときの若桜線は１日１km当たりの輸送密度が１５５８人で、「輸送密度２０００人未満でかつ路線長が30km以下の行き止まり線」という第一次選定基準に該当し、除外条件にはいずれも該当しなかった。そこで路線廃止後の代替交通手段などを話し合う若桜線対策協議会が１９８２（昭和57）年５月に開催され、ここで最初の廃線危機を迎えた。これに対して県と沿線４町が中心となり「乗って残

若桜谷を駆けてきた若桜鉄道の気動車

そう運動」を展開した結果、1982（昭和57）年度から輸送密度が2000人を超え、協議会は中断した。その後再び基準値未満になったことから、1986（昭和61）年10月に協議会が再開され、第三セクター鉄道で引き継ぐことも決定された。1987（昭和62）年8月に若桜鉄道株式会社が設立され、同年10月14日にJR西日本から若桜線を引き継いだ。

転換当初の年間輸送人員は60万人前後だったが、2010（平成22）年度では38万人に減少した。高校生が主な利用者であることから、少子化の影響は避けられなかった。もともと経営環境は厳しく開業当初から赤字が続いており、その対策に国からの転換交付金と自治体出資で積み立てた6億円の運営助成基金の運用益から赤字補填を行うことにした。だが低金利政策の影響で基金を切り崩し、2008（平成20）年度の段階で底を突く状態に陥った。ここで第二の廃線危機を迎えるのである。しかし実際に若桜鉄道が廃止になれば、通学に大きな影響を与えるだけでなく、人口減少を加速し地域崩壊につながりかねない危機感もあり、何とか鉄道で存続させる方法がないか模索されてきた。

この折、2007（平成19）年に「地域公共交通の活性化及び再生に関する法律」の制定などで、鉄道の公有民営が可能になった。この法制度を利用して、２００９（平成21）年度から若桜町と八頭町は線路を所有する第三種鉄道事業者として、若桜鉄道は線路を借りて鉄道を運行する第二種鉄道事業者として、全国初の公有民営での上下分離の新体制で若桜鉄道を再構築することになった。若桜鉄道はそれまで所有していた用地や線路施設を両町に無償譲渡し、また再構築後両町は若桜鉄道に線路施設等を無償貸与する。

再構築後の輸送人員は年間40万人前後で推移し、以前のような減少の一途ではなくなった。特に通勤定期客が再構築前より増加していることは、沿線地域と一体となって鉄道存続に取り組んでいる成果といえよう。経営面では、１億円程度だった収入が、再構築後の２００９（平成21）年度以降は約２億円前後に倍増した。経常損益では２００８（平成20）年度は５０００万円の赤字であったが、２００９～１１（平成21～23）年度は100万円から200万円の黒字を計上している。これは線路の維持コストがかからなくなったことと、収入が増加したことが寄与した。

若桜線時代に走った８両編成の列車
写真提供：長船友則

鉄道存続のための沿線地域と一体となった取り組みには、①割引切符等の企画商品の発売、②乗車運動の展開、③ＳＬ遺産の活用などが挙げられる。特に近年注目を浴びているのが③のＳＬ遺産の活用で、若桜駅でＳＬを活用したイベントを行っていることである（256ページ参照）。これが昭和の雰囲気を醸し出しており、集客に効果を上げている。

錦川鉄道

錦川は山口県東部の中国山地に源流をもち、岩国市を通って瀬戸内海に注ぐ川である。この川沿いを走るのが錦川鉄道であり、路線名も川にちなんで錦川清流線と称している。

この鉄道の前身は第二次特定地方交通線に選定された岩日線で、岩国と山口線の日原《にちはら》（島根県）を結ぶ目的で建設された路線である。岩国から錦川沿いに陰陽を結ぶ鉄道の構想は明治末期からあり、１９２２（大正11）年に鉄道敷設法の予定線に入れられたものの実現には至らなかった。建設が始まったのは第二次世界大戦後で、１９６０（昭和35）年11月に河山まで、１９６８（昭和43）年10月に錦町まで開通した。また錦町から六日市までの工事は１９６７（昭和42）年に始められたが、国鉄再建で岩日線は廃止対象となり、延伸工事は凍結された。当時の岩日線は輸送密度が１４３０人であり、地元では廃止反対運動を展開したが、基準を超えるまでの乗客確保はできなかった。そこで

山間や田園を駆け抜ける錦川鉄道錦川清流線

１９８６（昭和61）年11月の岩日線対策協議会で第三セクター化を決定し、会社設立を経て１９８７（昭和62）年７月25日に錦川鉄道株式会社が岩日線を引き継いだ。

三セク転換後も輸送人員は年々減少し、輸送密度はこの数年400人を下回る状況である。開業以来ずっと赤字が続く厳しい経営環境にあるが、錦川鉄道は事業の多角化と鉄道事業では観光サービスの向上によって乗り切ろうとしている。観光サービスでは観光徐行が挙げられる。列車でしか見られない滝など錦川の景勝を車内からじっくり眺められるように時速５㎞程度で走行するサービスを２０１３（平成25）年から始めた。現在、観光徐行は６か所になった。これより先の２００９（平成21）年からは、夏季限定ながら観光アテンダントを乗務させ、観光案内などを行ってサービス向上に一役買っている。

錦川駅からスタートする「とことこトレイン」

事業の多角化では１９９８（平成10）年に錦町営バス（現在は岩国市生活交通バス）の運行を請け負い、ＪＲ岩国駅東口の駅業務を２００６（平成18）年から受託している。

また特記すべきは、「とことこトレイン」の運行である。錦町以北の未成線は「岩日北線《がんにちきた》」と呼ばれ、路盤やトンネルはかなり完成していた。そこをゴムタイヤの観光用トロッコ遊覧車を走らせたのである。このトロッコは錦町から約

6㎞先の雙津峡《そうづきょう》温泉までを40分から50分かけて走っている。2002（平成14）年7月の運行開始時には、前年の山口きらら博で使われていた牽引車と3両の客車からなる編成だったが、2009（平成21）年9月からは愛知万博でグローバルトラムとして使用されていた電気自動車に交替した。この車両は牽引車と2両の客車の編成で、テントウムシをイメージして赤い塗装になった。とことこトレインは鉄道事業での列車ではなく、公園内の遊覧施設の扱いである。とはいえこの遊覧車事業は黒字で、会社の赤字縮小に貢献しており、また未成線活用の一つのモデルになろう。なお2013（平成25）年4月から岩国城や岩国城ロープウエーの管理運営を行う指定管理者になり、一層の多角化を進めている。

井原鉄道

1999（平成11）年1月11日11時11分11秒、上下の一番列車がそれぞれの方向に向けて井原駅を発車した。井原鉄道の開業である。井原鉄道は岡山県の総社《そうじゃ》と広島県の神辺《かんなべ》を結ぶ第三セクター鉄道であり、その前史は民営の井笠鉄道にさかのぼる。

井笠鉄道は1913（大正2）年11月に軽便鉄道として井原―笠岡間19・4㎞を762㎜の軌間で開通した。2支線があり、矢掛線5・8㎞は1914年（大正3）年に開通している。一方、神辺線11・8㎞は両備鉄道との関わりから複雑な過程を経ている。福山と府中を結んでいた両備鉄道は、神辺で分岐して高屋に至る7・8㎞を1922（大正11）年に

井笠鉄道を走った機関車（井笠鉄道記念館）

開通させた。残りの井原—高屋間４・０㎞は井笠鉄道と両備鉄道の２社が免許出願して競合したが、最終的には井笠鉄道に免許が下り、１９２５（大正14）年に開通した。そのような中１９３３（昭和８）年に両備鉄道の両備福山—府中間が国に買収されたが、神辺からの支線は買収対象から外された。そこでこの支線は神高《じんこう》鉄道の名称で運行が継続されたが、短距離だったため経営は苦しかった。１９４０（昭和15）年に井笠鉄道が買収し、神辺線としてようやく一つになったのである。だが戦後の１９６７（昭和42）年に矢掛、神辺の支線を廃止、さらに１９７１（昭和46）年４月には本線も廃止した。本線、支線の用地は井原線建設用地として、鉄道建設公団に譲渡された。以上の点から、井原鉄道は井笠鉄道時代にその礎が築かれたといえるだろう。

国鉄としての建設は、１９５１（昭和26）年の「岡山・福山間国鉄吉備線延長期成同盟会」が関係自治体によって結成されたことに始まる。すなわち現在のＪＲ吉備線を旧山陽道沿いに延長して福山までつなげるものであった。１９５３（昭和28）年に鉄道敷設法での「岡山県総社付近より広島県神辺に至る鉄道」が建設予定線になり、井原線として１９６６（昭和41）年に着工された。ところが国鉄再建のあおりを受け、１９７９（昭

銀色の車体が鮮やかな井原鉄道車両

和54）年12月に工事は凍結された。このままでは開通見込みがないので、期成同盟会は第三セクターでの開業に切り替え、会社設立、工事再開を経て開業に至ったのである。

井原鉄道の施設で特徴的なのは、鉄道建設公団による建設もあって、約57％（23・8㎞）が高架橋で、残りの部分もほとんどが盛り土か切り通しのため、踏切が少ないことである。高梁川橋梁は長さ716・3ｍのトラス橋で壮大に見える上、安全錆《さび》であらかじめ皮膜させた耐候性鋼材を使っているため防錆の塗装を行う必要がなく、保守作業軽減にも寄与している。また井原駅は井原市が源平の合戦で有名な那須与一にゆかりがあることから、弓をイメージした駅ビルと矢のイメージのシンボルタワーの弓矢のような構造になっている。

年間輸送人員は開業当初100万人だったが、その後減少してこの大台を割り込んだ。しかし大きな減少ではなく、休日の利用者掘り起こしを目的にした全線乗り放題の「スーパーホリデーパス」の発売などの営業努力によって、２０１２（平成24）年度は再び100万人台を回復した。

経営では経常赤字が開業以来続いている。ところで井原鉄道では２００３（平成15）年

弓矢をイメージした井原駅ビルとシンボルタワー

度から「上下分離方式」を採り入れている。これは会計上の上下分離であって、若桜鉄道のように運行部門と通路部門を別組織が行うものではない。この方式での決算によると、線路の維持管理に必要な費用を除いた「上」すなわち運行に関わる部分での収支は、２００３～０５（平成15～17）年度は黒字、２００６～１２（平成18～24）年度は赤字だが、２０１３（平成25）年度は再び黒字になる見込みである。鉄道はほかの交通機関と違って自前で通路維持をしているが、これが経営上大きな負担となっている。会計上であっても、通路維持費用を除いた形で鉄道も経営状況を示すことは重要である。「上」の部分での黒字ないしは収支均衡の場合は鉄道として存続の意義があることを示し、井原鉄道も十分それに該当する。また沿線人口の減少などで依然として経営環境は厳しいが、起終点の先に倉敷、岡山や福山などの規模の大きな都市があるのはこの鉄道の強みになるだろう。

2．都会の足となる路面電車①～岡山電気軌道～……岡　將男

岡山電気軌道の現状

人口70万人の政令指定都市岡山市の都心を走る岡山電気軌道は、全長4・7㎞と日本で最も短い距離の路面電車であるが、先進的デザインの車両導入や和歌山電鐵への経営参画なども行う日本一元気な鉄道会社である。

岡山電気軌道は「岡電《おかでん》」と呼ばれ、保有路線は全線軌道線だ。そのうち東山線は岡山駅前から旭川を渡り、車庫のある東山までの3・0㎞で停留所は8か所。また清輝橋《せいきばし》線は柳川から分かれて南へ走り、清輝橋まで1・7㎞で途中停留所は5か所。運賃は古くからの都心商店街や老舗デパートのある県庁通り、郵便局前までが100円均一、その先は140円均一となっている。

和歌山電鐵の猫駅長「たま」の絵をあしらった7000型「たま電車」

車両は現在21両だが、オリジナルの電車に加えて東武日光軌道線、秋田市電、大分交通別大線、呉市電などからの移籍車を車体更新した電車も数多い。その中で2002（平成14）年登場の9200型、愛称「MOMO」は岡電の久しぶりの新造車だ。水戸岡鋭治氏デザインの超低床電車で、ドイツのアドトランツ社の技術により新潟トランシスで製造され、高岡万葉線や富山

ライトレールなどの車両のモデルとなった。そして２０１１（平成23）年には「ＭＯＭＯ２」も登場した。

岡電の技術で独特なのが「石津式」と呼ばれる当時の社長が考案したパンタグラフで、保守を簡単にするために重りで上下させるものだ。これはＭＯＭＯ以外の車両に搭載されている。

運行ダイヤは東山線が朝のラッシュ時を除いて５分間隔が基本で、清輝橋線は２０１３（平成25）年から10分間隔になっている。その中でＭＯＭＯは両線に１両ずつ投入されているが、週１回点検で休止している。

水戸岡鋭治デザインの最新鋭超低床電車
9200 型「MOMO」

岡山電気軌道の保有車両

型	両数／編成数	前　籍	号車番号「愛称」	備　　考
3000	2	東武日光軌道線	3005「KURO」 3007「日光色」	・「KURO」は水戸岡鋭治デザイン ・「日光色」は市民募金による東武日光軌道線オリジナル塗装 ・２両とも木製天井のため空調がなく予備車的扱い
7000	2	呉市電	7001「たま電車」 7002	・「たま電車」は和歌山電鐵と連携したデザイン
7100	2	秋田市電	7101、7102	
7200	2	大分交通別大線	7201、7202	
7300	2	呉市電	7301、7302	
7400	1	－	7401	
7500	1	－	7501	
7600	1	－	7601	
7700	1	－	7701	
7900	5	－	7901、8101、 8201、8301、 8501	
9200	2	－	9201「MOMO」 1011「MOMO^2」	・アドトランツ社（ドイツ）の技術による超低床路面電車 ・新潟トランシスで製造 ・水戸岡鋭治デザイン

※ 3000 型以外は号車番号の前２桁（MOMO^2 のみ前３桁）が会社創立の 1910 年から数えた導入年次を表す。

一方輸送人員はＭＯＭＯ導入時に一時上昇に転じたものの、都心空洞化の流れでジリ貧状態が続く。しかし２０１４（平成26）年秋の岡山駅前大型ショッピングセンターの開業を前に、都心回遊性の確保が岡山市長から打ち出され、路面電車の駅前広場への乗り入れが現実味を帯びてきた。また25年来課題となっている路線の環状化やＪＲ吉備線をＬＲＴ化してそこに岡電が乗り入れる計画にも追い風が吹き始めている。

神戸の資本家が創設

西大寺市駅（現西大寺バスターミナル）前に保存展示される西大寺鉄道の車両

岡山電気軌道は１９１２（明治45）年5月5日に開業した。文明開化の象徴である鉄道敷設の波は、１８９１（明治24）年、山陽鉄道の岡山開業と共に押し寄せた。山陽鉄道は神戸の資本家が主体で敷設されたが、瀬戸内海航路との激しい競争の中、日本初の食堂車や寝台車をつなぐなどサービスにも特徴があった。ところが日清日露戦争を経て鉄道国有化が実施され、神戸の資本家たちに資金が戻った。そこで彼らは山陽鉄道に並行する第２の路線の建設を模索し、その一部として岡山にまだなかった路面電車を走らせようと計画した。１９０６（明治39）年の岡山電気軌道設立発起人72人中、兵庫県関係者54人と共に岡山県関係者10人も資本参加し、市や県の全面協力で路面電車は開業にこぎ着けた。

岡電の本社と車庫は上之町1番地、現在の天神町に置かれた。1911（明治44）年2月から路線敷設工事が始まり、1912（明治45）年5月5日に内山下《うちさんげ》線910m（岡山駅前―御城下《おしろした》）と内山下支線448m（御城下―後楽園）が開業した。さらに6月1日には御城下―西大寺町が開業し、当初はT字型路線であった。車両は川崎造船所製造の2軸車12両。運賃は4銭だった。ほぼ同時期に開業した軽便鉄道の西大寺軌道（後に「西大寺鉄道」に名称変更）が後楽園まできていたので、路面電車はそれに連絡することで岡山―西大寺間のアクセスルートの一部を担っていたようである。

岡山出身の文章家、内田百閒《ひゃっけん》は無類の鉄道ファンだったが、「私の郷里の町に市内電車が出来た当時は、ほんの一本道で、どこからどこへ行くと云ふ役には立たなかったが、しかし珍しいので、今日は閑だから、電車へ乗りに行って来ようと云ふ様な事を真面目に言った」（『鬼苑横談』所収『乗物雑記』）と書いている。

環状化計画は創業当時から

開業当時の路線計画を見ると、岡山駅から大供《だいく》、京橋を結ぶ京橋線、岡山駅から北回りの後楽園線、大元《おおもと》まで向か

う黒住線などが描かれ、路面電車環状化計画が明治期からあったことが分かる。

その中で京橋線などは事業認可を受けたが、距離が短く採算が取れず、たちまち経営危機に陥る。そこで神戸資本の経営陣が退任する一方で、地元出身の石津龍輔が社長に就任し、電灯などの関連事業にも力を入れて経営再建を行った。その後経営が安定して路線延伸が計画され、1921（大正10）年には七番町口—後楽園間の番町線が開業。続いて創業前から要望が高かった路線の実現に取り組み、1923（大正12）年7月9日に市民待望の旭東線（現在の東山線の一部）が京橋を拡幅して開業した。これをきっかけに岡山市中心街の旭川以東の開発が大いに進んだ。

市営電鉄計画と柳川線開業

この間1921（大正10）年には岡山市が買収したいとの意向を示した。買収価格で紆余《うよ》曲折があった後、契約が結ばれた。しかし岡山市には買収後の具体的プランがなく、結局買収は実行されなかった。

第一次世界大戦後の不況下の1928（昭和3）年、岡山市が市制40周年を祝うべく勧業博覧会の開催を計画し、岡電は東山公園会場へ乗客をスムーズに運ぶため、創業以前から構想のあった柳川線の敷設を計画した。ところがこの時期、岡山市は独自に市営電鉄の敷設を計画し、これまた紆余曲折の末に実現が見送られる一方で、1928（昭和3）年

3月18日、勧業博覧会の2日前に柳川線（現在の清輝橋線の一部）が開業した。

昭和初期の大恐慌の中、採算性向上のためにも路線延伸が必要だったが、多額の資金が必要なため、代替案としてトロリーバスの計画が出たこともある。一方当時バス事業者が乱立し、1935（昭和10）年ごろまで岡電や西大寺鉄道は深刻な財政危機に陥る。路線を自由に変えられない鉄道事業はバスとの過当競争が命取りになることから、西大寺鉄道の松田壮三郎（後の岡電社長）の奔走で解決が図られたという。もともと運賃が安く競争で共倒れになりやすい公共交通事業だが、それゆえに公営になればよいというわけではない。一定の公共の関与も必要だが、民間の厳しい手綱さばきも必要だったのである。

室戸台風と戦災

1934（昭和9）年9月20日、室戸台風が岡山を襲い、岡山市内は完全に水没し電車も被害を受けたが、その後復旧できた。また戦時中には岡南地区への軍事輸送のため路線延伸が計画され、戦後1946（昭和21）年9月6日の清輝橋延伸につながった。

1945（昭和20）年6月29日の岡山空襲では、岡電は架線柱全焼の被害を被ったが、幸い東山車庫の消失を免れ、70日後の9月9日に東山線が開業し、戦災復興事

清輝橋行きの7900型8501号電車

業に貢献したとして建設大臣から表彰された。

岡電の事例とともに、広島への原爆投下、函館での大火などの惨事から、いち早く路面電車が復興して市民に勇気を与えたことからも、路面電車は今後想定されている地震などの災害に対しても力を発揮するものであることは、もっと知られるべきであろう。

モータリゼーションと路面電車存続の決断

日本の戦後復興は、石炭と水力発電と鉄道によって実現した。ふんだんな水資源を水力発電でエネルギーに転換し、電車を動かして経済成長を成し遂げていく。自動車が普及する以前には、日本の各都市はこぞって路面電車を敷設拡充して、都市住民の輸送需要に応えたのである。しかし１９６４（昭和39）年の東京オリンピック以降は道路と自動車が日本経済を牽引していく。自由な移動手段としての自動車の普及は、公共交通を都市交通の脇役に追いやっていく。岡山でもモータリゼーションの中で路面電車も渋滞に巻き込まれ、定時性の確保が難しくなっていった。

トラックと並走する岡電

１９５０年代後半には全国で65都市もあった路面電車は廃止が続き、久々の新規開業となる２００６（平成18）年の富山ライトレールの開業があるまでには、18都市19路線にまで減少していた。

総延長もピークの約１５００kmから現在は238kmになっている。

岡電の輸送人員も１９５０年代前半には年間１３５０万人を数えたが、２０１２（平成24）年度には354万人にまで減少している。そこに至る過程では徹底的合理化が行われたが、労使関係も悪化してストが頻発し、路面電車の存続も危ぶまれることとなった。

こうした中１９６７（昭和42）年、岡電社長松田壮三郎は「電車は市民の足である。安い運賃で安全に目的地へ運ぶ庶民の乗り物として、絶対に残す必要性のあるものだ」とのコメントを発表し、存続の決意を固めた。一時期は民営の路面電車を買収してまで路線を増やした京都、名古屋、横浜、神戸などが、いずれも市営路面電車を全廃していることを思えば感無量のものがある。

路面電車環状化計画

１９８９（平成元）年から岡山商工会議所は、路面電車を都心で環状化させてまちづくりの起爆剤とする「人と緑の都心１kmスクエア構想」を策定して運動を始め、１９９４（平成６）年には報告書を完成させた。

そして１９９５（平成７）年、構想実現のための別働隊として会議所支援のもと市民グループＲＡＣＤＡ《ラクダ》が結

人と緑の都心1ｋｍスクエア構想

成され、1997（平成9）年に路面電車のある街の連携拡大を目指して、第3回全国路面電車サミットを岡山で開催した。以後、欧米並みに路面電車をまちづくりに生かすためには、国の諸制度整備と財源が必要との観点から、全国で同様の動きのある団体を糾合していった。現在全国路面電車ネットワークは67団体を数えるまでになり、国会の新交通システム推進議員連盟とのコラボで交通基本法の制定に取り組み、2013（平成25）年11月交通政策基本法として成立させた。

岡電では1997（平成9）年の岡山路面電車サミットで、路面電車の岡山駅前広場乗り入れを表明した。この年から岡山市では駅前から市役所、大学病院までの路面電車延伸計画が議論された。2001（平成13）年にはこのための市役所筋の交通実験まで行われたが、その後環状化や駅前乗り入れの動きは止まった。

MOMOの導入

欧米の高度化した路面電車であるLRT（ライトレール）では、車椅子でも1人で自由に乗り降りできる超低床路面電車を普及させることが、高齢化社会への本格的対応策として一般的であったが、その車両価格が非常に高いため、日本では普及が遅れていた。

ところが岡山での路線延伸計画に関係して、軌道を市が整備し車両も公的支援で購入しなければ、都市交通のバリアフリー化はできないと分かった。

そこで岡電、ＲＡＣＤＡ、国土交通省は車両補助制度を作る前提で超低床路面電車ＭＯＭＯの導入を計画。それと同時に車両購入制度が創設され、さらにバリアフリー電停の整備も、事業者でなく道路設置者が行うよう道路構造令が改正された。

さらにＭＯＭＯのデザインはＲＡＣＤＡの仲介で水戸岡鋭治氏に依頼され、同氏もそれをボランティアで引き受けた。同氏はＪＲ九州の特急電車のデザインで広く知られていたが、ＭＯＭＯを「世界一かっこいい」デザインの路面電車に仕上げた。こうしてデザインと制度制定への関係各者の努力、市民団体との協力が認められ、岡電は第１回日本鉄道賞*を受賞した。今や同タイプの電車は富山ライトレールなど富山県で16両も活躍しており、国内で路面電車のデザイン重視の流れを作る車両となった。また車両補助制度は、現在まで全国で80両以上の低床電車導入に貢献している。

MOMOは日本の路面電車にデザイン重視の流れを作った

ＭＯＭＯ導入を評価された岡電は、和歌山電鐵への経営参画を契機に、「たま駅長」やアメニティーあふれる水戸岡デザインの電車で全国的にも有名になった。現在岡電では「まちなかナイトクルーズ」と称して、ＭＯＭＯを使ってワイン電車を毎週運行しているが、そこには水戸岡氏もデザインで関わりを持つＪＲ九州の寝台列車の旅を楽しむというコンセプトと共通のものがある。

＊日本鉄道賞：鉄道に対する国民の理解と関心を深め、鉄道の発展を期する目的で、鉄道開通から130周年の2002（平成14）年「鉄道の日」に実行委員会が設け、毎年優秀な取り組みのあった事業者や団体を表彰している。

駅前乗り入れ、吉備線ＬＲＴ化、環状化

今や欧米だけでなくアジアやアフリカでも、路面電車と都市近郊鉄道を融合させたＬＲＴの整備効果は、都市にとって非常に大きいことが分かってきている。その一方で、もともと岡山駅からは路面電車とレールの幅が共通のＪＲ線が8方面に延びている。これらを有効に連携させ、ＪＲ吉備線をＬＲＴ化して路面電車を乗り入れようとするのが吉備線ＬＲＴ化構想である。

そのためにまず路面電車路線を岡山駅前広場に延伸し、駅前地区と表町地区の商業集積の一体化を図ることが必要となる。またそれに加えて駅前広場から桃太郎大通りの軌道を芝生敷にする案も出てきている。これが実現すれば芝生が美しいことで知られる後楽園まで続く芝生の軌道回廊ができ上がる。

こうした路面電車を生かした市民の発想によって、江戸時代や明治時代の先人たちの築いた岡山の財産を生かしていきたいものである。

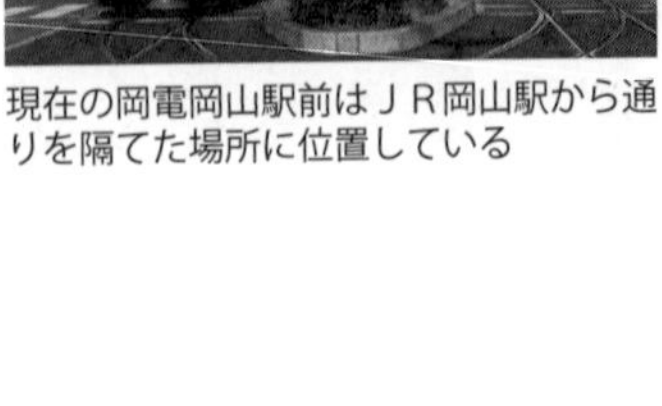

現在の岡電岡山駅前はＪＲ岡山駅から通りを隔てた場所に位置している

参考文献

『おかでん七十年の歩み』（岡山電気軌道、１９８０年）
岡將男『祝・路面電車開業百周年』（ＲＡＣＤＡかわら版ウェブサイト、２０１２年）

3．都会の足となる路面電車②～広島電鉄～

……………加藤　一孝

広島の街の基礎を造った路面電車

ハレー彗星《すいせい》が地球に接近し、その尾に含まれる有毒ガスの影響で人類の滅亡が叫ばれ、世の中が大混乱していた１９１０（明治43）年に大阪の大林組社長、大林芳五郎《よしごろう》たちは、広島に路面電車を走らせるべく広島電気軌道株式会社を設立し、軌道敷設許可を得た。

海軍の仕事が多い呉に彼はたびたび出かけており、広島より一足早い１９０９（明治42）年に開業していた呉の路面電車の様子を見ていただろう。同年には広島市内を走る路面電車の計画を県に提出しており、その主なルートは駅前（広島駅）―己斐《こい》（広電西広島）、紙屋町―御幸橋《みゆきばし》、そして八丁堀―白島の三つであったが、これは現在でもほとんど変わっていない。そのうち駅前を出発し紙屋町を通り鷹野橋《たかのばし》に至るルートの主要な部分は、城郭の堀や水路を埋めて道路を作りレールを敷設したものである。また１９１２（大正元）年11月23日の電車開業までには、橋などの施設整備や乗務員の教育などのさまざまな準備が進んでいった。

広島の街には南北に七つの川が流れており、広島駅方面から西に向かうとそれが障害となり、新たに多くの橋を建設しなければならず、できた橋は現在とは異なりすべて電車のみが通る電車専用橋であった。当時は街に十分な橋がなく、川向こうに渡るにも上流や下流にかかる橋まで迂回したり、川舟を利用しなければならなかったが、電車を利用すれば簡単に川を越えて移動できる大きな利便性が生み出された。この点でデルタの街広島で人の流れを大きく変え、今の街の基礎を造ったのが路面電車だと言っても過言ではない。

広島の路面電車の歴史

さて、1912（大正元）年11月23日の状況を見てみよう。今のように科学技術が発達普及しているわけではなく、電気も珍しく自動車もあまり走っていない時代に、突然レールが敷設され、そこにいきなり電気で走る車両が登場したことで、市民は驚き、当分の間乗客よりも沿線に群がる見学者の方が多かったと伝えられている。なお電気の供給は現在の千田車庫敷地内にあった火力発電所から行われたが、後には電力会社（広島電気、現中国電力）からの受電となった。

1912（大正元）年、明治天皇崩御で黒い喪章を付け己斐橋を渡る102号花電車

川の数は多いが橋が十分にない時代の移動手段は船であった。その証拠に今でも広島の川には数多くの船着場の機能を持った雁木《がんぎ》が残されている。そんな街に全長8・5m幅2・3mで二重屋根の新型木造電車50両が一気にデビューした。100A形と呼ばれ現在の日本車輌製造天野工場で新造されたものだった。

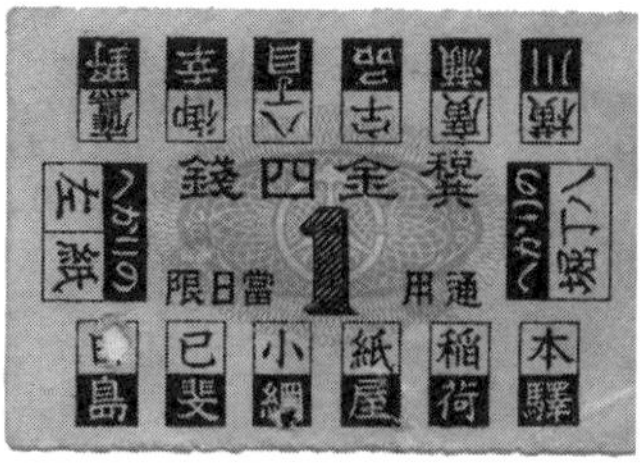

区間制料金だったころ1918（大正7）年の切符

開業時は現在と異なり5区間1区2銭の区間制運賃でスタートしている。その後間もない1917（大正6）年8月2日、一足先の1909（明治42）年開業の広島瓦斯《ガス》と経営者が同じこともあって合併し、広島瓦斯電軌として再出発した。

また1922（大正11）年、鉄道線*である宮島線己斐—草津間が開業した。この路線は1919（大正8）年に広島軽便鉄道に免許が下りたものを同年に譲渡されたものであった。その後1924（大正13）年4月には草津—廿日市町間が、また1925（大正14）年7月には廿日市町—地御前《じごぜん》間が開業し、宮島行き連絡船を就航させて宮島への足を確保している。さらに1926（大正15）年には地御前—新宮島間が開業、1931（昭和6）年には新宮島—電車宮島間が開業し現在の形となった。

さて、御幸橋を挟んで宇品方面に行く乗客は、徒歩で橋を渡り京橋川の左岸にある宇品線の電車に乗り換えていたが、1919（大正8）年には御幸橋電車専用橋が完成し広島駅前から宇品までが一つにつながった。そして1931（昭和6）年には広電初の併用橋としての新しい御幸橋が完成した。

広島の街もそこを走る路面電車も、1945（昭和20）年8月6日の原爆*と同年9月17日の枕崎台風直撃という試練を受け、そこから再生していくが、路面電車には別の大きな

＊**鉄道と軌道**：日本では現行法律上、鉄道は原則道路に敷設できないとし（鉄道事業法）、軌道は原則道路に敷設する（軌道法）としているが例外も多い。一般的には走行する路線が専用のものか道路上のものかで判断されている（ただし両方を交互に通る路線も存在する）。

＊**原爆投下時の路面電車**：軌道線用123両中63両が営業中で、13両には被害がなかったが、そのうち10両は故障のため車庫以外に留置されていた。

試練が待ち構えていた。それは高度経済成長期の自家用車の増加と路面電車不要論の台頭であった。高度経済成長で車があふれ、道路などのインフラ整備が追いつかず国内各地で交通渋滞が発生する中、1963（昭和38）年には路面電車の軌道敷内への車の乗り入れが公安委員会により許可された。その結果、路面電車も交通渋滞に巻き込まれ定時運行ができず、乗客も次第に電車から離れ、ついには自動車交通の障害になると狙い撃ちに合って、路面電車不要論が巻き上がっていった。それに伴って路面電車を持つ会社や自治体の経営も苦しくなり、全国で次々と路面電車が廃止されていった。

そうした中、海外、特にヨーロッパの交通事情を視察した広島県警は、公共交通の定時性確保という視点から、1971（昭和46）年12月から軌道敷内への車の乗入禁止措置を取ったため、定時性が確保された。その後乗客数は順調に回復していったが、企業としての広島電鉄の経営は苦しく、苦肉の策として全国で廃止された車両を安く買い取り、塗装もほとんどそのままで営業運転に使用した。これが皮肉にも後に全国の路面電車が集まる「走る路面電車の博物館」の称号が付けられることにつながるが、会社としても好き好んでそのような道を歩んだわけではなかった。しかしこれら他都市から来た中古車両も、現在までに30年から40年も経過しているため次第に淘汰《とうた》されてきており、逆に交換部品の少ない古い車両の維持管理に神経を使う時代となっている。

電車廃止論の中を何とか生き抜いてきた広電は、さまざまな試練を乗り越えて新しい時代を迎える。その先駆けとなる車両を国の主導でメーカーや鉄軌道事業者が協力して研究を行っており、その成果が１９８０（昭和55）年に誕生した３５００形（３５０１号）の「軽快電車」だった。この車両は川崎重工業とアルナ工機が共同で製作した3連接の電車で、路面電車の車両では当時最先端の技術を数多く搭載し、乗り心地もそれまでとはずいぶん違ったものになった。その後３５００形の誕生がきっかけとなって、よく似たスタイルの車両が全国で次々とデビューしていった。また同年に電車接近案内表示器*が初めて設置されて利用客の利便性の向上が図られ、5年後には全線に設置されることとなる。

１９８２（昭和57）年には、軽快電車タイプの新造されたボディーと台車に廃車車両のモーターを乗せた700形電車がデビューした。それは１９５５（昭和30）年の550形以来の27年ぶりとなる市内線の新造車となった。そして１９８３（昭和58）年には新造車の800形がデビューし、その翌年には直通電車用の3両連接３７００形がデビューした。軽快電車スタイルではあったが、抵抗制御など従来の機能を持った電車となった。続いて１９８６（昭和61）年には３８００形、１９９０（平成２）年には３９００形、１９９７（平成９）年には３９５０形が誕生した。３９５０形はそれまでとは一味違ったデザインの車両となった。一方１９９１（平成３）年には宮島線

初代軽快電車の3501号。最近運用の機会がなくなっているのは残念

＊電車接近案内表示器：電停の乗客に電車が近くまで来たことを知らせる表示装置。広電では原則２つ前の電停に電車が来ると案内が点灯する仕組みとなっているが、より細かい情報を知らせる装置が付いた電停も増えている。

の高床電車*が1093、1094号連結車を最後に姿を消している。

その後低床電車を求める声が高まり、1999（平成11）年3月、ドイツ製でフルフラットの超低床電車5000形グリーンムーバーが、ロシアの大型輸送機アントノフで空輸され衝撃デビューを果たした。それに伴い電停の改良が行われたが、2001～03（平成13～15）年には、ターミナル駅である西広島（己斐）、横川、広島港（宇品）などの電停移設と改良工事がなされ、完了後は立派な「駅」としての様相を呈している。

営業日まで覆面をして走っていた5000形グリーンムーバー

2005（平成17）年には国内メーカー3社共同開発の5車体連接超低床電車5100形グリーンムーバーマックスの登場となる。そして現在は同メーカーが共同開発した軌道線専用の3連接超低床電車1000形が市内線を走る。他都市の中古電車が走る「路面電車の博物館」から、人にやさしい超低床車両が走る街へと、100年前と同様に広電が街の姿を変えようとしている。

各路線の特徴とその変遷

◆本線（広島駅―紙屋町―広電西広島（己斐）、5・4㎞）

開業当時からの路線（ただし当時の駅前―紙屋町は1912（大正元）年11月23日、紙

＊高床電車：近年導入が進む低床電車と区別するための用語ではなく、路面電車に比べて床が高い鉄道線専用車両を指す。広電は全国的にも珍しく軌道線（路面）から鉄道線（宮島線）に乗り入れていたため、この用語が用いられた。

屋町―己斐は12月8日開業）で、幹線としての役割を持っており、軌道線や鉄道線に乗り入れるさまざまな車両が行き交い、見ていて飽きない。なお開業時から終戦までの駅前電停は現在より少し手前の猿猴《えんこう》橋寄りに存在していた。

この区間の五つの橋は開業時すべて電車専用だった。今ではそれは天満《てんま》川軌道専用橋のみだが、その両側には人も渡れるよう配慮されている。この橋は原爆に耐えたが台風などでたびたび流失し、そのたびに架け替えられている。

区間中稲荷《いなり》橋西岸から八丁堀電停付近まで用地買収が行われたが、２０１２（平成24）年の電車開業100年での調査の際、それに関する貴重な資料が発見され、明治末期の家屋の様子や物価など当時の生活ぶりを知ることができた。その八丁堀から紙屋町、相生《あいおい》橋東詰辺りまでは広島城の外堀を埋め立て、路面電車の軌道とした。

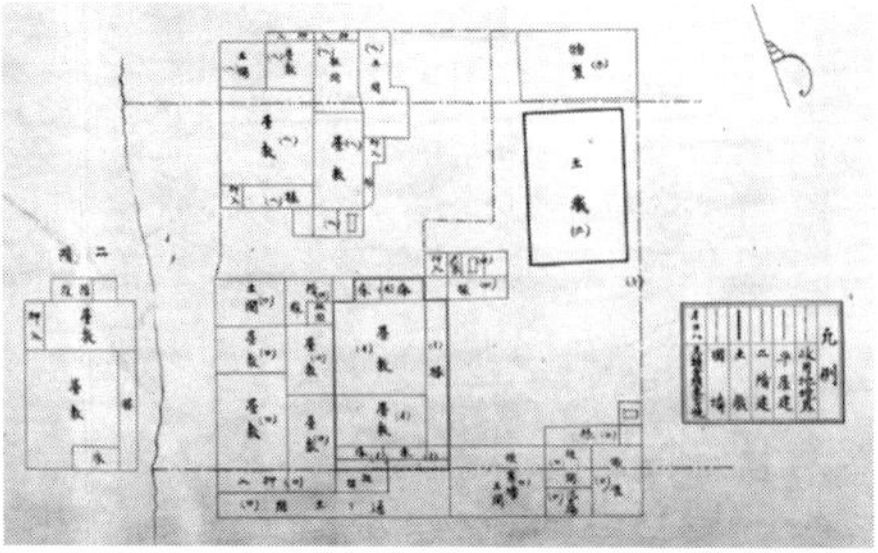

開業前用地買収した民家の様子が分かる資料
資料提供：広島電鉄

◆宇品線（紙屋町―皆実町6丁目―広島港（宇品）、5.9㎞）

電車開業前、紙屋町から鷹野橋辺りまで西塔《せいとう》川と呼ばれた水路があった。そこに架かった最も南の橋が鷹野橋でその名が今も残る。開業当時はそこから御幸橋まで路線があった

2014（平成 26）年導入の最新鋭車両 1000 形グリーンムーバー LEX1004 号

が、一帯は荒野で乗客もなく電車の多くは鷹野橋止まりで引き返していた。その御幸橋付近に車庫や発電所を作り電気を供給していた。そのレンガ造りの建物は現在でも残り活用されている。現在広電には千田、江波、荒手と三つの車庫があるが、この千田車庫は最大規模で、軌道のみならず鉄道の車両もここで検査を受けている。隣接した駐車場から多くの車両が休んでいる姿が望めるので楽しい場所だ。

また当初御幸橋東詰、京橋川沿いの堤防下に宇品までの路線があり、それをしのぶ空間が残っている。当時の路線は単線だったため、意外と狭い空間に電車が走っていたことが分かる。１９３５（昭和10）年には複線の新線が東に敷設され現在の形になった。今の元宇品口の手前には、１８９４（明治27）年の天皇行幸記念の松が植えられ、御幸松《みゆきまつ》電停があったが、今は同名のバス停がある。なおこの辺りは広電では珍しい芝生軌道である。

◆江波線（土橋《どばし》―江波、2・6㎞）

１９４３（昭和18）年、軍の要請で三菱造船所への工員輸送を目的に土橋―舟入本町間が敷設された。現在の江波までが完成したのは１９５２（昭和27）年で、その年には江波車庫も完成し、そこに被爆電車の653号や156号、238号（ハノーバー電車）、復元電車の101号、また年に何回か見られる花電車の51号が休んでいる。そのうちハノーバー電車や101号は季節により横川まで走る姿が見られ乗車もできる。最近では1000形の1001号（ピッコロ）、1002号（ピッコラ）の基地でもあり、新旧の電車が見られる。

◆横川線（十日市町―横川駅、1・4km）

1920（大正9）年に左官町（相生橋西詰）―三篠《みささ》（横川）が単線で開業した。左官町から分かれて左折し土橋を経て己斐へ向かう路線は本線だが、横川線は直進し十日市町を右折し横川へと向かっていた。その後1944（昭和19）年に十日市町―土橋間に路線が完成し今の形となる。当時横川終点は現在より100mほど東にあり三篠となっていたが、その後短縮され、さらに現在のようにJR改札前に移された。

　途中天満川を渡る横川橋は当初電車専用橋だったが、1935（昭和10）年には複線化され、その両側に道路橋が作

七夕の装飾を施し「おりひめ号」となった1000形ピッコラ1002号

2003（平成15）年の横川駅電停移設でＪＲ横川駅とのアクセスが向上した

られた。被爆時に走行中だった459号はこの橋の上で停止した。その後9月17日の枕崎台風でこの橋が流されたとき電車も天満川に落下した。この橋辺りからは路面電車と横川駅の北側を通る新幹線とのツーショットが楽しめる。

◆皆実線（的場町—比治山下—皆実町六丁目、2・5㎞）

1944（昭和19）年12月27日に宇品港に、兵員輸送のため宮島線の廿日市—宮島間を単線にし、撤去後のレールを敷設したものである。この沿線には桜の名所で現代美術館やまんが図書館などの施設や遺跡などがある比治山公園があり、広島市内を眺望できるところもあるのでゆっくりと散策したい場所である。

皆実線は川沿いや桜並木など景観の変化が楽しめるルートとして人気がある

◆白島線（八丁堀—白島、1・2㎞）

開業当時からある路線だが、当時は現在より100ｍほど西側の京口門通りを走っていた。この路線は堀を埋め立てたものであり、現在の場所に移設されたのは1952（昭和27）年3月のことで、道を拡幅して電車を通している。沿線には名勝縮景園や広島県立美術館があり、徒歩で広島城にも行ける。2012（平成24）年3月には、初めて他の路線とつながる白島—江波間の運行ルートができた。

◆宮島線（広電西広島（己斐）—広電宮島口、16・1km）

唯一の鉄道線で市内線（軌道線）と異なる区間制運賃である。西広島から宮島方面に出るとすぐ左側に鉄道と軌道の境界標識を見ることができる。いくつかの駅でJRと接続しており便利で、沿線には各種施設も充実している。また終点近くにある地御前《じごぜん》神社は厳島神社の外宮《げくう》で、平安時代からの由緒ある神社である。

境界標識は西広島駅を出てすぐの宮島寄りに立っている

中電前で被爆した651号。この電車は今でも現役で活躍している
写真提供：岸田哲平　写真撮影：岸田貢宜

原爆と路面電車

原爆による車両被害は予想をはるかに超えたが、その状況は木造車か鋼製車かで明らかに異なる。100A形は木造のため車体は全焼し台車だけが残った。当時これらは通行の妨げになったので道路の横に積み上げられ、写真を見ただけでは電車と認識されにくいものが多い。

一方被爆電車で有名なのは650形で、651号は爆心から700mの現中電前で被爆し爆風で脱線したが、不思議なことに車両内部は燃えていない。652号は宇品、653号と654号は江波、655号は広島駅前で被爆したが、被害が大きかったのは655号だった。原爆で被害を受け、復元されたときはヘッドライトが埋め込みとなり、他と異なる風貌になった。その後交通事故で廃車となり、今ではその姿を知るすべもない。現在651号、652号は現役で活躍中、653号は江波車庫で休み、654号は交通科学館で屋外展示されている。なお江波車庫には同じく被爆電車である156号も保存されている。

戦争を経験した電車

大阪から来た762号とドイツから来た238号は共に悲惨な戦争を経験してきた電車である。762号は1945年の大阪大空襲を大正区の鶴巻車庫で受け、238号はハノーバーで戦災に遭っている。今この2両は広島の地で、原爆の悲惨さを語る車両と共に戦争の悲惨さを伝えている。

この 762 号と被爆電車 651 号とは同時期に同メーカーで製造された車両だった

毎年のクリスマス電車には 238 号（ハノーバー電車）が使われる

4. 最新システムで運行する新たな路線

河野　俊輔

◆アストラムライン

新交通システムの路線としては日本一長い路線

広島市中心部の中区本通から郊外の広島広域公園付近までを結ぶ、ゴムタイヤ式の自動案内軌条式新交通システム（ＡＧＴ＝Automated Guideway Transit）のアストラムライン。広島市などが出資する第三セクターの広島高速交通が運営するこの路線は、日本の新交通システムの中でも変わり種の部分が多い。まず路線延長18・４㎞は日本の案内軌条式新交通システムでは最も長い路線であることだ。そして広島市中心部では路線が地下に建設されたため、本通、県庁前、城北の３駅は地下駅となり、地下鉄のような雰囲気があるのも珍しい。また１９９４（平成６）年の開業当初から、当時としては斬新な取り組みの多い路線でもあった。例えば駅の自動改札機導入も中国地方では初めてだった。そして乗車カードシステムに対応した磁気式プリペイドカードを採用し、そのカードは広島都市圏の路線バスと共通化されるなど、先輩格の交通機関とのシームレス化にも配慮していたことが挙げられる。そして駅舎、車両、案内掲示板、従業員の制服にまで「トー

日本語の「明日」に英語の「トラム（電車）」を組み合わせたアストラムライン

タルデザイン計画」に基づいてデザインを決めるなどの、従来の鉄道路線ではみられなかったデザイン計画にも斬新さがあった。さらに新交通システムでは珍しい「急行列車」を運行していた時期もある。停車駅は本通から順に県庁前、大町、上安、長楽寺、大塚、広域公園前の6駅で、1999（平成11）年3月から2004（平成16）年3月まで運行された。

地域住民やアジア競技大会の新しい交通手段として

この路線ができた背景には、1975（昭和50）年以降、広島市安佐南区の安川流域に相次いで大規模な住宅地が造成されたことに伴う人口の急増があり、そこに新しい軌道系交通機関が必要とされた。最初は広島市中心部から安川流域までで計画されたが、1994（平成6）年に広島市で第12回アジア競技大会が開催されることが決まり、メイン会場に広島広域公園を使用することが決まったため、会場への主要交通機関として位置付けられ、本通から広域公園前までの全線が1994（平成6）年8月20日に開業した。

イメージカラーで出入口であることを強調した本通駅出入口

路線は本通―城北間が地下、城北―白島間が地下から地上、その後高架で広域公園前まで続く。途中の中筋、大町、上安の3駅にはバスターミナルがあり、中筋駅からは高速バス、大町、

周辺に広島広域公園陸上競技場や私立大学などがある広域公園前駅

上安の各駅からは安佐南区や安佐北区の住宅団地へのバスが発着している。さらに大町駅はJR可部線との乗換駅でもある。

利用者は安佐南区や安佐北区から大町、上安、長楽寺、大原の各駅へ向かう路線バスからの乗換客や、沿線の高校や大学に通学する学生も目立つ。さらに上安駅からは広島市安佐動物公園への路線バスが発着し、終点の広域公園前駅は広島広域公園陸上競技場（エディオンスタジアム広島）でのサッカーJリーグ一部、サンフレッチェ広島の試合開催時に観戦客でにぎわう。

開業20周年を迎え新たな段階に入ったアストラムライン

近年の状況は1日平均5万2294人（2012（平成24）年度）の利用者数があり、ここ5年間では1日5万人台で推移している。

アストラムラインは2014（平成26）年で開業20周年を迎えた。沿線の集合住宅の棟数は増加したが、これも自宅近くの駅から都心のオフィスへ直行できる利便性が評価されたことが大きい。現在新たな動きとして、城北の北数百mに位置するJR山陽本線との交差部に2015（平成27）年開業予定の新駅設置が進んでいる。また広島市は広域公園前からの延伸計画として、将来的にはJR西広島駅までのルートを採用すると発表した。こうした新たな利便性を加えつつ、今では沿線住民の足としてすっかり定着したこの路線は、今後とも市民に欠かせない交通機関として利用され続けることだろう。

◆スカイレール
小さな「モノレール」の仲間

広島市には新交通システムの路線がもう一つある。それは1998（平成10）年8月28日開業の「スカイレール（スカイレールサービス広島短距離交通瀬野線、通称「スカイレールみどり坂線」）」である。こちらは小さな交通機関である。車両の定員は25名と本当に小さい。しかし技術面ではさまざまな工夫があるのが特徴である。

さらにこの路線は、宅地開発した積水ハウス自らもこの運営に関わっていることが特筆される。その理由には「できるだけマイカーへの依存度を低くしたニュータウンを造りたい」という構想があったためである。

スカイレールみどり口駅は瀬野駅の橋上駅舎に直結

高低差のある住宅地への「マイタウンレール」として

この路線があるのは広島市安芸区の瀬野地区に新しく造成された「スカイレールタウンみどり坂」である。路線はJR山陽本線の瀬野駅前にあるみどり口駅を起点に、途中にみどり中街駅があり、ここまで距離にして０・７㎞しかないにもかかわらず80ｍという高低差に驚く。さらに終点のみどり中央駅までは距離にして１・３㎞だが、高低差は160ｍなので、かなり厳しい交通環境の新交通システムとして造られた。そのためみどり口駅からみどり中央駅まで乗車した後、駅に降り立ち下を見るとＪＲ山陽本線や国道２号線そして瀬野川がかなり小さく見える。

懸垂式モノレール＋ロープウエー＝スカイレール

車両はすべてコンピューター制御での無人運転だが、その仕組みは、軌道の構造などが懸垂式モノレールに近く、車両の大きさや駆動システムがロープウエーに近い。運行管理システムは既存の鉄道や新交通システムで実績あるものを主体としているが、駆動システムはロープウエーのロープ駆動システムを主体としている。このため製造に関わった三菱重工業や神戸製鋼所は、何事も初物尽くしのシステムづくりに苦労したようだ。

なおスカイレールの運営事業者はスカイレールサービスといい、「スカイレールタウンみどり坂」の開発主体の積水ハウスを主体に、青木建設（現青木あすなろ建設）、三菱重工業、神戸製鋼所、宏和興産が出資した会社である（積水ハウスが株式の60％を出資）。

起点のみどり口から所要時間５分で到着する終点のみどり中央駅

これからも坂のまちと共に

2014（平成26）年に開業から16年を迎えたが、その間にも住宅は増加した。2011（平成23）年にはみどり坂小学校も開校し、2013（平成25）年11月末時点でこの地区の人口は6585人、世帯数は1942世帯となった。

実は小学校開校までここに住む小学生は住宅地を下った学校まで通い、その通学の足もスカイレールだった。このため平日朝のラッシュ時には、小学生専用車両（専用便）も運行していた。このようにまちに欠かせないものとして定着したスカイレールは、今後もまちの人々のために活躍するマイタウンレールとして歩み続ける。

車に頼らない快適な暮らしの原動力として動き続けるスカイレール

参考文献

都市交通研究会編『新しい都市交通システム』（山海堂、1997年）
電気学会電気鉄道における教育調査専門委員編『最新　電気鉄道工学』（コロナ社、2000年）
松本雅行『電気鉄道』（森北出版、1999年）
杉﨑行恭『列島縦断　毎日が乗り物酔い』（小学館、2002年）

第4章

廃線、未成線跡をたどる

1．可部線廃線区間と今福線未成線区間を歩く……………………森口　誠之

可部《かべ》線で語るべき三つの特徴と「広浜《こうひん》鉄道」構想

中国地方のＪＲ線で、個性的かつ人気の高い路線として挙げられるのは、ＪＲ可部線（横川―可部間14㎞）だろう。その魅力を3点紹介してみたい。

まず民間会社の電鉄線を国有化した点。単線ながらも駅間距離は短い上に、朝ラッシュ時は頻発運行され、またロングシートタイプの電車が行き交うなど東京や大阪の通勤電車に似通った機能を兼ね備えている。他のＪＲ線と駅や路線の雰囲気は少し異なっている。

次にその経営主体もルートも駅場所も複雑怪奇な変遷をたどっている点。大日本軌道が１９０９（明治42）年に原型となる軽便鉄道（762㎜狭軌）を完成させた後、広島電気（中国電力の前身）が昭和初期に１０６７㎜への拡軌と電化、ルート変更を実施して広浜鉄道に委ねている。旧タイプの電車に施された数々の改造歴も車両好きを魅了した。そうした謎をひも解くのもファンの楽しみの一つである。

もう一つ興味深いのが、可部線を延伸する形で、広島と浜田を鉄道で結ぶ「広浜鉄道構想」が検討されたことだ。政府は１９２２（大正11）年の鉄道敷設法改正で広島―加計《かけ》―浜田間を予定線に組み入れ、可部―坪野間と浜田―石見今福《いわみいまふく》間の建設を決定し工事を始める。その後広浜鉄道と横川―可部間の国有化の協議を始める。

今福線の計画中止と可部線可部―三段峡間の廃止

こうして１９３６（昭和11）年、鉄道省は広浜鉄道を買収して可部線と名付け、延長区間となる可部―安芸飯室《いむろ》間（非電化）を開業させている。島根県側でも今福線の建設を進め、山陰本線下府《しもこう》駅―石見今福間の路盤を一部で完成させる。沿線住民は広浜鉄道実現への期待を高めるが、戦時下での資材不足もあって建設工事は中止されてしまう。

戦後、国鉄は広島側の未完部分の工事に着手し、１９５４（昭和29）年に可部線の加計までの延伸を果たし、１９６９（昭和44）年には可部―三段峡間を完成させている。

今福線側は事情が異なる。線路形状の良くない下府―石見今福間の未完成区間を放棄し、島根と広島を短時間で結ぶ新ルートでの建設が決まった。三段峡―芸北―旭―石見今福―浜田間の工事が１９７２（昭和47）年に認可され、橋梁の敷設やトンネルの試掘が始まった。

ただ国鉄の累積赤字と財政再建が政治問題となるにつれて、可部線と今福線を取り巻く状況は一変する。今福線の工事は１９８０（昭和55）年に事実上凍結され、戦前に敷設された旧ルート、そして新ルートの路盤は放置される（後に国鉄清算事業団が継承）。未完の鉄道線「未成線」の路盤は浜田市に点在している。

可部駅の西側に車止めはあるが、河戸駅付近までレールは残っている

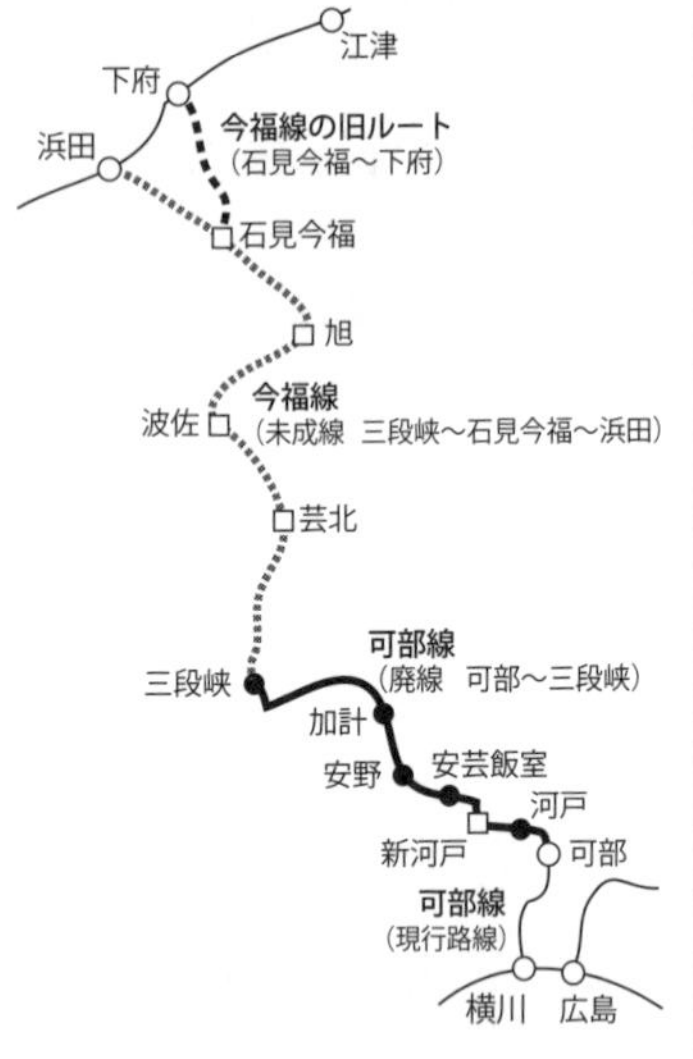

可部線と今福線の路線図

一方可部線可部―加計間は、三段峡延伸の前年となる1968（昭和43）年、廃止対象の候補に挙げられてしまう。これはまもなく撤回されるが、沿線での過疎化の進展、車社会の到来によって利用者は減少し、JR化後可部―三段峡間の存廃を巡る議論が再浮上する。加計駅の乗車人員数は2000（平成12）年度で193人、30年前の3分の1に落ち込んでいた。沿線自治体はJRに働きかけて利用促進運動を展開したが根本的な解決につながらず、2003（平成15）年11月30日の運転で可部―三段峡間の営業は終了する。

住民運動が実を結んだ可部線可部―新河戸《こうど》間の復活

跡地の多くは自治体などに譲渡されたが、可部―河戸間1・3㎞は違った。沿線住民が可部駅から河戸地区への電車乗り入れを要望していたこともあり、跡地利用の判断が保留されたのだ。運動が始まったのは1994（平成6）年、住民たちは「可部駅・河戸駅間電化促進期成同盟会」を結成して署名活動を行う。部分廃止が確定した後も広島市やJR

に粘り強く働きかけ、河戸駅の先の荒人《あらひと》踏切までのレールは残されることになった。

広島市は２００４（平成16）年に「新たな交通ビジョン」を示す。可部線の沿線人口と乗車客数が微増傾向にある一方、可部駅と周辺のバス路線の利用者数は伸び悩んでいた。可部線の利便性を向上させることで周辺地域の魅力を向上させようと考えた。２００８（平成20）年には、ＪＲ西日本、関係バス会社と共にＪＲ可部線活性化協議会を設けて議論を深めていく。

計画区間は可部駅―荒下《あらした》県営住宅跡（旧河戸駅の西側300ｍ）１・６㎞とされ、総事業費27億円、うち３分の１を広島市が負担することになった。２０１１（平成23）年度着工、２０１４（平成26）年春完成との報道もあったが、踏切設置の是非を巡ってＪＲと広島市、国、住民の協議は難航する。最終的に踏切３か所、地下道１か所を設けることで調整がなされた。

レールとホームが残る河戸駅跡。住民たちの熱意が鉄道復活へとつながる

そしてＪＲ西日本と広島市は２０１３（平成25）年２月に可部線電化延伸事業を進めることで合意。ＪＲ西日本が国土交通省に鉄道事業許可の申請を行い、２０１４（平成26）年２月に事業許可を得た。運転本数は１日当たり99本で、新可部（仮称、想定乗車客数900人／日）と新河戸（同１１００人）の設置を予定している。２０１６（平成28）年春に開業予定だ。

可部線可部―新可部―新河戸、復活予定区間を歩く

広島駅からの105系電車が可部駅2番線に到着すると、利用者は改札へと向かう。延伸のあかつきには、現在の1、2番線を撤去して1本ホームを新設、現3番線と合わせて使用される。廃止後駅前広場が西側の国道寄りに整備されたことでバスとの乗り換えは便利になった。広電バスの三段峡行きは1日8便、飯室行き広島交通バスも乗り入れる。

線路は西中野踏切の先にある国道まで続いている。レールに赤さびが浮いているが、遮断機も警報機も稼働できる状態だ。路盤は住宅街の裏側を縫うように続いている。工事が始まると現在のレールや枕木などは撤去され、新たに敷き直される。

可部バイパスの高架道をくぐると、新可部駅の予定地だ。ホームセンターや広島北税務署からも程近い場所に位置する。

荒人踏切の先にある県営住宅跡で新河戸駅の設置が予定されている

旧河戸駅跡にはホームと待合室、駅名標が現存している。亀山公民館のホームページ『亀山のあゆみ』によると、1956（昭和31）年の開業時、住民たちは駅設置費63万円と用地を負担したという。四日市第六踏切を過ぎた先、大毛寺《おおもじ》川を渡る鉄橋は現存しており、改修して利用する。

終点の新河戸駅は川の西側に予定されている。県営住宅跡4万㎡の更地には、2019（平成31）年度に市立安佐市民病

院が移転するとされていたが、２０１４（平成26）年２月の市議会において僅差で否決された。市役所や関係者の今後の動きが注目される。

可部線新河戸—小河内《おがうち》（広島市）間でのサイクリングロード構想

広島市は２００６（平成18）年３月に「可部線廃線敷再生ビジョン可部線メモリアル街道」を策定した。新河戸駅—安芸飯室—小河内駅（鹿の巣トンネル）間と水内《みのち》駅付近の廃線敷をサイクリングロードとして利用する構想で、安芸飯室、布、小河内駅跡に休憩施設を設け、サイクリングターミナルの設置やトロッコ列車の運転も考えていた。新河戸駅—安芸飯室駅間は県道の待避所や拡幅工事で使用することも視野に入れていた。

当時の雰囲気が残る安芸飯室駅。サイクリングロード施設の設置が予定

広島市内で当時の面影が残っているのは安芸飯室駅跡である。廃止直前まで使用されていた駅舎やホーム、レール、ポイントがそのままだ。構内踏切跡を渡って目を閉じると、ディーゼルカーのエンジン音が聞こえてくるような気がする（２０１４年解体）。周辺は盛土もそのまま視認できる。第一太田川橋梁から先は比較的長い橋梁とトンネルが続く。

鹿の巣トンネルを越えると安芸太田町の安野《やすの》駅跡だ。駅前で

公園として整備された安野駅跡。住民たちも管理に参画している

取材をしていると、自転車に乗った十数人のグループが集まってきた。太田川沿いにツーリングしてきた広島大学の学生たちだ。「線路跡を自転車道にする構想があるみたいですよ」と説明すると、口をそろえて前向きな期待を寄せていた。ただ自転車好きの彼らでさえ自転車道構想を知らない。周辺の住民たちに尋ねても、「そういや最近は聞かないねえ」と逆に質問された。

現在広島市の自転車道構想は事実上頓挫している。基本計画を検討する段階で事業費の拡大が問題視されたのだ。駅や路盤の老朽化対策、落石防止柵の設置にも費用がかかる。県道の拡幅を求めている住民の意向も尊重しながら、事業見直しの必要に迫られている。

可部線安野―三段峡（安芸太田町）間の駅跡地での交流施設

安芸太田町（旧加計町、戸河内《とごうち》町、筒賀《つつが》村）は、２００６（平成18）年から「旧可部線沿線地域振興基本計画」（予算15億円）として駅跡地を地域の生活基盤施設や観光施設として整備していった。戸河内駅や三段峡駅跡は観光施設やバス停になっている。

注目したいのが3か所の駅跡地の活用方法だ。まず安野駅跡。「安野花の駅公園」として整備され、当時の駅舎やホーム、レール、桜並木そして可部線を行き交った広島色のキハ58が残されている。待合室もこざっぱりと整頓され、周辺には桜や桃、レンギョウが植えられている。廃止から十数年後でも状態が良いのは、住民が管理や整備に積極的に関与していることが大きい。桜が満開となる4月になると、手作りの小さな軌道トロッコをレールの上で走らせ、訪れる家族連れを楽しませている。

加計駅跡は鉄道ファンの間で話題だ。商工会やボランティアが「キハ28保存会」[*]を結成し、年に数日間限定で気動車を動態保存運転しているのだ。訪れた２０１３（平成25）年11月30日には可部—三段峡間の営業最終日から丸10年という節目の運転が行われ、仮設の「加計駅」ホームと「滝山口駅」まで120ｍを往復した。硬券切符風の１日会員証を買うと車内にも入れる。イベントを聞きつけたファンや家族連れが気動車を取り囲み、アイドリング音に耳をそばだてたり、シャッターチャンスを狙ったりと貴重な時を楽しんでいた。

加計駅跡で保存されているキハ28が白煙を上げて動き出そうとしている

スタッフに尋ねるとエンジンの整備や腐食部分の補修、電源の確保と気苦労は多いようだ。それでも安全に細心の注意を払い続けたことでトラブルなく運転できたという。今後恒常的な動態運転を目指す同会の取り組みに期待したい。

もう１か所は殿賀駅。水仙の里公園として整備された。きっかけは可部線の存続運動だった。殿賀駅

＊キハ28保存会Webサイト：http://www.geocities.jp/kiha28_hozonkai/

で何かにぎわいを演出できないかと考えた住民たちが盛土の斜面に水仙を植えはじめた。翌年春には6万株が車窓を彩るようになった。廃止後も町と共に緑化整備を続け、地域の特色を生かした持続的なまちづくりを模索しているのは興味深い。

いずれも鉄道遺産が地域の交流拠点として活用されている好例だが惜しい点もある。魅力的な取り組みが世間であまり知られていないのだ。国道191号を走ってもインターネットで検索しても、場所や施設を示す情報が目立たない。せっかくの遺産を有効に活用できないのか。広島市と安芸太田町の連携した取り組みが望まれる。

今福線三段峡—石見今福—下府《しもこう》、浜田間を歩く

三段峡駅と浜田駅を結ぶ予定であった今福線は中途で工事は終了してしまった。その痕跡は断片的ながら現在でも確認することができる。

戦前に旧ルートの島根側の起点として予定されたのは山陰本線下府駅だ。2番線ホームから江津《ごうつ》駅方面を眺めると、右手に分かれていく盛土を確認できる。

道路に転用された路盤跡は上府《かみこう》小学校の先まで続く。集落の東端にある第一上府トンネルや第二上府トンネルも以前は舗装されていたが、現在はフェンスで閉鎖されている。幅員が狭いため車の行き違いが難しいのも一因だろう。

宇野地区から上府川沿いに県道を行くと、今福線の橋脚とトンネル跡が何か所も点在し

石見今福駅予定地付近。手前の道路は旧ルート、奥は新ルートの路盤になる

上府川をまたぐコンクリート橋。浜田市は由来を紹介する案内看板を整備

ている。ハイライトは第三今福トンネルの先で上府川をまたぐコンクリート橋だ。白いアーチを描きながら建設当時の姿を残している。

第五今福トンネルを過ぎた先にある佐野集落の南端から２km続く道路も廃線跡だ。これは新ルートの第一下府川橋梁と交差する地点で途切れている。石見今福駅跡は浜田市下長屋集落、県道５号と41号の交差点の南側に位置する。

一方１９７０年代に整備された新ルートの痕跡も浜田市内に点在している。第一下府川橋梁―第一下長屋トンネル―石見今福駅予定地付近３km、そして丸原地区と柳地区の御神本トンネル付近では橋梁や路盤が現存している。

広島県側でも三段峡駅跡付近で387ｍの調査坑が試掘された。川手集落の国道191号沿いに「国鉄清算事業団」との看板があり、その奥に坑口を確認できる。広島の酒造会社である中国醸造が焼酎や清酒の保管場所として活用しているのが興味深い。

浜田市は今福線跡の案内看板を設置しているが目立っていない。散策マップを配布するなどＰＲに努めてほしいところだ。

2．備後地域を走った民営鉄道

浦田 慎

港と鉄道～地域を支えた三鉄道～

明治時代、瀬戸内海沿岸の旧来の港町は大きな変革期を迎えた。それは汽船の就航と山陽鉄道建設に伴う流通形態の変化である。従来の北前船《きたまえぶね》は、船主が荷を仕入れて寄港地で転売し、収益を上げるのが普通であった。つまり港は物貨の集散地であると同時に商取引の中心地でもあったわけである。新たに登場した汽船は運賃収入で運航され、鉄道は生産地から消費地までの直送を可能にした。結果として生産地と消費地間での直接取引が増加し、鉄道沿線は活気づく一方で、従来の中継港は転換期を迎えたのである。

瀬戸内海沿岸の各港が、このように従来の優越的地位を脅かされていた明治期は、同時に輸出産業を中心とした工場制機械工業が発展しつつあり、産業構造変革の影響が各地に及んでいた時期にも当たる。内陸部にあっても従来の生産流通体制を改革していかないと生き残れない時代であり、やはり鉄道はその要となっていた。地域の命運を賭けて、鉄道を持たない町は鉄道を造り、港町は新たな発展策を鉄道に求めたのである。

備後地域における鞆《とも》鉄道、両備鉄道、尾道鉄道はいずれも１８９５～９６（明治28～29）年に基本的な計画が申請され、計画変更、免許失効、新会社設立などを経て、実現に至ったのは大正時代である。これら三私鉄は比較的狭いエリアに隣接しながら成立背景が異なり、まったく独自のスタンスで経営されていた。互いの線路をつなぐこともなく、車両の直接の譲受も皆無で、連結器の種類から車両の形式番号の付け方まで異なっていた。本稿では各鉄道の概略を紹介し、各地域の独自性と先進性を知る一助としたい。なお、鞆鉄道と両備鉄道は１９２６（大正15）年まで鞆軽便鉄道と両備軽便鉄道、尾道鉄道は１９２３（大正12）年まで尾道軽便鉄道であるが、本稿では略称として「鞆鉄道」「両備鉄道」「尾道鉄道」を用い、また国有鉄道（鉄道省等）に「国鉄」を用いる。

鞆港から１km 離れた鞆軽便鉄道鞆駅構内
写真提供：浦谷典功

鞆鉄道（鞆軽便鉄道）

瀬戸内海の要衝として栄えた鞆は、潮待ち風待ちをした時代には絶好の港であり、明治期以降も海上交通の一拠点となっており、主要航路も福山や笠岡には寄港せず鞆に寄港していた。これは鞆だけでなく福山一帯の客貨の利便を図ったものとみることができるが、山陽鉄道開通後は鉄道から大きく外れた地域という不利な立地となったため、起死回生での鉄道建設に至ったわけである。

鞆鉄道と芦田川

鞆鉄道の開業は１９１３（大正２）年で、軌間は762㎜のナローゲージ。当初福山側は野上まで、翌年に福山町（後の三ノ丸）まで延伸、１９３１（昭和6）年にようやく福山までが完成している。１９５４（昭和29）年の廃止時まで、蒸気機関車と客貨車により運行され、後にはガソリンカーが主力となった。沿革上特記すべきこととして芦田川の水害と治水への対応が挙げられる。事の起こりは開業間もない１９１９（大正8）年7月の水害で、「橋梁流出を含む大被害で、復旧に際して橋梁の移設と路線変更がなされた」とする資料もあるが、これはまったくの誤りである。被害が出たのは確かだが、芦田川橋梁の被害は一部の橋脚が傾斜し木桁《きげた》が下に落ちたのみで、3、4日後には運行を再開したと当時の記録にある。問題はそれから後で、「この橋梁が流水を遮ったのが堤防決壊の原因だ」と福山市議会から猛攻撃を受けてしまい、翌年福山寄りの4分の1を長さ約9ｍの鉄桁に改造させられたというのが真相であった。

路線が大きく変更されたのはそれからかなり後、芦田川改修工事（１９２６（大正15）年起工）に伴うもので、従来の第一および第二芦田川橋梁の2か所で越えていた本流と支流（鷹取川）の一本化に伴い架橋点も変更となり、併せて前後の路線（草戸稲荷停車場を含む）も変更となったものである。工事期間は１９２８～３２（昭和3～7）年ごろで、路線切り替えは１９２８（昭和3）年12月とする資料が多い。この際に芦田川橋梁は本格的な鉄橋となった。

なお、芦田川の改修工事では工事用の軌道が長期にわたって敷設されたが、興味深い

芦田川改修工事で活躍する元鞆鉄道の蒸気機関車　出典：建設省福山工事事務所『六十年のあゆみ』　資料提供：阿部貴幸

ことにそこで元鞆鉄道の蒸気機関車が使用されている。ちなみに芦田川の改修工事に機関車が最初に使われたのは1929（昭和4）年で、オットードイッツ（Otto Deutz）製の6tディーゼル機関車が導入されている。大きな単気筒のエンジンを積んだ古典的機関車で、現場ではゴートン車とも呼ばれ性能が良く、戦後まで愛用されたという。芦田川改修工事では約30年間にわたり、機関車だけでも延べ25両が使用されており、知られざる鉄道といえよう。

鞆鉄道の車両と輸送

鞆鉄道が初期に導入した機関車はいずれも小型機で、特に3、4号機はまさにラッキョウ型の煙突を装備し「ラッキョ汽車」の由来となっている。昭和初期の不況期、非電化の地方私鉄では乗合自動車（バス）との対抗と経費削減のために、ガソリンカーの導入が進められたが、この動きへの鞆鉄道の対応は早く、1927（昭和2）年に2両を導入し、その翌年に導入したキハ3は、驚くべきことにわが国初のボギー*式気動車であった。

地場産業からみると、鞆では船舶や鉄道用品が製造されたほか、焼酎や合成酒を鉄道で出荷しており、戦時中は軍需転換で燃料用アルコールも生産された。また漁業の主産品で

＊**ボギー式**：カーブした線路を走りやすくするため、車体を乗せる台車に車体とは独立して一定程度回転させせられる仕組みを採用した方式。

はサワラで、小口貨物の輸送需要もあり、晩年まで貨車を使った貨物輸送が行われていた。

両備鉄道（両備軽便鉄道）

今日のぞみ号が停車する福山市の市制施行が、尾道市より18年も後の1916（大正5）年であると聞くと意外であろう。広大な芦田川デルタの要にあり、府中、神辺《かんなべ》を背後に控え城府も置かれていた福山が、長らく一生産地の地位に甘んじていた理由は、良好な港がなかった一点に尽きる。そこに1891（明治24）年山陽鉄道が開通し、港に代わる輸送ルートができたのだが、状況は急には変わらなかった。むしろ明治時代後半には、主力の綿花栽培が輸入綿花に押されて衰退を続けており、産業の近代化が優先課題だった。

万名倉と思われる両備軽便鉄道駅
写真提供：尾道学研究会　松本勝彦所蔵

府中が主導した両備鉄道の開通後、沿線では旧来の産業地盤を生かした繊維産業が輸出産業として急速に発展し、その拠点となった福山も、広大な用地と豊富な工業用水という利点を生かして紡績工場や関連製品である硫化染料工場、軍施設の誘致に成功した。また付近の産物を生かした府中味噌、府中家具もその販路を広げるなど、一帯の殖産興業に両備鉄道が果たした役割は大きく、後には晴れて国鉄の福塩線となっている。

悲願の電化と国鉄軽便線

両備鉄道の来歴をたどると、１８９５（明治28）年出願の備後鉄道（後の備後電気鉄道）は建設に至らず、１９１１（明治44）年に新たに両備軽便鉄道として出願し直されている（備後電気鉄道は発電所の建設と送電までは実現させており、合併を経て現在の中国電力となっている）。国鉄福山駅裏の両備福山から府中町までの開業は鞆鉄道開業翌年の１９１４（大正３）年で、軌間は762㎜の非電化ナローゲージであった。横尾までの区間は現在の福塩線のルートと異なり東側を通るもので、奈良津トンネルと若干の勾配区間があったが、ほかは平坦な線形であった。開業後は大戦景気に乗って大きな収益を上げ、その勢いで１９２２（大正11）年には高屋支線を開業（もともとこちらが名目上の本線だったため社名は両備（備後と備中）となっている）。さらに１９２７（昭和２）年には備後電気鉄道時代からの構想であった本線の電化を達成している。

この府中町までの電化区間は、１９３３（昭和８）年に国によって買収され福塩線（福塩南線）となった。両備鉄道時代から計画されていた軌間１０６７㎜への改軌はまだ行われていなかったため、珍しい「国鉄軽便線」となっている。１９３５（昭和10）年には横尾までのルート変更と合わせて改軌も実施され、１９３８（昭和13）年には福塩北線とつながって全線開通し今に至っている。

両備鉄道の車両と輸送

開業時の両備鉄道は蒸気機関車による運行で、ほどなく機関車の大型化と貨車の大量増備がなされている。輸送品目は輸入綿花など繊維関係が多く、当時鞆鉄道が実施していなかった国鉄との貨物連帯輸送を行っており、全国に一貫輸送が可能であった。

1927（昭和2）年には電化に伴い電気機関車が一気に6両導入され主力となった。1930（昭和5）年には昭和天皇の陸軍大演習視察に際して貴賓車を用意し、御料車を有する珍しい軽便鉄道となった。電車の導入はなく、非電化で残された高屋支線には1932（昭和7）年ごろガソリンカーが導入され、神高《じんこう》鉄道に引き継がれている。

初期の国産電気機関車として知られる両備鉄道11形電気機関車　出典：『日立評論』第15巻第5号　資料提供：阿部貴幸

国有化に際しては一部が神高鉄道に移ったほかは国鉄車となり、特に電気機関車は国鉄唯一の軽便用電気機関車ケED10形となった。その後の改軌時に不要となった客車の一部は鞆鉄道へ譲渡されている。高屋支線は国有化の対象外となったため、旧両備鉄道を再編した神高鉄道が経営を引き継いだが、短区間のため経営難で、1940（昭和15）年には高屋で接続していた井笠鉄道に譲渡され神辺線となった。現在はほぼ同じルートを井原鉄道井原線が通っており、両備鉄道は本線支線とも鉄道線として存続することになる。

現存する両備鉄道の車両

驚くべきことに両備鉄道の蒸気機関車と客車は現存する。場所は何と沖縄と北海道であるから、地元では知らない人が多いであろう。４号機は１９１７（大正６）年ごろ東洋製糖に売却されて南大東島に運ばれ、１９５５（昭和30）年代末ごろまでサトウキビ輸送に使用された。その後荒廃してボイラーと運転席は失われたが、那覇市内の壺川東公園に保存されている。客車のナ19とナ20の２両は、神高鉄道、井笠鉄道、西武鉄道山口線を経て、北海道の丸瀬布《まるせっぷ》森林公園いこいの森で動態保存されている。かつての両備軽便鉄道をしのべる遺産が今に残されているわけで、保存関係者には敬意を表したい。

現存する元両備鉄道の並等客車ナ 19
写真撮影：柴田東吾

尾道鉄道（尾道軽便鉄道）

かつて尾道は県下第二の都市であり、山陽鉄道開通後は四国への鉄道連絡港としても発展していた。大正時代に至っても尾道駅の貨物発送量は広島をも超え、福山とは比べものにならない隆盛《りゅうせい》ぶりであったが、尾道をめぐる状況は安泰とはいえないものであった。福山に比べると用地と用水に乏しく工業化に不利であり、従来街道を経て尾道に運ばれていた備北の産物は両備鉄道によって福山に流れるようになっていたからである。そこで内陸への物流拠点の地位を維持するために、いわば福山と両備鉄道に対抗して尾道鉄道が計画されたわけである。

尾道鉄道の路線と新線計画

尾道鉄道の来歴をたどると、１８９６（明治29）年に出願された尾道―三次間の尾三鉄道は実現せず、１９１２（明治45）年に計画を甲山《こうざん》経由上下《じょうげ》までに変更し尾道軽便鉄道として再度出願、免許を受けている。建設は難航し、開業は１９２５（大正14）年で、当初は石畦《いしぐろ》、翌年に市《いち》まで開通したが上下までの建設は実現しなかった。当初計画では鞆鉄道、両備鉄道と同じく軌間762㎜のナローゲージ蒸気鉄道で、大池の西側を迂回し原田、菅《すげ》を経由して市に至っていたが、勾配に強い電気鉄道に計画変更の上、石畦、畑《はた》経由の短距離ルートとし、軌間も１０６７㎜として１９２３（大正12）年には尾道鉄道に社名を変更している。開通当時の起点は尾道駅から500ｍ離れた西尾道で乗り換えに不便だったが、１９３１（昭和６）年に仮駅の御所橋まで200ｍほど延ばし、１９３３（昭和８）年には尾道まで完成している。

開業当時の西尾道駅　中央はデキ１で遠方がキ 52　出典：『消えた鉄路尾道鉄道』

電動貨車改造２軸電車と芸備鉄道ガソリンカー改造車が急坂を登る　写真撮影：細川延夫

本鉄道は急勾配が連続する近隣にない山岳鉄道で、栗原から三成《みなり》にかけて仙人峠を越え、石畦から再び六つのトンネルを抜けて海抜225ｍの畑まで登り、スイッチバックの諸原《もろはら》を経て市に下っていた。今日廃線跡をたどっても鉄道が通っていたとは信じがたい地形で、平坦線の両備鉄道とは対照的である。沿線の人口と産業規模を考えれば、よくぞこのような難条件の鉄道を建設したものであり、軌間１０７６㎜の電気鉄道であることも含め、尾道の財力あればこそといえよう。

事業免許を得た上下以北は三次までの延伸計画があったが、開業時には国鉄福塩線が具体化しつつあったため、状況は不利だった。それでも甲山から吉舎《きさ》経由の新ルートとして三次への構想は残り、早期実現の地元陳情もなされたが、会社は実現困難とみたようである。当時提唱されたのはむしろ三原への海岸沿いの新路線で、この辺りにも尾道中心の性格がうかがわれて興味深い。国鉄線に平行しても収益性があると見込んだ背景には、大倉庫や油槽所を擁した輸出港である糸崎港の存在や、一帯の工場進出、そして呉線開通により集散地として三原の地位向上が予想されたことが挙げられるが、この計画も結局実現しなかった。ちなみに１９５０（昭和25）年には国鉄尾道駅から尾道港までの臨港引込線（現在も廃線跡が残る）が建設されたが、これを糸崎まで延長し沿線に臨海工業地帯を形成する構想があった。かつての尾道鉄道の新線構想は後々まで残っていたのである。

尾道鉄道の車両と輸送

尾道鉄道は終始小型の電車により運行されており、貨物輸送も電車あるいは電車牽引の貨車で行われていた。開業時には貨物専用電車も用意され、尾道の物貨集散促進を企図していたことがうかがわれるが、沿線にまとまった産業はなく、後に旅客車に改造されている。戦時期から終戦期には旅客が急増し、無蓋車を代用客車に改造したり、他社から余剰老朽車の譲渡を受けてようやく輸送力の改善をみている。

国鉄尾道駅に隣接した尾道鉄道ホーム
廃止前年の光景　写真撮影：細川延夫

さて、1925（大正14）年には国鉄で世紀の大事業である自動連結器への一斉交換が行われているが、その直後に開業した尾道鉄道は、どういうわけか従来のバッファーと螺旋《らせん》連環式連結器を採用していた。経費削減策かもしれないが、とにかく国鉄との直通輸送の予定がなかったことはうかがえる。自動連結器への交換は戦後になってからで、他社中古車転入と国鉄貨車の連絡直通開始に合わせたものである。国鉄貨車は、西尾道の東洋繊維専用線まで尾道鉄道の電車が牽引した。

１９５７（昭和32）年には車両や設備の老朽化と採算性の低下により石畦から市が部分廃止となり、１９６４（昭和39）年に全区間が廃止となった。当初の計画である尾道から三次への鉄道は夢のまま終わったが、それに代わって今日では尾道から中国横断自動車道が着々と建設され、陰陽連絡のメインルートとなりつつあるのは面白い。尾道鉄道が形を変えて両備鉄道にリベンジを果たしたとみることもできようか。

参考文献

藤井浩三『旧鞆軽便鉄道の蒸気機関車』（『鉄道ピクトリアル』１９６５年7月号）
臼井茂信『国鉄狭軌軽便線14』（『鉄道ファン』１９８４年5月号）
建設省中国地方建設局福山工事事務所『六十年のあゆみ』（建設省中国地方建設局福山工事事務所、１９８６年）
芦田川改修史編集委員会編『芦田川改修史』（建設省中国地方建設局福山工事事務所、１９６８年）
濱本鶴賓『福山水害史』（福山水害史刊行会、１９３４年）
いのうえ・こーいち『追憶の軽便鉄道井笠鉄道』（プレス・アイゼンバーン、１９９７年）
湯口徹『レイル№30瀬戸の駅から（下）』（プレス・アイゼンバーン、１９９２年）
前田六二『消えた鉄路尾道鉄道』（前田六二、１９９２年）
『タイムスリップ・レール…オノテツ』（尾道学研究会、２０１１年）

3．かつて存在した特徴的路線

～レンタサイクルで走る岡山県の私鉄廃線跡～……森口　誠之

消えた鉄道の痕跡を踏査する「廃線跡歩き」が近年ブームとなっている。当時の地形図と自らの目と足で現地を歩くことで在りし日の面影を想像する作業は楽しい。

岡山県では廃線跡を自転車道として整備したケースが多く、レンタサイクルを使っての踏査も可能だ。比較的鉄道跡が残っている路線の現況を紹介してみたい。

下津井電鉄（倉敷市、茶屋町《ちゃやまち》―児島―下津井《しもつい》、21・0㎞）

宇野線茶屋町と下津井港を結ぶ軌間762㎜の狭軌の電気鉄道。1915（大正4）年に全線開業した後、下津井丸亀航路と連絡して四国や金刀比羅宮《ことひらぐう》（香川県琴平町）への水陸連絡ルートとしても存在感を示していた。

1972（昭和47）年の部分廃止後も児島―下津井間は存続し、瀬戸大橋見学の観光鉄道として生き残りを図るが、1990（平成2）年末限りで全廃された。

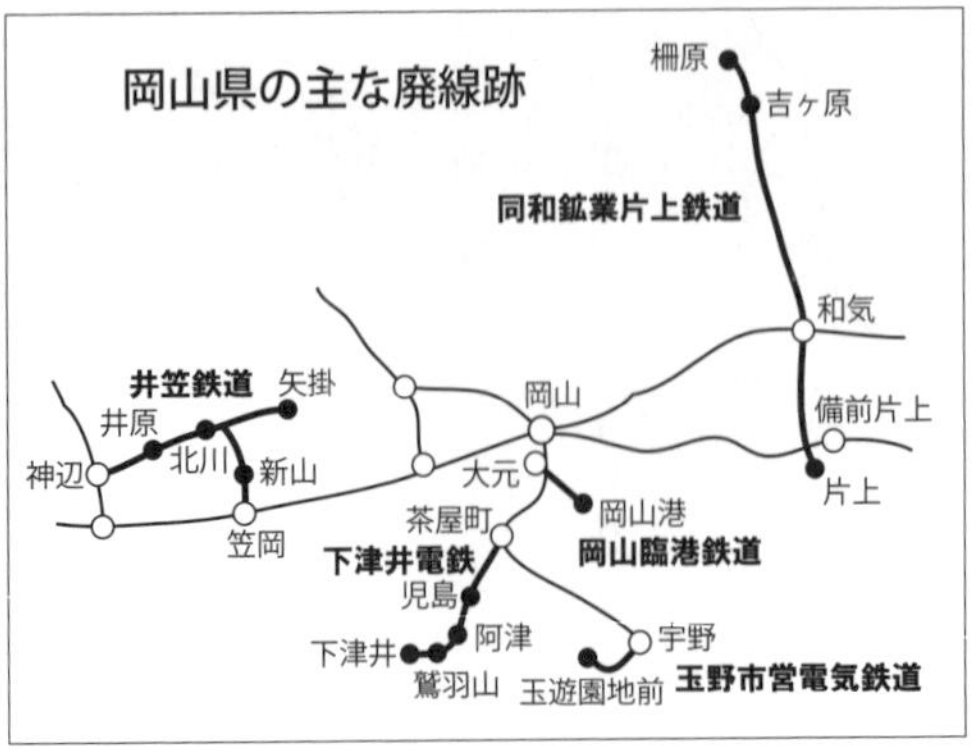

現地へは宇野線茶屋町駅、本四備讃線《ほんしびさん》児島駅で下車。下電バスが児島駅から下津井まで

1時間ごとに運転されている。児島駅1階の観光案内所で貸し出しているレンタサイクル（有料）が便利だ。

廃線跡の多くは自転車道として整備されている。線路脇には桜並木が続いていて、春になると花見客やイベントでにぎわいを見せる。2・5㎞地点の藤戸駅には当時のプラットホームと共に駅名標も残されている。石積みの擁壁、盛土をそのまま活用した築堤にも面影を感じる。自転車道が川をまたぐポイントで路盤を見てみよう。橋桁や橋脚は道路用に作り直されたものだが、橋台部分には鉄道時代のものが活用されている。

児島—阿津駅間は架線柱など当時の面影を残すアイテムが点在する

中国銀行児島支店の南側には廃止2年前に新装された児島駅舎が残されており、ドーム状の屋根の下には当時のホームや駅名標、信号機も保存されている。児島駅以南は1990（平成2）年まで現役だった区間で、廃止後倉敷市は自転車道兼遊歩道の「風の道」として整備し直した。当時の架線柱やホームをそのままの形で残しており、鉄道時代の面影をイメージしながらのサイクリングを楽しむことができる。

廃線跡は住宅街の裏手を縫うようにして続いていく。土で固められた路面は色とりどりの草花で彩られている。地元の人たちがボランティア活動で取り組んでいるそうだ。

終点下津井駅跡には廃止時まで現役だった電車が静態保存されている

石積みのホーム上に駅名標が復刻されている備前赤崎、阿津《あつ》駅跡を過ぎ、本四備讃線の高架の下をくぐると、瀬戸内海や瀬戸大橋を一望できる絶景ポイントだ。次の琴海《きんかい》駅跡からは鷲羽山《わしゅうざん》の麓を迂回しながら緩やかな勾配を登っていく。

終点の下津井駅跡は港や集落と程近い場所に位置する。駅構内の建物やレールは撤去されてしまい、ホームの痕跡を確認できる程度だ。

注目したいのが駅敷地の隣で余生を過ごすモハ１００１やモハ103、貨車など11両の静態保存車両だ。放置されボディーは傷んでいたが、下津井みなと電車保存会が再塗装、補修を行い、徐々に当時の姿を取り戻しつつある。車両はイベント時のみ公開される。

玉野市営電気鉄道（玉野市、宇野—玉遊園地前、4・7㎞）

岡山と四国を結ぶ国鉄宇高《うこう》連絡船の起点だった宇野線宇野駅。１９５３（昭和28）年に備南《びなん》電気鉄道が宇野—玉《たま》間で電気鉄道を開業し、三井造船へ通う労働者や市民の足として利用される。１９５６（昭和31）年からは玉野市が設備を引き継ぎ、玉遊園地前まで延伸したり、気動車を導入したりして合理化を図るが経営状況は改善できず、１９７２（昭和

47）年に廃止された。

現地へは宇野線宇野駅で下車。両備バスが駅前から頻発運転されている。宇野駅構内の玉野市観光案内所でレンタサイクル（有料）の利用もできる。

連絡船廃止後に移転された宇野線宇野駅の駅舎西側が起点だった。市立宇野中学校の北東にあった広潟《ひろかた》駅跡付近から先は自転車道となり、痕跡をたどるのは比較的容易である。

玉野高校前駅跡の先にある天狗山トンネルは鉄道用を改修したものだ。トンネルの西側にあった西小浦駅跡では休憩スペースが整備されている。市街地を貫くルートであるため、自転車の移動や散歩、ジョギングで利用する住民が多いのも特徴だ。

市立宇野小学校の先で中山トンネル、そして大仙山トンネルをくぐると、大聖寺前《だいしょうじまえ》駅跡だ。この先自転車道は三井造船所の敷地内へと続いている。白砂川をまたぐ橋の橋脚部分は鉄道時代からの名残である。

玉野市街地を貫く自転車道

市営駐車場になっている玉駅跡

玉駅跡（玉野三井病院の北側）から１㎞、玉野市営電気鉄道の電車は白砂川の河中に敷設された高架橋を走っていた。跡地は玉野市営の駐車場に転用されているが、対岸から川のたもとを眺めると、鉄道用の橋脚がずらっと並んでいるのが分かる。玉小学校駅跡の先は再び自転車道として整備されているが、終点だった玉遊園地前駅跡で途切れている。

なお終点から県道を300ｍほど西へ行った玉野市総合保健福祉センター（すこやかセンター）の敷地内に、高松琴平電気鉄道（琴電）760号が静態保存されている。１９５１（昭和26）年に備南電気鉄道モハ100形として製造された電車で、１９６５（昭和40）年に運用中止した後は琴電で活躍した。運用から外れた後、「玉野市電保存会」の手で２００６（平成18）年に同地にお里帰りした。

すこやかセンターに保存される備南電気鉄道モハ 100 形

片上鉄道天瀬駅跡と自転車道「片鉄ロマン街道」　写真提供：和気町

同和鉱業片上《かたかみ》鉄道（備前市、和気《わけ》町、美咲町、片上―和気―柵原《やなはら》、33・8㎞）

跡地のほとんどは自転車道「片鉄ロマン街道」として整備され、週末には自転車でツーリングする人でにぎわう。ホームや駅舎、鉄橋、信号、距離標など随所に残っている。吉ケ原《きちがはら》駅跡の柵原ふれあい鉱山公園内で、毎月第一日曜日に気動車の動態保存をしているのも注目したい（243ページ、251ページ参照）。

現地へは山陽本線和気駅、赤穂線西片上駅で下車。津山線津山駅から中鉄北部バス高下行きで吉ヶ原バス停へ向かう方法もある。備前サイクリングターミナルと和気駅前、鵜飼谷交通公園でレンタサイクル（一部無料）の利用も可能だ。

井笠《いかさ》鉄道（笠岡市、井原《いばら》市など、笠岡—北川—井原—神辺《かんなべ》、北川—矢掛《やかげ》、計37・0㎞）

比較的痕跡が多く残っているのは笠岡—新山《にいやま》間で、路盤や構造物の痕跡を確認できる。新山駅舎跡を利用した井笠鉄道記念館は２０１４（平成26）年に再オープンした。道の駅笠岡ベイファーム、井原鉄道の矢掛駅などでレンタサイクル（有料）の利用ができる。

吉田村—新山間を走る井笠鉄道
写真提供：長船友則

岡山臨港鉄道（岡山市、大元—岡山港、8・1㎞）

大元—岡南泉田《こうなんいずみだ》間は遊歩道になっており、南岡山駅跡の岡山臨港鉄道本社構内にディーゼル機関車が保存されている。レンタサイクルの利用は大元駅前の岡山市コミュニティサイクル「ももちゃり」（有料）が便利だ。

岡南泉田—岡南新保間を走る岡山臨港鉄道　写真提供：長船友則

第5章

鉄道と地域

～鉄道を生かした地域の動き～

第1節

鉄道と地域振興

1. 鉄道と連動した地域づくり活動

秋田　紀之

物語の素材にあふれた山陰、中国山地と鉄道

山陰や中国山地一帯は出雲神話に代表されるように、古くからの物語が数多く伝わる地域である。そうした背景もあり、近年はドラマ、映画、マンガ、アニメなど新たなメディアにもこうした地域が物語として取り上げられる一方、この地域出身の作家とその作品につながる地域振興活動も話題を集めている。そしてその中で鉄道も大きな役割を果たし、物語の世界をより一層引き立てるとともに、物語の一部を担う事例も出てきている。ここではそうした地域につながる物語が鉄道とどのようにつながって地域の魅力を引き出し、人々を引き付けているかを見てみよう。

人々を妖怪の世界にいざなう鉄道 ～境線の鬼太郎列車と水木しげるロード～

ＪＲ米子《よなご》駅０番ホーム、今日も境港駅に向けて境線の「鬼太郎列車」が出発する。この

水木しげるロードのハイライト
水木しげる記念館　©水木プロ

列車には人気マンガ『ゲゲゲの鬼太郎』に登場するキャラクターのイラストが車体や車内にところ狭しと描かれている。これまで幾度かのデザイン変更などを経て、「鬼太郎」「ねずみ男」「目玉おやじ」「ねこ娘」「砂かけ婆《ばばあ》」「こなき爺《じじい》」などのイラストが描かれた6種類の車両が16駅18㎞の路線を45分かけて走っている。

境港市は原作者である水木しげるの出身地だが、駅前から延びる商店街は１９８０年代後半には活気を失ったシャッター通りになっていた。そうした折、１９８９（平成元）年に市が開催した市街地活性化を目指すシンポジウムに招かれた水木氏が、自らの創作したキャラクターを活性化に利用する提案をしたことが、境港市がこの商店街を妖怪のブロンズ像で埋めつくす「水木しげるロード」として有数の観光拠点に変貌させてゆくきっかけとなった。当初「妖怪の像など置いたら人が寄り付かなくなる」と関係者の総反対で始まった活動だったが、その後次第に理解者を増やし１９９３（平成５）年に23体の妖怪でオープンした。その矢先１体が盗まれる事件が発生、その

列車内に鬼太郎登場！
写真提供：ＪＲ西日本米子支社　©水木プロ

報道がこの街を全国に知れ渡らせるきっかけとなり人々が押し寄せるようになった。４世代にもわたる読者層を獲得した鬼太郎マンガやアニメ、映画の息の長さや、水木氏一家を描いたドラマのヒットなどとも相まって、この街に対する人気は景気の変動にかかわらず現在も続き、妖怪ブロンズ像も153体を数えるまでになっている。そしてその人気の一角を境線と鬼太郎列車が支えている。

境線に初めて鬼太郎列車が走ったのは水木しげるロードがオープンした年だった。その案は市の街づくり活動に歩調を合わせたＪＲ西日本米子支社の担当者から出たものだったようだ。現在日本各地でマンガやアニメのキャラクターを描いた列車が走っているが、境線はその先駆けとなり、その後列車のみならず16駅それぞれに妖怪の愛称を付け駅名表示板を設置した。始発の米子駅は「ねずみ男駅」、終着の境港駅は「鬼太郎駅」だが、その間の各駅には水木氏によって日本各地で語り継がれ愛される妖怪の名前が北から順に付けられた。今では車両内で各駅名と愛称名を合わせて紹介するアナウンスをアニ

全国の妖怪の名を付けた境線の愛称駅名

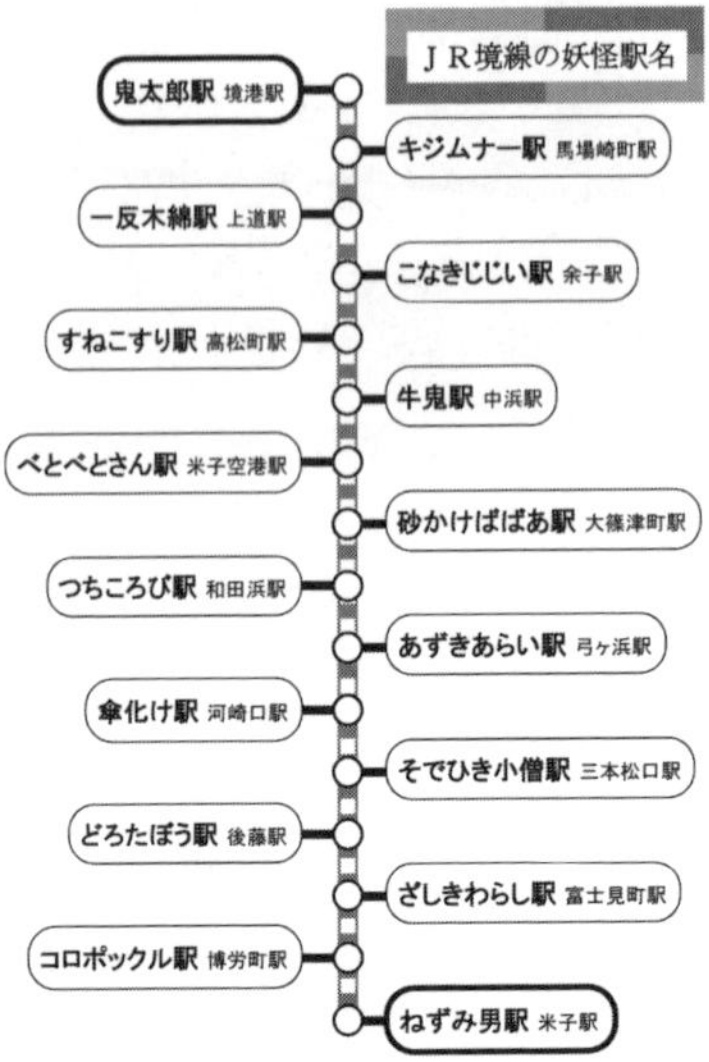

メの鬼太郎とねこ娘が行っている。そうした米子駅は妖怪テーマパーク境港の入口となり、境線を走る列車は訪れる人を次第に妖怪の世界に引き込んでいく。

水木しげるロードのメインは水木しげる記念館だが、実はこの世界はここだけでは終わらない。境港駅に隣接する境港《さかいこう》からは島根県の隠岐の島行きで、船体に鬼太郎ファミリーを描いた「鬼太郎フェリー」が出発する。隠岐の島は水木家発祥の地ともいわれ、現在この地にも妖怪ブロンズ像を設置した通りがある。さらに境線沿線の米子空港は「米子鬼太郎空港」の愛称が付けられ、国内のみならずソウルとも定期便で結ばれ、海外の鬼太郎ファンをも招き寄せている。陸、海、空へと妖怪物語の世界は広がっている。

伝統芸能「神楽《かぐら》」を訪ねる鉄道 ～中国山地の神楽地帯をゆく三江線《さんこう》～

島根県江津《ごうつ》市から中国地方最長の河川である江《ごう》の川《かわ》に沿って中国山地を越え、三次《みよし》市に至る三江線は、四季折々に変化するその沿線風景の美しさで知られる一方、「神楽」で結ばれた路線としても知られるようになってきている。

現在日本各地に神楽は伝わっているが、この地域の神楽は出雲神楽をルーツとして石見《いわみ》地域（島根県西部）で石見神楽として独自の発展を遂げ、それが中国山地を越えて芸北《げいほく》地域（広島県北西部）で芸北神楽として変化している。三江線をたどると、こうした石見神楽と芸北神楽の両方が楽しめる。

三江線の特別列車で上演された神楽
写真提供：三江線活性化協議会

地域ごとにある神楽社中、神楽団といった神楽を舞う団体は、三江線沿線で見ると、島根県江津市に19団体、同邑智《おおち》郡に25団体、広島県安芸高田市に22団体、同三次市に7団体にものぼる。これらの団体は地元の神社につながりを持ち、秋の収穫祭の折に神に奉納するため神楽を舞うものであった。しかし近年ではそれだけでなく、地域の活気や一体性を示すもの、人々を地域に引き付けるものとして季節に区別なく舞うようになってきている。また演目も昔は儀式的なものが多かったが、戦後それが大きく変化し、善と悪とが戦うストーリー性に富んだものが中心となり人気を博している。

三江線沿線ではこうした神楽人気を背景に、2012（平成24）年に島根県、沿線自治体、島根県立大学、JR西日本、住民代表で組織した三江線活性化協議会などの地域振興組織が中心となって、35駅それぞれに神楽にちなんだ愛称駅名を付けてその駅名表示板を設置し、演目の特徴やストーリーを紹介している。またその年の秋から冬にかけての週末に特別列車を走らせ、畳敷きにした列車内で神楽の上演も行った。

この沿線地域で生の神楽を見てみたいと思えば、駅からはやや離れてはいるものの、石見神楽なら江津市の有福《ありふく》温泉、芸北神楽なら安芸高田市の神楽門前湯治村で有料の定期公演を鑑賞することができる。一方沿線に近いところでは、美郷町の石見都賀《つが》駅近くの松尾

尾関山駅（三次市）の愛称駅名「紅葉狩」駅の駅名表示板

神楽演目を付けた三江線の愛称駅名

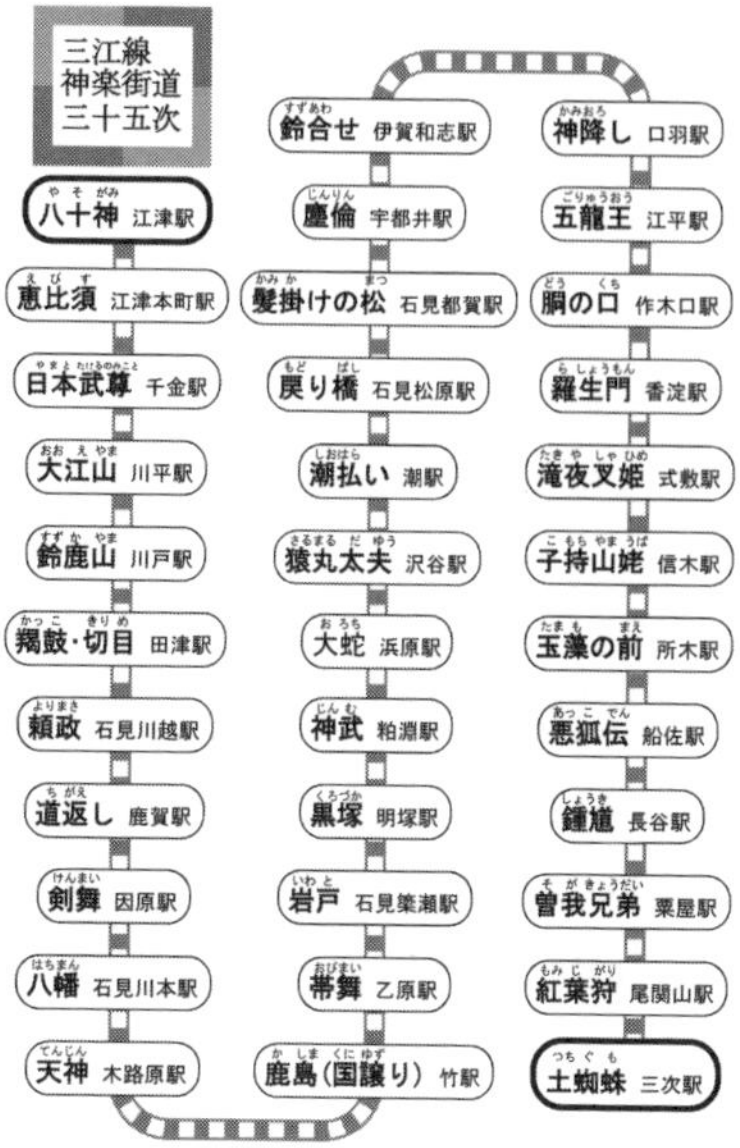

山八幡宮で昔ながらの神社で舞われる神楽を無料で見ることができる。ここでは毎年10月に「伝統芸能と光の祭典」が行われ、沿道に並べられた3000本の竹灯籠が導く幻想的な光の中を進んだ境内で神楽が奉納される。近くには宿泊施設もあり祭典への送り迎えもあるので、三江線を使った旅の途中に神楽の世界に浸る絶好の機会とすることができる。

三江線活性化協議会では神楽の楽しみ方を伝える一環として、今後は神楽をテーマにした車両のラッピングや、車内で神楽を楽しむ新たな特別列車の運行も考えている。

こうした取り組みの背景となるのが臨時列車運行の枠組みである。JR西日本では一定の乗車人員により臨時列車の貸切が可能としている。また同社浜田鉄道部には簡易お座敷車両があり、これが神楽列車として運行された。

さらに三江線ではそれを利用した注目すべき活動がある。2013（平成25）年には懐かしい地域の風景と共に異世界キャラクターの格好で写真撮影し地域再発見につなげる企画が実施され、三次から浜原まで参加者が思い思いの衣装で乗車するコスプレ列車「卑弥呼蔵《ひみこぐら》号」（「西日本コンテンツ文化研究会」企画）が運行され人気を博した。ただ合理化が極限まで進み臨時列車運行にも制約がある同線には、観光列車を使いやすくして路線活性化を図るための投資を望む声もある。いにしえの神楽から現代のコスプレまで、世界観を異にはするがそこには物語がある。そうした世界を結ぶ三江線への期待の声は高まっている。

物語が変える地域と鉄道～映画『RAILWAYS』と一畑電車～

島根県出雲市と松江市の間にある宍道湖北岸を走り両市を結ぶローカル鉄道「一畑電車」。2010（平成22）年にこの会社最古の車両「デハニ50形」を「主役」に公開された映画がある。島根県出身の錦織良成《にしこおりよしなり》監督の『RAILWAYS～49歳で電車の運転士になった男の物語～』だ。都会の企業で成功を収めていた主人公（中井貴一）が人生の転機を迎え、故郷の出雲に帰って子どものころからの夢

中井貴一主演、一畑電車「主役」の『RAILWAYS』
© 2010「RAILWAYS」製作委員会

だった電車の運転士になる物語だ。この中で描かれたのは主人公の人生だけではなく、過疎化や高齢化に悩む地域の現実やその中でローカル鉄道が抱える問題だった。「電車が主役の作品を作りたい」と考えていた監督が、一畑電車取締役技術部長（現在）の石飛貴之氏にそれを告げたことで、電車の物語を創るプロジェクトが始まった。石飛氏はかつて運転士だった経験から、出発時間になっても車内に乗り込めない高齢者のために、待っても乗せていく電車もある一方、どんなに運転士を採用しても免許を取ると都会に移ってしまい根付かない現実があることなど、地方ローカル鉄道の置かれた現実を紹介し、錦織監督はそれを忠実に台本にした。映画の中で主人公はそうした現実に悩みつつも地域の人々とふれあうことで、ローカル鉄道の運転士としての道を歩んでゆく。そんなストーリーと共に出雲地域の風景描写が話題を呼び、映画は全国的なヒットとなった。

デハニ 50 形と出演者の中井貴一、三浦貴大
Ⓒ 2010「RAILWAYS」製作委員会

実は映画公開前の地元では電車不要論が大勢を占めていた。だがそれでは他に移動手段を持たない人など年間百数十万人の足が奪われるし、代わりの道路には何百億円もかかる。それなら年間数億円補助金を出してでも、その数を輸送する電車を残すべきだと監督は訴え、その思いは映画を見た人たちにも確実に伝わった。映画をきっかけに一畑電車に乗る目的で観光客が訪れるようにな

り乗客数は伸びている。一方地元行政、企業、市民など物心両面で映画撮影に協力し関わってきた人々は、公開された映画を見て自分たちのふるさとが美しいこと、そしてこの地域が電車によって生かされていることを初めて知った。また電車に勤務する社員も自分たちが見つめられていることを意識した。運転士は小さな声だった指《し》差《さ》喚呼《かんこ》を声高く行うようになり乗客の安心感を高め、駅員は「お客さま」に誠心誠意つくそうと接客意識を大きく変えている。「田舎の電車」に引け目を感じるのではなく、そこに誇りを見いだした彼らの姿は、この映画の主人公の姿とも重なるものだった。

将来物語は忘れられても電車が忘れられないよう、新たな努力が続いている。一畑電車では映画の公開を機に、以前一度だけ実施したデハニ50形の体験運転を事業化し、専用線を設置して誰もが本物の運転を体験できる取り組みを始めた。また同社は以前から一部の電車に車掌兼観光案内の「アテンダント」を乗車させている。経営逼迫で進めたワンマン運転に一番の利用者である高齢者が馴染めず乗車を敬遠したことの反省から導入したものだ。こうした取り組みが今新たな魅力を生んでいる。物語によって再発見されたローカル鉄道は、自らで新たな物語を紡いでいこうとしている。

出発進行の声も高らかにデハニ 50 形を運転する体験運転参加者
写真提供：一畑電車

2. これぞ保存鉄道～片上鉄道保存会の活動～ …… 米山　淳一

歴史的鉄道車両や施設の保存を行っている市民団体、企業、行政等が加盟する日本鉄道保存協会の加盟団体で、ひときわユニークな活動を行っているのが片上鉄道保存会だ。代表の森岡誠治さんと直子さん夫婦が仲良く保存に関わって約20年。住まいのある広島市から、保存会の拠点である岡山県久米郡美咲町の「柵原《やなはら》ふれあい鉱山公園」内の旧吉ヶ原《きちがはら》駅に毎月第一日曜日の活動日を中心に通っている。

２０１４年（平成26）年現在会員は26名で、滋賀県から福岡県までに及ぶ。自ら動くことをモットーに明るく楽しく活動する彼らの笑顔が素敵だ。駅員、運転士、保線員、車両整備員、売店担当者などはすべて会員が務め、それが活動を盛り上げている。保存鉄道の本場であるイギリスから視察に訪れる人が多いのにも納得してしまう。

旧片上鉄道吉ヶ原駅

片上鉄道は産業鉄道

柵原鉱山から掘り出した硫化鉱石を瀬戸内の片上港まで運搬するために１９２３（大正12）年に開業したのが同和鉱業

毎月第一日曜日に展示運転されるキハ312号

片上鉄道（片上―柵原）だ。鉱石輸送のほか旅客列車も運行し沿線の貴重な足として活躍してきたが、1991（平成3）年6月30日に、72年の歴史に幕を閉じた。だが廃線を惜しむ声が上がり、1992（平成4）年から片上鉄道保存会による同社の気動車を中心とした歴史的車両の動態保存と展示運転が始まった。場所は旧吉ヶ原駅構内を中心とした約300mの線路である。

展示運転日には周辺からの来訪者で旧吉ヶ原駅は大にぎわいだった。「廃線跡をサイクリングロードや公園にしたのではもったいない」と言いながら、会長の森岡誠治さんは展示運転への思いを語った。産業鉄道から愛好家、美咲町、町民が力を合わせて運営する保存鉄道に生まれ変わった片上鉄道は、今新たな展開を迎えている。

笑顔になれる展示運転

片上鉄道保存会には12両の歴史的車両が保存されている。出力増強型のDD13形がブルーの客車を牽引する懐かしい情景も再現できる。中でも3両の気動車が人気を博す。キハ303号（元キハ04形）とキハ702号（元キハ07形）が旧国鉄形で動態保存されるのは片上だけであり、いずれも美咲町所有である。片上鉄道保存会が取得し復元したのがキハ312号だ。旧国鉄キハ05を模して片上鉄道が当時新規に製作した自社オリジナル車として貴重な存在で、３両ともに車齢50年を超える歴史的車両でエンジン音を響かせて快走する様子はほかでは見られない。展示運転は10時から15時の１日９回。運転士、車掌は会員が担当している。きびきびとした動きは本物の鉄道員そのもの。安全運転確保に一生懸命だ。200円の１日会員券を購入すれば、何度でも展示運転車両に乗車できるからお得だ。歴史的空間をぜひ体感してほしい。

旧吉ヶ原駅舎内。当時のままの姿を残す手荷物小荷物取扱所が売店になっている

「年間約220万円あれば保存鉄道の運営は可能」と森岡さん。かかる経費は車両や施設の維持管理費や車両修理費。収入は会員の会費、展示運転車両の乗車賃に当たる１日会員券やキーホルダーなどオリジナルグッズの売り上げからなる。運営が実費で成り立っているのは、会員のボランティア活動が根底を支えているからであり、イギリスの保存鉄道の運営と共通している点でもある。

イギリス保存鉄道の老舗である「ブルーベル鉄道」*を訪ねたことがある。１８７２（明治５）年製の蒸気機関車が古めかしい客車を牽引していた。乗車しているのは鉄道愛

＊ブルーベル鉄道：イギリス東南部のサセックス地方で1882年から営業されていたが1958年に廃止された。その後の1960年にボランティアが運営する保存鉄道として再開。現在４駅17.7kmに蒸気機関車が牽引する昔のままの姿で客車列車が運行されている。

片上鉄道保存会会員たち。制服姿が当時の雰囲気を感じさせる

好家ではなく一般市民がほとんどで、さながら観光鉄道である。駅舎、関連施設はオリジナルに保たれており、しかも職員は当時の制服に身を包んでいるから歴史を実感できる点が優れている。さらに「ここで活動すればあなたの人生を豊かにできる」と書かれた入会パンフレットが印象的であった。ボランティア活動が充実したライフワークというわけである。

片上鉄道保存会に目を転ずれば、「片上鉄道の職員文化を伝え残したい」と森岡さんが話すとおり、会員は当時のままの鉄道風景を忠実に維持しようと努めている。

夢は線路の延伸

枕木交換は骨が折れる。歴史的車両ばかり注目される中、片上鉄道保存会は軌道の整備に特に力を注いでいる。会員であれば若い女性でも同じ作業をこなすのが当たり前と言う。実は線路の延伸計画が進んでおり、線路を終点の柵原方向に150m伸ばし展示運転の充実を図る計画である。本来軌道は重量のある鉱石列車が通るため早くからコンクリート製のPC枕木*を多く使用している。延伸区間の仕様がどうなるか興味深々である。こんなに夢のある計

＊**PC枕木**：PCはprestressed concreteの略。鋼材を用いてあらかじめ圧縮力を加えることにより、ひび割れを防ぐ仕組みを採用したコンクリート枕木で、加重への抵抗力が強いことが特徴である。

保存会代表の森岡誠治さんと株式会社片上鉄道社長の森岡直子さん夫妻

画だから会員誰もが立派な保線区員でなければならないのかもしれない。

その一方で森岡直子さんは旧吉ヶ原駅でカフェを開店した。これは収益事業となり、その名も「株式会社片上鉄道」を設立し社長を務めている。駅長猫のコトラが人気だ。鉄道に関心の薄い人でも猫には親しみを覚える。これらが功を奏して地域との交流に拍車がかかっている。最近地元のお母さんたちが地場産品を使用した手作り弁当を駅で販売しており、評判で即完売している。また新鮮な地タマゴを使用した「卵かけごはん」が名物となり、これを目当てに片上鉄道の乗車とセットで訪れる人も多い。地域ぐるみで片上鉄道の保存を将来にわたって推進する動きが顕著になっており、まさに地域活性化の核としてその鉄道遺産が輝きを増している。

3．人々を引き付ける異色の駅長……………………江種　浩文

地域のにぎわいを創出するユニーク駅長

鉄道と地域との結び付きは、駅で働く人々を抜きにしては語れないだろう。列車を安全に運行させることを最大の使命としながら、駅舎やその周辺、沿線にまで目を配り、乗客に気持ちよく鉄道を利用してもらうことを常に心掛けている。

そんな駅で働く人々を束ねるのが駅長だが、近年は動物が「駅長」となり、乗客だけでなく、沿線住民や遠方の人々までを引き付けて、地域の魅力を高める事例が出はじめた。ここではそんなユニークな「駅長」が、鉄道関係者と地域の人との結び付きを深めながら、地域のにぎわい創出に貢献している様子を紹介しよう。

新たな鉄道の旅立ちに向けた大きな弾み～和歌山電鐵貴志川線貴志駅～

動物の「駅長」の中でもっとも広く知られた存在は、ＪＲ和歌山駅（和歌山市）から貴志駅（紀の川市）までの14・３㎞を結ぶ和歌山電鐵貴志川線の「たま」駅長だろう。駅長として正式な辞令を交付された２００７（平成19）年以降、目覚ましい活躍を続けている。「たま」はもともと南海電気鉄道貴志川線貴志駅にあった商店の飼い猫（メス）だった。同線は２００５（平成17）年で廃止する旨の廃止届が出され、県と市が路線を引き継ぐ事

業者を一般公募し、岡山電気軌道（岡山市）が選定された。そして同社が出資する和歌山電鐵として発足する際に、飼い主が小嶋光信社長に直談判したところから「たま」と和歌山電鐵との思いがけないストーリーが始まった。市道に置かれた猫小屋の撤去を求められた店主が、「たま」たち3匹を「駅構内に住まわせてほしい」と頼んだのである。

　岡山電気軌道を運営する両備グループの会長でもある小嶋社長は、地方交通の経営者として冷静な判断力を持ちつつ、その存続に向けて努力を惜しまない熱意の人である。「たま」の愛らしさに魅了されながらも、決して容易ではない和歌山電鐵の新しい旅立ちを猫の手を借りて少しでも勢いづけられないかと熟慮した。無人駅になった貴志駅に「たま」たちを住まわせるには、利用客や従業員が納得できる理由が必要だ。そこで正式に「たま」に辞令を交付して駅長とし、乗客が安全にそして気持ちよく駅を利用できるように貢献することを業務とした。

たま駅長（左）、ニタマ駅長代理（右）と小嶋社長　写真提供：和歌山電鐵

　以降「たま」駅長の活躍には目を見張るものがある。乗客はもちろん、「たま」を目当てに貴志川駅を訪れた人にも愛《あい》嬌《きょう》を振りまき、カメラ目線でポーズにも応じる。もともと人を好きな猫だったのだろうが、駅長になって多くの人と接する中で、かわいらしい性格が一層際立っているように思える。前足をそろえて座ったときに、茶色と黄色のしま模様がハー

ト形に見えることで、カップルの話題になっている。

そんな「たま」の性格と努力が実を結び、それまで減り続けていた貴志川線の利用客が少しずつ増えてきた。もちろん小嶋社長をはじめとする和歌山電鐵のスタッフと、地元の人々の尽力も忘れてはならない。貴志川線の存続に長年取り組んできた「貴志川線の未来を〝つくる〟会」は、濵口晃夫さんを代表者とする地域住民主体の組織であるが、実際に貴志川線を利用する人々が中心的役割を果たしていることが特徴である。鉄道の利用者である地域住民が「乗って残そう」としたからこそ、切実な願いが伝わり、鉄道経営者の努力と行政支援が連動して、和歌山電鐵という形で存続運動が実を結んだのである。

また「貴志川線運営委員会」も、鉄道会社、行政、地域住民の重要な結節点となっている。貴志川線の運営と地域の活性化に向けて、それぞれの立場から意見を出し合い、真剣に討議して最大限の努力をする。こうした縁の下の活動が、「たま」の活躍と相乗効果を生み、貴志川線の利用客増加に果たした貢献を見過ごしてはならない。

「たま」は貴志川線の知名度と乗客数アップの功績を認められ、２００８（平成20）年に駅長から「スーパー駅長」に昇進、翌年には執行役員にも就任した。また２０１０（平成22）年には、新駅舎「たまミュージアム貴志ステーション」が完成した。かつて紀伊国《きいのくに》と呼ばれた和歌山県産の木材を使用し、日本独自の屋根工法である桧皮葺《ひわだぶき》を採用した、新しくも伝統的な駅舎である。そして最近は年齢を重ねた「たま」を補佐する役割として、「ニ

猫の顔をかたどった貴志駅とたま駅長
写真提供：和歌山電鐵

タマ」駅長が就任した。普段「ニタマ」駅長は伊太祈曽《いだきそ》駅の駅長として勤務しているが、「たま」駅長がお休みのときは貴志駅で駅長代理を務める。さらに和歌山電鐵では「猫駅長養成所」を設置し、面接を繰り返して後に続く「人材」の発掘を進めている。そこでは「サンタマ」という後継者もデビューを控えており、「たま」が築いた功績を引き継ぐ体制も整ってきた。

しかし「たま」もまだまだ若い者には負けない。貴志駅に行けば「ニャ〜ン」と元気な姿が見られるし、「たま電車」も１日数本走っている。駅で販売している「たま」グッズも30種類以上そろっていて、人気を誇っている。「たま」駅長の成功はその愛嬌に目を奪われがちであるが、新しく誕生した和歌山電鐵の努力と、それを支える地域住民による熱意との「合作」である。

往時をしのばせるにぎわいの創出〜旧片上鉄道吉ヶ原《きちがはら》駅〜

１９９１（平成３）年、72年間の歴史に幕を閉じた同和鉱業片上鉄道だが（83ページ、243ページ参照）、高い人気を誇った地方鉄道の価値を惜しむ人々が、翌年「片上鉄道保存会」を立ち上げた。会は現在も美咲町と連携しながら、毎月第一日曜日の定期展示運転や季節

吉ヶ原駅のコトラ前駅長（左）とホトフ駅長（右）　写真提供：片上鉄道保存会

に応じた各種イベントを企画運営している。

　展示運転で列車が走行する範囲は片道約300ｍで、吉ヶ原駅から柵原方面へと出発する。この吉ヶ原駅で活躍する猫が「コトラ」*と「ホトフ」*である。「コトラ」は吉ヶ原駅の近くで生まれたオス猫だが、飼い主が見つからず危うく処分される寸前で、保存会の森岡誠治さん夫妻が引き取り、2人が住む広島市で飼われることとなった。以後森岡夫妻は月一度の保存会の活動のたびに「コトラ」を吉ヶ原駅に連れて行ったが、そんな折に展示運転の乗客から「コトラを駅長にしては」と提案された。「コトラ」は多くの人が訪れる展示運転で、乗客の注意を引き付けて列車の安全運転に貢献しており、保存会のメンバーにとっては「仕事仲間」とでもいうべき存在であった。その資質も申し分なく、２００２（平成14）年から吉ヶ原駅の駅長として勤務することとなった。約10年間の駅長勤務の後、駅長職を倉敷市の旧下津井電鉄下津井駅所属だったオス猫「ホトフ」に譲り、現在は嘱託駅員として余生を過ごしている。

　展示運転は廃線を利用した運転とはいえ、安全を第一に考えた鉄道運行である。そこで保存会も現役当時の片上鉄道に近い形で組織体制を整え、「コトラ」「ホトフ」もこの組織の一員として活躍している。まさに保存会の一員として、廃線になった片上鉄道のレール

＊コトラ：「コト」はばら積み貨物用途で標記トン数が15ｔおよび17ｔと併記された無蓋車（屋根のない貨車）、「ラ」は積載重量17ｔから19ｔを意味する国鉄貨車の分類名で、車両には「コトラ」と表記された。
＊ホトフ：「ホ」はボギー車、「ト」は無蓋車、「フ」は緩急車（ブレーキ装備あり）を意味する下津井電鉄など私鉄貨車の分類名。

の上に老朽化した車両を「一日でも1mでも長く走らせたい」という保存会が一体となった活動の一翼を担っている。

ところで鉄道ファンはご存じだが、「コトラ」は国鉄貨車の種類や形態を示す分類名にちなんで名づけられ、鉱石輸送全盛期には国鉄からこうした貨車が乗り入れたことに由来している。また「ホトフ」は吉ヶ原駅と兼任で活躍する下津井でかつて使われた貨車の分類名にちなみ、前任コトラに倣って名付けられた。当時のにぎやかさにはかなわないまでも、月一度の展示運転に毎回約250人が集まる。「コトラ」「ホトフ」が片上鉄道の雄姿を維持するために果たす重要な役割は一層大きくなるとともに、彼らの存在は今や地域の貴重な財産になっている。

吉ヶ原駅ホームの安全確認をするコトラ
写真提供：片上鉄道保存会

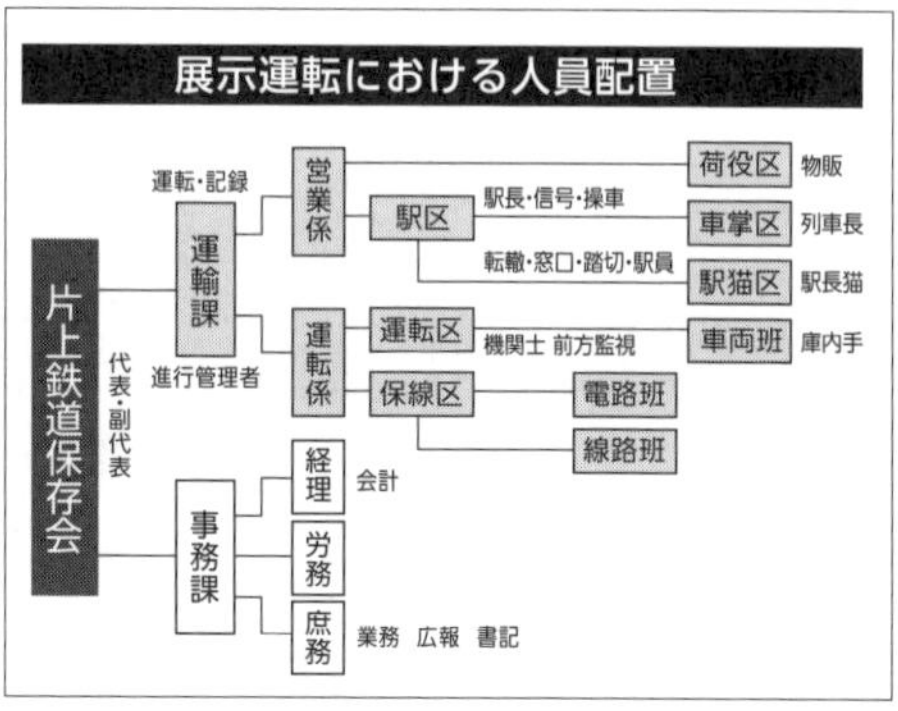

地域住民のサポートと地域の盛り上がり～JR西日本芸備線志和口駅～

岡山県の備中神代駅から広島県の三次駅を経て広島駅に至る芸備線で、三次駅と広島駅のほぼ中間点に位置するのが志和口駅である。東広島市の志和町に至る経路の入口に位置していることから、この地名が付いたといわれている。

この小さな駅で、ＪＲ非公認ながら地域の人々から「駅長」として親しまれているのが「りょうま」である。志和口駅は現在も列車が運行する駅であり駅員も業務に従事しているため、「りょうま」をサポートするのは、この駅で長年駅長を務めたＯＢの中原英起さんと周辺地区の自治会長、商店主をはじめとする人々である。「りょうま」は２０１０（平成22）年

乗客の求めに応じポーズを取る「りょうま駅長」 写真提供：中原英起

ごろやってきたオス猫。人を怖がらずすぐに懐くので通勤通学客にかわいがられていた。中原さんや近隣の人たちが世話をするうちに、手作りの制帽をプレゼントしてもらったことから、２０１２（平成24）年に「りょうま駅長」が誕生した。肩書きが付くともなるとじっとしてはいられない。駅舎だけでなく線路や沿線地域の安全も確認すべく、見回り点検を欠かさない。駅から数百ｍ離れたところまで足を延ばして、異常がないかを確認することもしばしば。「「駅長」としてこのくらいは当然！」とでも言いたげな誇らしい顔である。

そんな「りょうま」が一躍有名になったのは、２０１３（平成25）年の春くらいから。マスコミ報道で人気に火が付き、中原さんの集計によると「りょうま」を一目見ようと半年間

で３７００人以上が訪れた。広島市内とはいえ過疎化が進む地域にとって、このにぎわいは頼もしい限りである。わざわざ「りょうま」を見に来た人たちにかわいい姿を見てもらおうと、中原さんや近隣の人たちが協力して「りょうま」を中心に地域を盛り上げている。

駅構内には中原さんが手作りした「りょうま駅長の１日」のポスターが張られ、乗客を出迎えたり、駅周辺を見回ったり、陽の当たる駅のそばで昼寝したりと、さまざまな姿が見られる。最近は「副駅長」への就任が予定されているメス猫「ちび」と共に、マイペースで業務に励んでいる姿が紹介されている。

きりりとした表情で乗客を出迎える「りょうま駅長」
写真提供：中原英起

＊　　　＊

「りょうま駅長」は毎日出勤していますが、自由勤務なので不在のときもあります。もし志和口駅を訪れて見つからなければ、そのときは近くにいる中原さんに聞いてみてください。きっとすぐに勤務場所を教えてくれるはずです。でも「猫駅長」ですから業務を優先させてあげてくださいね。

参考文献

長岡靖久『我輩は駅長「たま」である』（論創社、２０１０年）

4．若桜鉄道のダイナミズム………………………米山　淳一

若桜《わかさ》との出会いとＳＬ里帰り

鳥取県との出会いのきっかけは、歴史遺産の保存活動を行うＮＰＯ団体「市民文化財ネットワーク鳥取」の理事を務める鳥取環境大学の渡辺一正教授から、「講演に来ないか」と誘われたことだった。それが縁で鳥取通いが始まり、日本の原風景を思わせる美しい歴史的景観に触れ、感動の連続だった。赤瓦や茅葺屋根の農村集落、谷筋の漁村、土蔵造りの町並みなど目を見張る美しさである。行く先々で多くの人々と交流が深まっていった。

そんな折「ＳＬを保存したい人たちがいるから会ってほしい」と声がかかり、２００５（平成17）年に訪れたのが若桜町。そこで同団体若桜支部の人々が「ＳＬの里帰り運動」を計画していた。若桜町は若桜鉄道若桜線の終点にある。

若桜鉄道隼駅

若桜線は因美線の郡家《こおげ》駅から別れて、比較的広い谷筋に開けた田園の中を通り、赤茶けた軌道が山並みのふもとに延びている。沿線には旧国鉄ローカル線時代のままの鄙《ひな》びた風景が続き味わい深い。ただ１日10往復程度の気動車が運行され、朝晩はＪＲ鳥取駅に直通運転されるため便利な反面、乗客の大部分は学生と高齢者。「採算が取れずいずれ廃線かも」との声もあったが「線路は切ったら後で後悔するよ」と私

若桜駅構内に鎮座するＣ12 167号

は即座に答えた。

しかし若桜駅には忘れかけていた終着駅の原風景が見事に残っていた。線路が消えていく行き止まりの情景がたまらない。狭い構内に転車台、給水塔、車庫が模型のようにパッケージされている。ただ何か物足りないがさて何か？　それは蒸気機関車だった。

ＳＬ里帰り計画を進める「ＳＬ保存会」のメンバーと意気投合したのも「画竜点睛《がりょうてんせい》に欠ける駅構内」であった。聞けば県境を越えた兵庫県多可町に旧国鉄若桜線時代に活躍したＣ12 167号が静態保存されているという。これを再び若桜駅構内に呼び戻すのが彼らの夢だと知った。その後一度は暗雲が立ち込めたが、若桜町を挙げて里帰りを望んでいることを知った多可町長が譲渡を決断した。決め手は約600万円もの町民の募金だった。40年ぶりに峠を越えて里帰りを果たしたＣ12 167号は、若桜駅構内の給水塔横に鎮座することになった。

発端はＮＰＯによるまちづくり活動

その後渡辺教授の企画で、林業と鉄道の復活を願う町民参加のシンポジウムが開催された。さまざまな地域資源を活用した提案が出される中で、私は若桜鉄道を丸ごと文化財にする提案をした。すでに若桜鉄道は廃線への道を進みはじめていたため、参加者の関心は高かった。そして若桜鉄道を存続させるには鉄道だけではなく、沿線の資源もセットで保全、活用を図ることが大切との結論に至った。以後こうした講演会やシンポジウムを重ねる中で、私は機関車が圧縮空気で動く話を披露した。

その後２００７（平成19）年夏、東京で会った若桜鉄道の川戸専務（当時）が、「空気で動く機関車を導入したいので、動かせる達人を紹介して欲しい」と唐突に言ってきた。本気なのか問いただすと専務は「やります」と強い意思を示した。そこですかさず達人に電話し、翌日面会する快諾を得た。すぐに群馬県川場村に向かった川戸専務のスピード感ある行動が決め手となり、蒸気ならぬ空気で動く機関車の若桜鉄道への導入が実現した。

その後「汽笛が鳴って皆喜んでいる」「若桜駅が昔のにぎわいを取り戻した」と便りが届くたびに「案ずるより産むが易し」だと感じた。何よりも実践が人の心を一つにできるのだ。これを知り国土交通省鉄道局は「地域を挙げて鉄道の活性化に尽力した」と評価し、若桜鉄道を功労者として表彰している。その記念式典のシンポジウムで私は若桜鉄道の施設、構造物の国登録有形文化財に推進する提案を行った。

若桜鉄道は文化財の宝庫

若桜駅構内を音もなく動くC12 167号は魔法にかかったか、見る方が魔法にかかったのか？空気で動く機関車は不思議な存在になった。SLならぬAL《エアロコ》は横浜に存在し、火気厳禁の

春には桜が咲き誇る若桜駅構内

製油所で昭和30年代に活躍していた。これを知ってか達人は、信越本線御代田《みよた》駅で静態保存中のD51でテストを行い、その後川場村のD51を150m動かす快挙を成し遂げている。

ALのおかげで廃線直前の若桜鉄道に光が当たりはじめ、その後に光は輝きを増す。若桜線は1930（昭和5）年の開業だが、施設、構造物は当時のままで、駅舎は木造、ホームは土盛り、橋梁はリベット止め。若桜駅構内には転車台、給水塔、物置、転轍手《てんてつしゅ》小屋、用水路などがあり、いずれも現役だ。50年以上を経たので文化財としての市民権を得ている。渡辺教授が中心となって施設や構造物の調査が行われた結果、23件の登録対象が出そろった。こんな多数での申請は前代未聞。近代化遺産（わが国の近代化に貢献した産業、交通、土木遺産）としての価値が認められ、2008（平成20）年7月、全件が国登録有形文化財になった。鉄道線では日本一の数である。廃止寸前の鉄道が国の文化財になるなど誰が想像しただろうか。だが各駅舎前にさんぜんと輝く国登録有形文化財のプレートが何よりの証拠なのだ。

廃線予定から一転元気な若桜鉄道

土日は「えらいにぎわい」となった。ALが走り沿線の施設や構造物が国登録有形文化財となって、若桜鉄道が注目を集めはじめた。隼《はやぶさ》駅でもスズキのオートバイ「隼《ハヤブサ》」の

8月8日を「隼の日」とし隼駅まつりを毎年8月に開催している

ライダーたちが全国から集まり、聖地さながらのにぎわいとなった。隼駅の世話役も来訪者の世話に忙しい毎日が続くとともに笑顔が絶えない。「休憩施設に寝台車ブルートレインが欲しい」「SLを蒸気で動かし客車列車を走らせたい」と皆が次の夢に向かってステップアップ。沿線の若桜町、八頭《やず》町の町民や行政は若桜鉄道が地域活性化の核になるかもしれないという可能性を実感しはじめていた。

　だが客車は簡単に手には入らない。そんな矢先「12系が廃車で譲渡可能」とＪＲ四国の友人から情報を得た。聞けば普通の12系ではなく、6両編成で、「ムーンライト四国」用に車内を豪華シートやカーペット敷きに改装したグリーン車仕様だ。ちょうど隼駅ではブルートレインを希望している。寝台ではないが条件を満たす車両に違いはない。

　早速関係者と高松のＪＲ四国本社を訪問。「大切にしてもらえるならいつでも転属可能」と担当者は好意的だった。現役のままの美しいブルーの車体に対面した。「若桜には立派すぎる車両」と喜びは隠せなかったが、購入の即答はできなかった。

　沿線活性化協議会では「「ＳＬの蒸気化?」が先だ」「取得経費がない」などの意見が入り乱れてなかなか前に進まない。そのたび売却予定の客車に巡り会うことがいかに難しいかを説いた。1年が過ぎ客車は半分が高知運転所に転属。もう駄目かと思っていた矢先「4両購入します」との連絡が飛び込んできた。3両は若桜鉄道で復活させ、1両は隼駅に据え付けて、ライダー用の休憩施設という勘定である。

ありがたいことにJR四国は「保存のためなら」と英断し、破格の値段での譲渡が決まった。だが難題は回送だった。JR貨物に委託するためそれなりの経費は必要だったが、町の協力も得て輸送費を確保したのである。瀬戸大橋線、伯備線、山陰本線と回送は実現し、沿線はカメラの放列となった。

C 12 167号の後ろに鮮やかなブルーの車体が美しい 12 系客車が見える

会社も車両も充実

2009（平成21）年4月、若桜鉄道がめでたく「上下分離」方式での再出発を果たした。地道な努力が実を結んだ結果、郷土の鉄道を守り抜く強力な仕組みを全国に先駆けて獲得した。それは鉄道会社が車両等の上物、行政が軌道等を面倒見る経費分担方式で会社は身軽になれる。しかし油断すれば一気に廃線が待っている。通勤、通学だけでなく、沿線の歴史や自然資源等を生かした観光鉄道としての性格を併せ持つことが存続の礎になる。全国からの支援者も不可欠で、沿線活性化協議会は戦略的な対策の検討に入った。

その点でも12系客車の導入は新たな活路の第一歩となり、２０１２（平成24）年7月3日には記念式典が盛大に行われた。

その後若桜鉄道の原卓也社長から「ディーゼル機関車（ＤＬ）があれば」と連絡を受けた。実は以前からその意見は沿線活性化協議会で聞かれた。それは復元に費用を要するＳＬではなく、ＤＬが客車を牽引して勝算ありと考えたからである。

出物情報が入ればすぐに対応したが、予算もあり踏み切れないでいた。そんな矢先「ＤＤ16形を保存できないか」との打診があった。それは国鉄簡易路線用に開発された珍しいＤＬだった。現役のものは会社線の貨物輸送で知られるが、旅客列車の牽引は全国でも皆無。若桜鉄道での12系客車牽引が実現すれば唯一の事例となり、有意義な動態保存となるのだ。

即座に原社長らと所有者を訪れ、譲渡可能と快諾を得た。これを受け沿線活性化協議会も若桜町も搬入を決め、２０１３（平成25）年4月、ＤＤ16形が到着した。若桜駅構内は終着駅の歴史的景観が一段と整い、町の人々も新たな仲間の登場に大満足だった。

こうして若桜鉄道は元気を取り戻し、今やその知名度は全国区となった。ダイナミックに変貌した若桜鉄道が今後も地域に愛されて誇りとなり、長く存続することを期待したい。

堂々たる姿を見せるDD16形ディーゼル機関車

第2節

鉄道遺産の活用法

～廃線と跡地活用のヒント（他地域の事例から）～

1．トロッコ列車、サイクリングロード、遊歩道の事例　…　森口　誠之

ローカル私鉄の廃線が進められたのは１９６０年代になってからである。１９８０年代には国鉄合理化の影響で国鉄の赤字ローカル線の廃止も進められた。

鉄道跡の多くは道路や住宅地、公共施設、公園などに転用されている。ただレールが撤去されただけでそのまま放置されているケースが少なくない。橋梁や高架橋の撤去には億単位の経費がかかる。維持管理をしている自治体としては困った話だ。

一方この十数年、全国各地で線路跡の有効活用に向け、さまざまな事業が展開された。自治体は「鉄道遺産」を使って観光客を誘致し地域の活性化につなげようと考えた。負の遺産からプラスを導き出す逆転の発想だ。近年の「鉄道ブーム」で鉄道への関心がファン層だけでなく一般層にまで広がったことも大きい。

本稿では「鉄道遺産」を活用している他地域での取り組みの中から、「鉄道事業としてのトロッコ列車」「遊覧鉄道としてのトロッコ列車」「サイクリングロード」「遊歩道」の四つの方向性と実例を紹介し、導入に至る課題を整理したい。

①廃線跡でトロッコ列車を走らせる事例

毎日数千人の観光客を集める京都と門司港のトロッコ列車

集客を考えると、観光トロッコ列車の運転は期待できる。有名なのは黒部峡谷鉄道（富山県）と大井川鐵道井川線（静岡県）、共に貨物線を活用して始めたもので半世紀以上の歴史がある。ＪＲ釧網《せんもう》本線（北海道）など現役のローカル線で走らせるケースも増えた。

最近は一度廃止された路線がトロッコ列車専用の鉄道として再整備されることもある。嵯峨野《さがの》観光鉄道（京都府）トロッコ嵯峨駅―トロッコ亀岡駅間7㎞が名高い。

明治時代に敷設された山陰本線の一部で、京都有数の景勝地である保津川に沿って走る列車からは、四季の変化に富んだ車窓を楽しむことができた。ただ、山陰本線の電化、高速化工事に合わせて新線ルートに付け替えられることになる。廃線でその風景が失われるのを惜しむ声が出てくる中、１９８９（平成元）年3月で嵯峨―馬堀間の運行は終わった。

京都有数の観光名所、嵐山から渓谷沿いを行く嵯峨野観光鉄道トロッコ列車

その後ＪＲ西日本は廃線跡で観光事業を展開できないか検討を始める。子会社として嵯峨野観光鉄道を設立し、2年後の１９９１（平成3）年4月からトロッコ列車の運行を始めた。当初年間需要予測は16万人とされ事業性に不安視もされたが、近年乗客数は年間90万人前後（年に約9か月営業）で推移し、繁忙期

北九州市の門司港地区を走るトロッコ列車「潮風号」　写真提供：平成筑豊鉄道

である紅葉シーズンだと平日でも1日７０００人を超える。

九州で人気を集めるのは門司港レトロ観光線（福岡県）だ。鹿児島本線の起点、門司港駅に隣接する九州鉄道記念館駅を起点に関門海峡めかり駅までの２㎞の路線をトロッコ列車が行き来する。北九州市が有数の観光地となった門司港レトロ地区の魅力をさらに高めるために企画した観光鉄道で、市が貨物線跡を整備し直し、２００９（平成21）年から観光用のトロッコ列車の運行を始めている。２０１２（平成24）年度の乗客数は14万人（年に151日営業）と当初目標の10万人を超えている。

トロッコ列車が集客に成功した背景

京都と門司、二つの観光鉄道が観光客誘致に成功した勝因は何だろうか。一番大きいのは国内有数の観光地を近くに抱えている点だろう。嵯峨野、嵐山の集客力は今さら説明する必要もない。門司港レトロ地区も年間200万人を超す観光客を集める人気スポットだ。

ツアー利用のみならず個人客の利用が多いのも特徴である。旅行ガイドブックやテレビや雑誌の情報コーナーで取り上げられる機会が多く、訪問客の認知度も高い。外国人観光客の利用も目立つ。中国語、英語、フランス語、タイ語とさまざまな言語が飛び交っている。海外の著名なガイドブックで紹介されている。

嵯峨野観光鉄道はＪＲ西日本の関連会社であることを最大限に生かしている。運行整備に経費のかかるディーゼル機関車はＪＲと同タイプのもので、重要検査や予備機の調達をＪＲに依頼できる。利用者がＪＲ西日本の駅などでチケットを買える点は大きい。

嵯峨野観光鉄道は親会社であるＪＲ西日本と連携しながら集客に努める

門司港レトロ観光線で注目すべきなのは、設備の維持管理を担当する北九州市との関係である。トロッコ列車の広報は北九州市の観光施策と一体化して推進されている。人気観光地として注目を集める門司港駅前のレトロ地区と関門海峡を一望できる和布刈《めかり》地区との間をトロッコ列車でつなぐことで、「両拠点間の移動を容易化」「観光客の周遊性の向上」「和布刈地区の観光客増加」を目指す市の政策意図が計画の根底にあった。

鉄道事業としてトロッコ列車を運転する難しさ

近年トロッコ列車など観光目的の鉄道営業を検討するグループは増えている。ただ国土交通省の許可を得て鉄道を運営するのは容易ではない。事業者は鉄道事業法に基づき国土交通大臣に鉄道事業許可申請書を提出しなければならないのだが、事業基本計画、事業収支見積書などの作成に膨大な手間と時間と費用を要するからだ。

国は２０００（平成12）年の鉄道事業法改正で「特定目的鉄道事業」制度を設けた。観光に特化した鉄道計画には事業許可基準を緩和し、経営面や計画面でのハードルを低くした。ただこの特別措置が適用されているのは門司港レトロ観光線のみ。信越本線横川―軽井沢間跡（群馬県）、高千穂鉄道跡（宮崎県）などを抱える地域でも同制度での鉄道事業を検討されたが、実現しなかった。このスキームを使うと普通の鉄道事業より事業許可関係の書類は少なくて済むが、安全性に関しては従来の鉄道と同様のレベルが求められる。信号など保安システムには経費もかかる。公道と交差する踏切の設置に関しては、警察も国交省も難色を示す。政府が踏切で発生する交通事故の減少を目指して踏切道の除去を推進しているからだ。観光目的の鉄道事業でも踏切の新設は難しい。

敷地内の運行に限定した「遊覧鉄道」としての整備

トロッコ列車の運転を企画する場合、「遊覧鉄道」として整備する選択肢もある。公園内施設を走る「遊覧鉄道」扱いのトロッコ列車はこの数年で急激に増えている。トロッコ列車や鉄道車両は「遊戯施設の乗り物」、廃線跡のレールは「公園」とみなし、公園敷地内での運行に限定した設備と読み替える考え方だ。169ページで紹介された岩日北線《がんにちきた》の「とことこトレイン」（山口県）も同様だ。未成線跡は「岩日北線記念公園」、跡地を走る車両は「岩日北

遊覧鉄道としてトロッコ列車を運行している実例

区分	名称（施設団体等）	道県	利用路線	内容
実物車両型トロッコ列車（実際使っていた車両を使用）	丸瀬布《まるせっぷ》森林公園いこいの森	北海道	旧上武利森林鉄道	蒸気機関車雨宮 21 号などによる客車の牽引。実物車両を活用したトロッコ列車の運転は国内初
	羅須地人鉄道協会	千葉県		成田ゆめ牧場（観光牧場）で狭軌（660mm）の蒸気機関車やディーゼル機関車を動態保存している鉄道ファンたちの組織
	赤沢森林鉄道	長野県	旧木曽森林鉄道	ディーゼル機関車がトロッコを牽引し休養林を走る。平成以降新製された機関車中心だが現役当時の機関車も動態保存
	王滝森林鉄道			松原停車場跡近くの公園で現役当時の機関車や客車を動態保存。3年に一度、鉄道趣味グループと地元が協同で実施する運転イベントは必見（次回は 2016（平成 28）年）
	熊野市ふるさと振興公社湯の口温泉	三重県	旧紀和鉱山軌道	蓄電池機関車が牽引するトロッコが鉱山鉄道用の長いトンネルを走る。終点の立ち寄り温泉も人気
	明延一円電車	兵庫県	旧明延鉱山軌道	当時の客車を敷地内で実際に走らせるイベントが月に 1 度実施される。路線延長の構想もあり
疑似車両型トロッコ列車（実物を模した新製車両を使用）	小樽市総合博物館	北海道	旧国鉄手宮駅跡	100 年以上前に製造されたアメリカ製蒸気機関車アイアンホース号（現地の遊園地仕様に改造されたものを輸入）が旧小樽交通記念館内を走る
	足尾銅山観光	栃木県	旧足尾銅山の軌道	日光市足尾町にある銅山跡や坑道を使った博物館施設を新造されたトロッコ列車が行き来する
	碓氷峠鉄道文化むら	群馬県	旧信越本線	保線用機関車牽引の「トロッコ列車シェルパ君」、国鉄型電気機関車の運転体験
	魚梁瀬《やなせ》森林鉄道	高知県		現役当時のディーゼル機関車を模した新製機関車とトロッコ列車が敷地内を走る
	マイントピア別子	愛媛県	旧別子銅山軌道	博物館施設内を走るトロッコ列車。実際に使っていた鉄橋やレールを行くのが見物
体験型トロッコ列車（軌道自転車などを使用）	トロッコ王国美深	北海道	旧国鉄美幸線	軌道トロッコ（自転車式と自動式）、改造された大型トロッコタイプ。体験型トロッコの元祖
	ふるさと銀河線りくべつ鉄道	北海道	旧ちほく高原鉄道	気動車の乗車体験や運転体験が目玉だが軌道トロッコの運転体験もできる
	大館・小坂鉄道レールバイク	秋田県	旧小坂鉄道	軌道トロッコ（自転車式と自動式）の運転
	レールマウンテンバイク	岐阜県	旧神岡鉄道	自転車などを改造した自作トロッコの運転体験や乗車体験
	高千穂あまてらす鉄道	宮崎県	旧高千穂鉄道	軽トラック改造のスーパーカートで高千穂橋梁などを往復

線記念公園内遊覧車」として、列車型の車両はあくまでも遊戯施設であるとみなされている。鉄道事業ほど厳密な安全性や事業遂行能力を求められるわけではなく、経費の抑制につながる。持続的な運営を続けるための計画も立てやすい。

長野県の王滝森林鉄道は木曽森林鉄道当時の車両を動態保存運転している

人気が高いのは本物の機関車を使う「実物車両型トロッコ列車」だ。現地を走った車両がトロッコとして運転される物語性が訪問客を魅了する。半世紀以上前に使われていた車両を維持管理するには、巨額の費用と長い時間、そして技術を持つスタッフが不可欠だ。意欲的な地域住民や鉄道ファンが手弁当で参加して動態保存車を運行している王滝《おうたき》森林鉄道（長野県）は注目されている。

近年は手作り感満載の体験型トロッコ列車が人気

往年の機関車やトロッコを模した乗り物が公園や博物館内を走る「疑似車両型トロッコ列車」も見かける。１９９０年代、過疎に悩む自治体が行政から補助金を受けたり地方債や地方交付税を活用して整備した。ただ自治体の財政的余裕がなくなった上、運営費や修繕費がかさんだり、利用者が伸び悩んだりして事業を縮小したケースも出ている。

近年注目されているのが「体験型トロッコ列車」である。エンジン付き（あるいは自転車風）のトロッコで実際使われたレールの上を走る体験ができる。国内初の体験型施設となったトロッコ王国美深《びふか》がオープンしたのは１９９８（平成10）年。都市部や有名観光地から外れた場所に立地するが、今では毎年１万人

トロッコ王国美深のエンジン付きトロッコ（軌道自動自転車）　写真提供：美深町

を超える利用者を集めている。美深町随一の観光地となり、役場も設備の増強や広報に力を入れている。その後北海道、秋田、宮崎と類似施設が出現している。検討中の地域も多いようだ。実際に準備するのはエンジン付きの自転車やバイク。本物の鉄道や鉄道風遊具と比べると導入費用を安く抑えることができる。

いずれも鉄道が廃線になってしまうほどの過疎地域である。集客や周辺施設との連携をどうするのか。認知度を上げる工夫が必要なのだが意外に軽視されている。ホームページを閲覧しても営業日やアクセス方法など基本的情報すら分かりづらい施設、ネット上でまったく情報発信していない施設もあるが、それでは誰にも存在を気付いてもらえない。道の駅や公共交通機関、観光施設と連携し、一体化した広報活動は必須である。

②廃線跡を活用したサイクリングロードと遊歩道の整備

廃線跡をサイクリングロードにして活用できないか

廃線跡の活用方法として、サイクリングロード（自転車道）や歩道に転用したケースもある。住民の利便性を考えると自動車道への転用が望ましいが、単線区間の幅員は狭い。自動車が走れるようにするには用地買収などで巨額の費用がかかる。一方自転車道なら、路盤をアスファルト舗装し、駅跡に公園や休憩施設を設ける程度で済む。

廃線跡を活用したサイクリングロードが出現したのは１９７０年代である。政府は自転車道の整備等に関する法律を定め、国民の交通安全や健康増進に生かそうと自転車専用道の建設を推進した。１９７３（昭和48）年から大規模自転車道の整備を始め、観光施設やレクリエーション施設を結ぶ数十㎞の専用道が全国各地に誕生した。

鉄道廃線跡の一部も自転車道に転用される。サイクリングロードを地域おこしの手段と考える自治体も現れた。観光地に近ければ訪れる行楽客の利用が期待できる。休憩施設や宿泊施設の整備にも補助金が交付されるようになったことが大きい。

大分県のメイプル耶馬《やば》サイクリングロードは、１９７５（昭和50）年に廃止された耶馬渓鉄道跡の中津駅跡と終点の守実《もりざね》駅跡との間35㎞に整備された自転車道（大分県道中津山国《やまぐに》自転車道）だ。山国川沿いに続く景勝地を望みながら耶馬渓や青の洞門といった有名観光地を訪れるコースで、地元住民だけでなく観光客の利用も多かった。廃線跡ブームで、鉄道跡に点在する橋梁やトンネル、駅舎なども再評価されるようになった。福岡方面からのドライブで立ち寄りやすいのも強みだ。

京都府丹後地域の加悦鉄道跡は加悦岩滝自転車道線として整備された

鉄道廃線跡を活用したサイクリングロード

廃止前路線名	道府県
国鉄湧網線	北海道
夕張鉄道	北海道
花巻電鉄	岩手県
国鉄日中線	福島県
羽村山口軽便鉄道	東京都
静岡鉄道駿遠線	静岡県
国鉄北陸本線旧線	新潟県
加越能鉄道加越線（未成線）	富山県
北陸鉄道能登線	石川県
加悦鉄道	京都府
国鉄鍛冶屋線	兵庫県
土佐電気鉄道安芸線	高知県
山鹿温泉鉄道	熊本県
妻線	宮崎県
鹿児島交通	鹿児島県

茨城県の筑波《つくば》研究学園都市に近い「つくばりんりんロード」もその一つだ。茨城県道桜川土浦自転車道線の敷地、1987（昭和62）年に廃止された筑波鉄道の跡地である。土浦市と岩瀬駅跡との間40㎞が大規模自転車道として整備された。市街地に近いこともあって、通学で行き来する高校生たち、サイクリングやジョギング、犬の散歩をしている住民をよく見かける。高速走行が可能なロードバイクで走り抜ける人たちもいる。鉄道が走っていた廃線跡だから勾配やカーブは緩やか。自転車乗りとしてはスムーズに走りやすい。

市街地や観光地で整備される遊歩道を歩こう

都市部や市街地に近いところだと遊歩道として整備されるケースもある。

遊歩道になった大阪の淀川貨物線跡。市民の憩いの場としても重宝される

大阪市内の繁華街に隣接する淀川貨物線跡（1985（昭和60）年機能停止）もその一つだ。市が跡地を買収して遊歩道として整備し、スペースに余裕のある場所には公園を設けた。周辺は通行量の多い幹線道路や狭い道路が錯綜《さくそう》している上に、緑が少ないエリアであったため、住民の希望に応えた形になる。横浜市が東京急行電鉄東横線跡（神奈川県）で整備した東横フラワー緑道も似たようなケースである。

観光地では廃線跡を使った遊歩道での散策自体が観光資源とな

る。成功事例は横浜市が国鉄高島線跡などに整備した山下臨港線プロムナードだ。国鉄末期に廃止された貨物線跡が遊歩道に生まれ変わり、みなとみらい21やレンガ倉庫、山下公園などの観光スポットを結ぶルートとなった。当時の橋やレールの上を歩けるようにして往時の雰囲気を残し、由来を説明する案内板を多数設置する。単なる遊歩道整備だけに終わらず、利用者の興味を引き出す工夫を凝らすことで、「鉄道遺産」としての物語性を加味させる。

　山間の廃線跡区間を遊歩道として再生したケースとして、宝塚市の福知山線旧線跡（兵庫県）生瀬《なまぜ》—武田尾《たけだお》間６㎞も興味深い。明治時代に敷設された路線で列車が運行を終えたのは１９８６（昭和61）年。当時の国鉄が複線電化対応の新ルートを敷設し線路を切り替えたため宙に浮いたのだ。武庫《むこ》川沿いの風光明媚な眺めを楽しめたため惜しむ声も出た。

枕木や橋梁も残る福知山線旧線跡は関西近郊ハイキングの定番となった

　廃止後、敷地に無断で侵入するハイキング客が絶えなかった。枕木やバラストの上を歩き、トンネルを懐中電灯で照らしながら、武庫川をまたぐ鉄橋を渡って川のせせらぎに耳を澄ませる。探検気分は人々を魅了し、口コミで伝わっていく。跡地を管理するJR西日本は渋い顔をしていたが、行楽シーズンの週末になると、生瀬駅や武田尾駅には毎日数百人単位のハイキング客が押し寄せてきた。その後、宝塚市が敷地を引き継ぎ、桜の植樹やベンチの整備などを行い、廃線跡はハイキングコースとして開放されている。

中央本線旧線跡の高蔵寺《こうぞうじ》（愛知県）―多治見《たじみ》（岐阜県）間の愛岐《あいぎ》トンネルも注目されている。1966（昭和41）年の複線電化で用途を終えて放置されていたが、地元住民たちが庄内川沿いの渓谷美を評価しはじめた。NPOのボランティアで草木が刈り取られ、2008（平成20）年以降、一般公開されるようになる。多い日は5000人を超える参加者があった。

愛岐トンネル廃線跡の維持整備にはNPO団体など地元の協力が大きい

③廃線跡を活用する際に考えておきたい三つの視点

廃線跡活用事業にも費用対効果の分析と戦略的施策が大切

こうして平成になってから二十数年余り、全国各地で鉄道廃線跡を活用した地域おこしが検討され、実践されてきた。その過程で浮き彫りにされてきた課題について3点指摘しておきたい。

まず廃線跡を使った地域活性化の事業性の検証についてである。

運営や整備の主体となる自治体の財政状況は近年極めて厳しい。国からの補助金は期待できない。特に数億円単位の整備費がかかるトロッコ列車の運転は容易ではない。首長や地域有力者の思いつきで進められ頓挫したケースもある。

２００６（平成18）年に廃止された神岡鉄道では、当初廃線跡で本物の気動車を観光列車として走らせる構想が検討された。当時の飛騨《ひだ》市長は導入に熱心で、企業の寄付と市費を投じ、「鉄道車両を走らせて、トロッコの乗車体験もして」と夢は広がった。だが2年後の市長選挙で観光鉄道化に反対した対立候補に敗れて頓挫する。利用予想も収益確保の見通しも立たないまま事業計画を進めて足をすくわれた。

サイクリングロードでも同様だ。先述した筑波鉄道跡だと1㎞当たり約2億円の整備費を投じたという。他地域でも同程度の経費はかかっている。巨額を投じて自転車道を整備しても利用者をほとんど見かけないケースも珍しくない。近年公共事業評価を算出する自治体が増えてきたが、サイクリングロード事業の費用対効果算出マニュアルはないとも聞く。

「地域づくり」や「夢」、「情熱」は大切だが、億単位の投資に対して費用対効果を厳しく吟味する作業が大切だ。住民にもプラスとマイナスの両面を示す必要がある。

正直、トロッコ列車を走らせたり自転車道や遊歩道として整備するだけでは採算性は見込めない。観光客数の増加、経済波及効果にも限界はある。事業ありきできちんと議論をせずに整備してしまうから、完成後のＰＲ活動がおろそかになる。他の観光資源や民間活力と組み合わせてどのように活用するのか。戦略的に振る舞うことが大切だ。

整備した後の維持費をどのように考えるのか

二つ目に廃線跡を活用した後の維持費についても考えなければならない。

昭和期に廃線跡を自転車道として整備した後、沿線自治体が活用する意欲を失って放置状態のところも少なくない。現地に行くとレンタサイクルの営業が休眠状態で利用できなかった経験もある。舗装がはがれている路面、故障したまま放置されたトイレ、雑草だらけの駅跡の公園もある。自転車道と同時に整備した宿泊施設やレクリエーション施設を閉鎖しているところもある。利用者が少なかったり、財政難で運営費が捻出《ねんしゅつ》できなかったり、市町村合併や世代交代で関心が薄れたり、さまざまな理由があるのだろう。

また廃線跡が土砂崩れや風水害にあう事例もある。

先に紹介した耶馬溪鉄道跡のメイプル耶馬サイクリングロードは、執筆している2014（平成26）年1月段階では多くの区間で通行止めになっている。2012（平成24）年の水害で路盤や路肩、法面の崩壊が起きた上に、いくつかの元鉄道橋の橋脚が流出したからだ。大分県土木事務所の手で復旧工事が進み、2014（平成26）年春に再開すると伝えられているが、被害額は5000万円と見積もられている。

遊歩道として整備した福知山線や中央本線でも、ハイキング客の安全確保は課題になっている。100年以上前の路盤や設備がいつ崩落するか誰も予想できない。ＮＰＯやボランティアの手に余る問題だ。現役の鉄道路線であってもＪＲ三江線《さんこう》（広島県、島根県）や山口線のように災害で長期運休を強いられているケースがある。山間部や川沿いの区間の法面や路肩、鉄橋がそうしたリスクで寸断される可能性も頭に入れておくべきだ。

廃線跡活性化事業を持続させるためには住民参加が必要

最後に地域の住民や企業に参加してもらえる仕組み作りの必要性だ。以前は自治体や外郭団体が整備を行い事業の運営も担うケースが多かったが、最近はＮＰＯや住民組織が参画するケースも目立つ。

平成筑豊鉄道門司港レトロ観光線運営の力となるボランティアスタッフ

たとえば門司港レトロ観光線では、ボランティアスタッフが週末に手弁当で参加して利用者の誘導や運営に当たる。恒常的に説明会を行い、知識や業務内容の伝達に努めている。他鉄道で実務を経験した人も積極的に参加するという。企業のサポートも大きい。平成筑豊鉄道が運営に参加してくれた上に、機関車は南阿蘇鉄道（熊本県）、客車は島原鉄道（長崎県）から譲り受けた。広報宣伝はＪＲ九州のバックアップがある。ネーミングライツを導入するなどの工夫もされている。

神岡鉄道跡を抱える飛騨市はどうか。先述のような地域対立で鉄道車両の運行を実現できなかったが、その後事業を大きく見直し、２００９（平成21）年、軌道自転車（レールバイク）の体験運転「レールマウンテンバイク　ガッタンゴー」を始める。運営はＮＰＯ法人に委ねられている。ＰＲ活動やメディアへの露出も積極的に行い、年間2万人を超える利用者を集めるに至った。彼らの協力があって初めて事業化できたともいえる。

なぜ住民参加を促進しないといけないのか。事業者としては運営費や人件費を抑制できるメリットはあるが、それだけでは地道な活動は長続きしない。役所が観光客誘致を叫べども、他人事と感じている市民が多いと盛り上がりに欠ける。地域づくりに「鉄道遺産」を活用する目的は何か。自治体が参加意識を促し関心を高める作業を続けることが不可欠である。住民や関係者そして訪問客に設備をアピールするためには、鉄道と地域をつなげる「物語性」を付与することが大切だ。

神岡鉄道の廃線を活用した「レールマウンテンバイク　ガッタンゴー」　写真提供：飛騨市

中国地方でも動態保存列車の運転や自転車道の活用に精力的な片上鉄道跡、自治体とタイアップして蒸気機関車の運転を検討している若桜鉄道など注目すべき動きがある。一方で予算不足で自転車道整備構想の計画が進まない可部線のような事例もある（209ページ）。今後の展開に期待したい。

2. 鉄道線工事中にバス道路に転用した阪本線（五新線）…　三宅　俊彦

阪本線（五新線）の歴史

五新線は１９２２（大正11）年４月11日、法律第37号で公布された改正「鉄道敷設法」別表の本州ノ部の82「奈良県五条ヨリ和歌山県新宮ニ至ル鉄道」として、奈良県五条から紀伊半島を縦断して和歌山県新宮を結ぶ予定線で、将来は阪神地区と南紀を結ぶ短絡線として期待された。大正時代から地元では起点と終点の都市の頭文字を取り五新線と呼び、沿線住民は五新鉄道期成同盟会を組織し、鉄道敷設の運動が続けられていた。この運動が一部実を結び、遠大な計画のうち奈良県側の阪本線五条─阪本間は１９３７（昭和12）年６月に建設線に昇格し、１９３９（昭和14）年１月に４工区に分け着工、１９４１（昭和16）年９月に第一工区の五条─生子《おぶす》間の路盤工事が完成していた。しかしながら第二次世界大戦勃発により、第二工区から第四工区の工事は全面的に中止となった。

阪本線（五新線）と転換されたバス専用道路

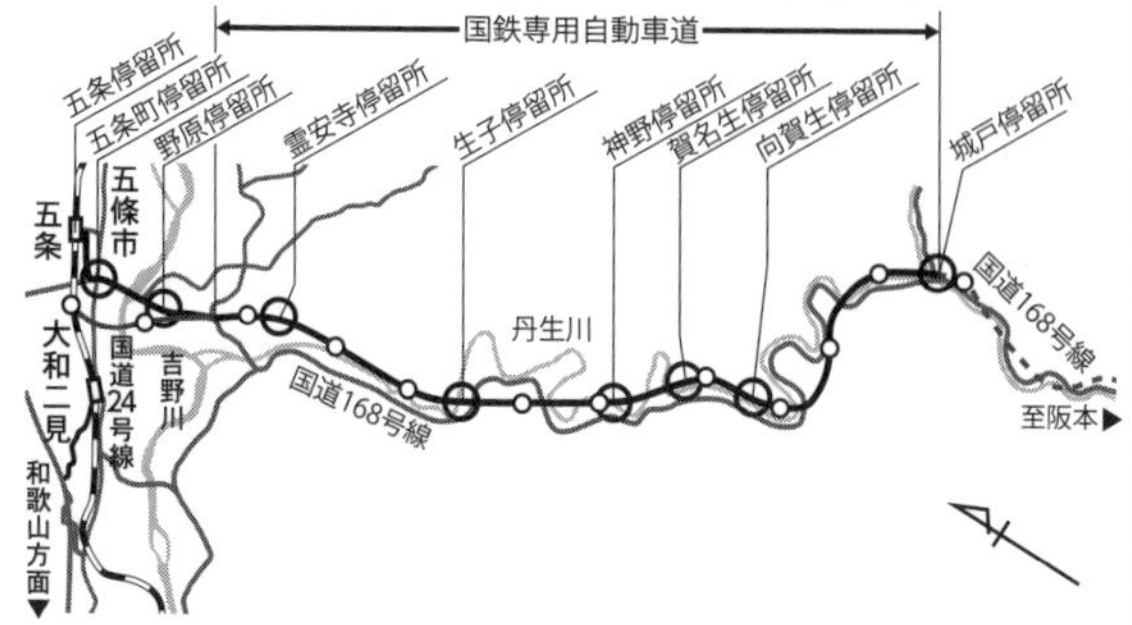

国鉄バス阪本線開業記念のしおり

戦後1951（昭和26）年6月、建設審議会の議決で第二工区から第三工区の生子―城戸《じょうど》間の工事が再開され、1957（昭和32）年7月に路盤工事に着手し、1960（昭和35）年2月に竣工した。地元からは引き続き城所―阪本間の早期着工の要望が出されたが、逆に国鉄からは五条―城戸間で国鉄バス運行計画が提示された。これに対し地元では鉄道推進派とバス推進派の対立が続き、さらに近畿日本鉄道や南海電気鉄道の大阪市内乗り入れ計画が発表されるなど決着がつかなかった。ようやく1962（昭和37）年3月、第35回鉄道審議会で、城戸―阪本間は天辻《てんつじ》峠の難所を縦断する長大な天辻隧道を掘削しなければならず、相当の時間と予算を要するため、すでに完成している五条―城戸間の鉄道の路盤を有効活用し、バス専用道路に改良して国鉄バス阪本線として利用するのが適当と建議された。工事区間は起点の五条起点2・6㎞から終点の11・7㎞の城戸までの9・1㎞で、隧道（トンネル）は生子隧道（832ｍ）ほか5か所、橋梁が10か所ある。1964（昭和39）年1月、自動車道路として路盤をアスファルト舗装し路面を増強、橋台橋脚の補強を施工し、1965（昭和40）年7月10日に開通した。将来新宮まで鉄道が開通したときには、舗装をはがせば鉄道として利用できるようになっている。開通した阪本線は五条から2・6㎞までは2級国道168号を利用、以後11・7㎞の城戸までは国

バス専用道の城戸停留所（現在は奈良交通が営業）

鉄の専用自動車道路の利用により1日15往復の運転を開始した。これにより五条—城戸間は約３㎞短縮され、所要時間も約20分短縮される。

引き続き城戸—阪本間の工事が進められたが、その後工事は凍結される。国鉄分割民営化に伴い西日本ＪＲバスに引き継がれる。旧国鉄に限れば戦時中撤去した福島県の白棚《はくほう》線磐城棚倉—白河間の路盤を活用し、専用自動車道として１９５７（昭和32）年４月26日に開通した白棚高速線の例があるが、阪本線は未成線の鉄道路盤をバスが営業する唯一の例である。

阪本線の探訪

奈良県南西部の五條市は吉野川沿いの北岸条里の五条に由来する。和歌山線五条駅から真っすぐ南へ、国道24号を右折して西へ10分ほど歩いた桜井寺の石段を上ると、代官所長屋門が見える。その手前右側には「金剛・ハロー号」と称する旧国鉄８６２０

五條市街地の線路のない高架橋

五條市街地の工事が中断された高架跡

形の78675号機が保存されている。ここから徒歩10分足らずの五條市新町には、大きなコンクリートの新町高架橋が目に入る。どこかへ向かう高架の鉄道が走っているのだろうか。実際にはこの高架橋に沿った道を北へ向かって上り、辺りを見回すと高架橋には線路が見当たらず、工事を中途で放棄した未成線であった。道路を1本越すと和歌山線の線路が見えてきた。和歌山線と分岐する地点から、アーチ橋で吉野川を渡って果てしなく続く高架路線は新宮を目指す予定であったが、工事を中断したため線路は敷設されずケーブル類が架設されるにすぎない。*再び国道へ戻りなるべくアーチ橋に沿って吉野川の方向へ歩を進めた。長さは300mくらいあり、アーチ橋の両側は住宅が密集している。地図に描かれている通りに、アーチ橋は吉野川の手前で切れていて渡れない。戦前に建設されたこのアーチ橋は、今となっては無用の長物になっている。これを解体撤去して新しい用地を生み出し活用したいところであるが、その費

吉野川手前までのアーチ橋

路面電車風の停留所

役場職員用駐車場となった高架跡

＊国道24号をまたぐ部分は2011（平成23）年12月に撤去された。

用を捻出できず今日に至っている。

道路橋で吉野川を渡って、霊安寺《りょうあんじ》付近から国道を離れ、未成線がバス専用道路として使用されている。鉄道は単線で工事を行っていたため、所々行き違うところが必要である。バス停留所は6か所で、路面電車の停留所風の低く短いホームがある。待避所が19か所ある。しばらく走ると城戸終点である。城戸のすぐ先の第九丹生《にう》川橋梁は、西吉野村役場（現在は五條市に編入）の職員の駐車場になっている。

阪本線の運行の推移と問題点

阪本線は1965（昭和40）年7月10日開通し、1日15往復の運転を開始した。当時は利用客が多く、間もなく1日30往復に増発された。しかし過疎化で利用者が減少し、2002（平成14）年10月1日からは奈良交通が営業を継承している。その際起終点を五條バスセンターに変更し、五條バスセンター―専用道城戸間4往復、五條バスセンター―専用道城戸―西吉野温泉間3往復に変更している。現在、平日は五條バスセンター―専用道城戸間3往復（土曜休日は1往復）、五條バスセンター専用道城戸―西吉野温泉間2往復（土曜休日は運休）に減少している。専用道を経由するバスの運行はわずかで、また当初の目標の五条と新宮を結ぶ鉄道に替わる奈良交通の特急バスが、新宮から五条を経由して大和八木駅まで3往復運行している。このバスは専用道を経由せず一般道を経由してい

「路線バス専用道」の表示

国道と交差し川を渡るバス専用道

る。このような状態になると鉄道の赤字ローカル線と同じ運命をたどる恐れがある。

また第二次世界大戦中に工事を進めた区間は往々にして鉄筋やコンクリートを粗悪な資材で建設された例があり、戦後の工事再開の時に補強している。

ほかの地域の例であるが、北海道函館市内に旧戸井線と呼ばれている未成線がある。この線は１９３６（昭和11）年、五稜郭―戸井間32・７㎞を着工、このうち３・３㎞を残して工事が中止になった。鉄道として一度も使用されることなく70年以上放置されている。終点付近の蓬内橋《よもぎないばし》は市道として使用されていたが、老朽化が進み、２０１２（平成24）年12月に解体され、橋を掛け替える工事が行われている。

参考文献

日本国有鉄道大阪工事局『大阪工事局40年史』（１９６８年）
日本国有鉄道岐阜工事局『岐阜工事局五十年史』（１９７０年）
『日本国有鉄道請負業史　昭和（後期）編』（日本建設業協会、１９９０年）

3. レールバイク先進国韓国の鉄道廃線利用…………………秋田　紀之

韓国の鉄道廃線化の状況

近年日本の隣国、韓国でも鉄道路線が廃止される事例が相次いでおり、その施設や跡地の利用方法は新たな課題となっている。

韓国の場合、鉄道路線（特に国営鉄道である韓国国鉄（鉄道庁）路線およびそれを引き継いだ韓国鉄道公社路線）が廃止される経緯と内容が、日本の国鉄およびＪＲとは若干異なるケースが多い。

日本ではモータリゼーション進展の影響により、１９８０（昭和55）年に制定された日本国有鉄道経営再建促進特別措置法（国鉄再建法）で廃止転換指定がされたこと、およびその後の国鉄分割民営化による経営的判断もあったことから、特定の路線全体もしくはその路線の大半が廃止される例が相次いだ。

これに対して韓国ではモータリゼーションの影響はあったものの、鉄道庁が運営する国営鉄道路線に関しては、日本のように個々の路線を精査して廃止転換するか否かを検討するような抜本的な見直しなどはされず、「国鉄」と称する組織は２００４年まで存続した。

その後２００５年に韓国国鉄は、鉄道施設を所有する韓国鉄道施設公団と鉄道事業を運営する韓国鉄道公社（ＫＯＲＡＩＬ）の二つの公企業に再編されたものの、やはり全国的な路線の廃止検討などは行っていない。

韓国で路線廃止になるケースをみると、日本と同様にある路線のすべてもしくは大部分を廃止にする例もあるが、これらの背景には産業構造の転換がある。例えば産炭地と積出港を結ぶ目的で造られた路線では、石炭から石油への燃料の転換が進んだことにより、炭鉱が閉山されることで、貨物需要や鉱山への旅客需要がなくなり、路線の全体または大部分が廃止されているものもある。だがその一方で路線廃止となるケースの大半では、ある路線の特定区間が付け替えによって廃止になるという例が１９９０年代以降相次いでいる。そしてその背景には経済発展に伴う交通インフラの高機能化、つまり高速化があった。

１９８８年にソウルオリンピックを開催した韓国は、その前後から交通インフラの整備を進め、国内移動の時間短縮を進めていった。そしてその一環として鉄道の高速化も図られた。列車を高速で走らせるためのポイントとなるのは電化と直線化だが、それはソウル首都圏を皮切りに進められた。日本と同様に国土に山が続く地形の多い韓国では、地方を走る路線は地形に沿った形で曲がりくねった道筋をたどっていたが、ソウルと地方の主要都市を結ぶ主要幹線については、こうした経路をトンネルや橋梁の構築により直線化することで走行距離を短縮化し、所要時間の短縮化を図る手立てが講じられていった。

こうして主要幹線が付け替えられ短縮化される一方で、付け替え前の曲がりくねった部分は廃線となっていった。

高速鉄道ＫＴＸの影響

高速化の流れを決定づけたのは、１９９２年に着工され、２００４年に暫定開業、２０１０年に全線開業した韓国高速鉄道（ＫＴＸ）の建設だった。韓国版新幹線といわれるこのＫＴＸは日本の新幹線とは異なり、路線の大部分を在来線と共有している（一部に専用線を採用）。それは在来線とＫＴＸで、レール間隔が同一の１４３５㎜の標準軌を採用していることによるためである。

韓国高速鉄道ＫＴＸ（Korea train express）の最新型車両
ＫＴＸ山川（サンチョン）　　写真撮影：一瀬泰啓

日本のＪＲは新幹線が標準軌を採用しているのに対し、在来線は１０６７㎜の狭軌を採用しているため、在来線を高速鉄道と兼用することはなかった。ただ近年「ミニ新幹線」と称して在来線の軌間を標準軌の幅に広げる山形新幹線（奥羽《おうう》本線）の例や、標準軌の幅に広げるとともに一部で狭軌を併設（三線軌条化）する秋田新幹線（田沢湖線、奥羽本線）の例が出てきて、在来線車両と新幹線車両の両方を運行する状況もみられる。

一方で韓国の国営鉄道はもともと大半の在来線が標準軌だったことから、そのままＫＴＸをレールに乗せることは物理的には可能だったが、高速運転をするためにはカーブの多い従来路線を利用することが不可能だったため、多くの個所で高速化に対応した路線の付け替えが必要となった。またＫＴＸが走る路線以外でも同様に高速化が目指されるようになり、主要幹線の直線化とも相まって、カーブした区間が改良され、そこが廃線となる状況が出てきている。

こうしたことから今日、路線の一部廃止区間の跡地が再利用の対象となるケースが多い。

観光レールバイク路線としての廃線利用

韓国でも日本同様に、廃線区間は一般道路や自転車専用道路に転用する例もあるが、近年脚光を浴びているのが、レールも含めてそのまま残したり、あるいは路盤を利用して新たなレールに敷き替えたりして、そこに観光レールバイクを走らせる事例である。これは日本でも一部でみられる事例ではあるが、韓国ではそれが多彩であり、距離が長いことや周辺観光施設との一体利用などが進められるケースが多く、スケールが日本の事例より大きいことが特徴である。

韓国で最初に廃線を観光レールバイク専用路線に転換した事例は、慶尚北道聞慶市《キョンサンブクドムンギョン》を通っていた韓国鉄道公社聞慶線および加恩線《カウン》が１９９３年に休止され、その一部区間を利用して２００４年に開設された「聞慶鉄路自転車」といわれている。これは高速化の影響

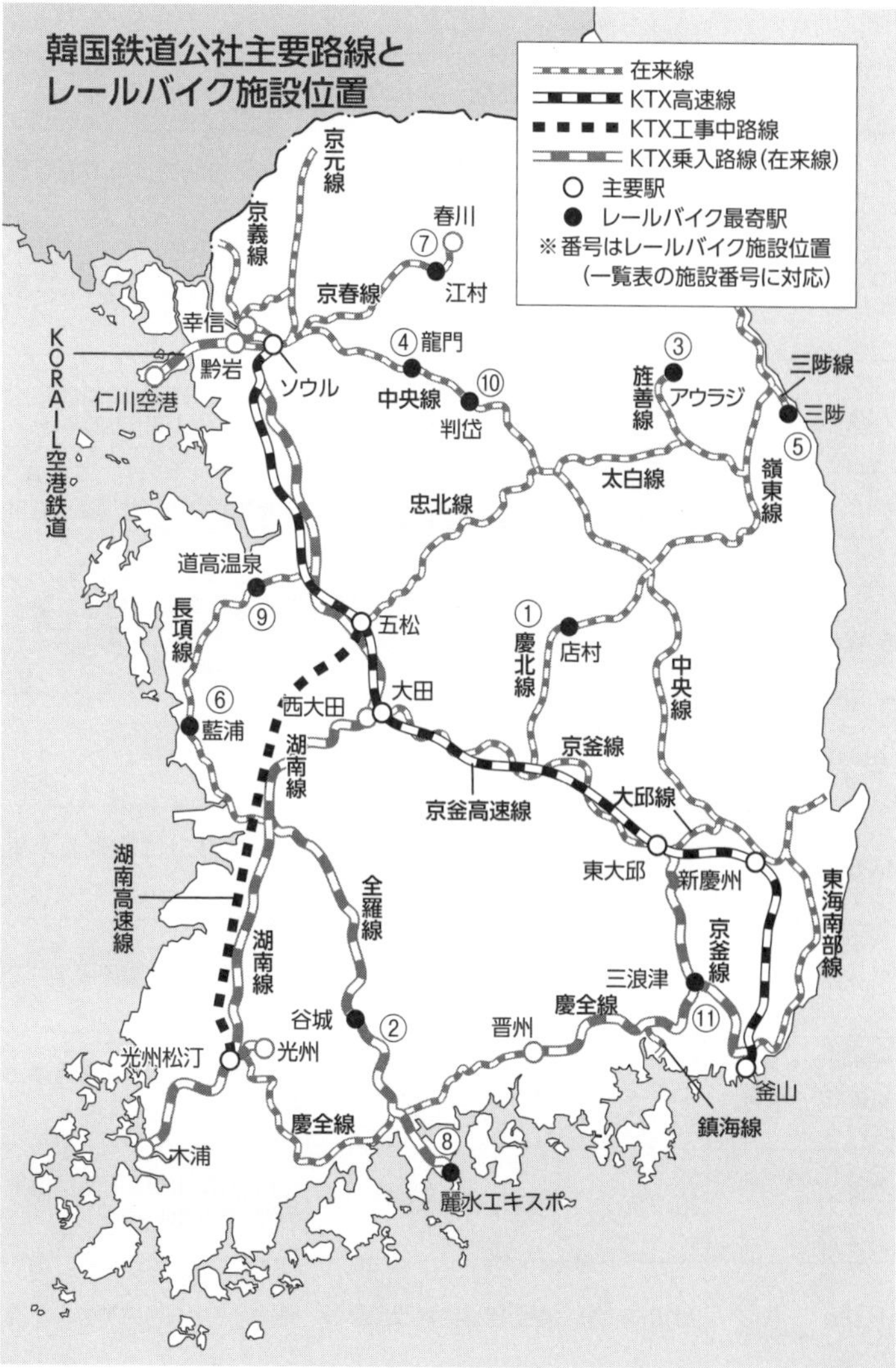
韓国鉄道公社主要路線と
レールバイク施設位置
在来線
KTX高速線
KTX工事中路線
KTX乗入路線(在来線)
主要駅
レールバイク最寄駅
※番号はレールバイク施設位置
(一覧表の施設番号に対応)
京元線
京義線
春川
⑦
江村
京春線
幸信
KORAIL空港鉄道
仁川空港
黔岩
ソウル
④龍門
中央線
⑩
判岱
③
旌善線
アウラジ
三陟線
三陟
⑤
嶺東線
太白線
忠北線
道高温泉
⑨
長項線
五松
①
慶北線
店村
中央線
⑥
藍浦
西大田
大田
湖南線
京釜線
京釜高速線
大邱線
東大邱
新慶州
東海南部線
湖南高速線
全羅線
湖南線
京釜線
三浪津
慶全線
⑪
晋州
谷城
②
光州松汀
光州
釜山
鎮海線
慶全線
⑧
木浦
麗水エキスポ

利用距離	鉄道廃止、休止時期	鉄道廃止、休止の経緯	所在地
① 2km ×往復 ② 1.8km ×往復 ③ 2km ×往復	1993年9月	石炭産業衰退により鉱山への路線としての役割が低下	慶尚北道聞慶市麻城面新峴里 126-1
5.1km	1999年	全羅線 KTX 対応直線化移設	全羅南道谷城郡梧谷面汽車マウル路 232
7.2km	2004年9月	石炭産業衰退により鉱山への路線としての役割が低下	江原道旌善郡餘糧面魯鄒山路 745（九切里 290-4）
3.2km ×往復	2009年	中央線路線改良移設	京畿道楊平郡龍門面三星里 126-5
5.4km	–	–	江原道三陟市近徳面恭讓王ギル 2（宮村）、龍化海辺ギル 23（龍化）
2.5km ×往復	2009年12月	石炭産業衰退により石炭運搬路線としての役割が低下し全線廃止	忠清南道保寧市
① 8.2km ② 8.2km ③ 7.2km	2010年12月	京春線直線化移設	江原道春川市新東面甑里 323-2
3.5km	2011年4月	全羅線 KTX 対応複線電化移設	全羅南道麗水市萬興洞 141-2
2.6km ×往復	2008年1月	長項線直線化移設	忠清南道牙山市道高面牙山湾路 199-7
① 6.5km ② 3.2km ③ 2.7km	2012年	中央線路線改良移設	江原道原州市地正面艮峴里 870／艮峴路 163
1.7km	2010年12月	慶全線線路線改良移設	慶尚南道金海市生林面馬沙里

韓国の廃線を利用した観光レールバイク

施設名称	運営主体	開設時期	廃止、休止鉄道路線名（韓国鉄道公社路線）	利用区間（コース）
①聞慶《ムンギョン》鉄路自転車	聞慶観光振興公団	2004年４月	聞慶線、加恩線	①鎮南―仏井 ②仏井―九郎里 ③加恩―九郎里
②蟾津江《ソムジンガン》レールバイク	KORAIL 観光開発㈱	2004年11月	全羅線（経路変更前旧線区間）	寢谷―柯亭
③旌善《チョソン》レールバイク	KORAIL 観光開発㈱	2005年７月	旌善線（部分廃止区間）	アウラジ―九切里
④楊平《ヤンピョン》レールバイク	㈱楊平レールバイク	2010年５月	中央線（経路変更前旧線区間）	元徳―龍門
⑤三陟《サムチョク》海洋レールバイク	三陟市	2010年７月	東海中部線（未成線区間）	宮村―龍化
⑥大川《テチョン》レールパーク	㈱大川リゾート	2011年11月	藍浦線	藍浦―玉馬（一部区間）
⑦江村《カンチョン》レールパーク	㈱江村レールパーク	2012年８月	京春線（部分廃止区間）	①金裕貞―江村 ②江村―金裕貞 ③京江を基点に周回
⑧麗水《ヨス》海洋レールバイク	麗水海洋観光開発	2012年	全羅線（経路変更前旧線区間）	麗水エクスポ―萬聖里
⑨牙山《アサン》レールバイク	牙山レールバイク㈱	2013年５月	長項線（部分廃止区間）	道高温泉―仙掌
⑩原州《ウォンジュ》レールパーク	㈱エコレジャー産業	2013年６月	中央線（経路変更前旧線区間）	①艮峴―判岱 ②桐華―艮峴(2014年8月予定) ③判岱―楊東(2015年8月予定)
⑪ハヌルレールバイク	金海市	2015年(予定)	慶全線（経路変更前旧線区間）	金海市生林面馬沙里周辺

による廃線事例ではなく、炭鉱閉山の影響で貨物需要と利用者数の減少が進んだことから、路線全体の休廃止に至ったことによる転換事例である。

またこの施設の沿線にある廃止になった駅舎は、近代文化遺産に指定されるとともに、そこにかつて走っていた列車を配置して宿泊拠点となるペンションとして営業し、さらには日本で人気を集めた「猫の駅長」ならぬ「犬の駅長」も就任し、韓国内では廃線沿線を観光リゾート化した先駆けとなっている。その後同２００４年に全羅《チョルラ》南《ナム》道《ド》谷城《コクソン》郡で、全羅線のＫＴＸ対応化による経路変更で廃線となった部分が蟾津江《ソムジンガン》レールバイクとして利用され、２００５年には江原《カンウォン》道《ド》旌善《チョンソン》郡で、産炭地への足となっていた旌善線末端部分の廃止跡が旌善レールバイクとして利用された。２０１０年代に入ってからはさらに数を増して、全国各地で廃線跡を利用した観光レールバイクが営業を開始し、そのいずれもが休日には予約でいっぱいになるほどに人気を博している。今後もこの流れは続くと予想され、新たに営業開始を予定するところもまだある。

路線上を自力で走らせるレールバイク
（江村レールパーク）

本格レジャー産業としてのレールバイクと人気過熱の問題点

韓国ではレールバイクを家族で楽しめる本格レジャーとしてとらえており、運営も地元自治体、自治体が主導する会社組織、韓国鉄道公社の関連会社、民間レジャー産業など本格的な組織が運営している。これに対して日本でみられるレールバイクは、事例も多くないことに加え、季節運営や例年のイベント開催での運営が一般的であり、組織運営の大半は非営利活動法人が主体となっている。

こうした違いの背景には日本の廃線沿線地域が一体的に疲弊してきているため、自治体自らが廃線利活用に取り組みにくく、また地域を挙げた本格的な廃線振興組織が作りにくい状況にあることや、廃線利活用のための行政支援も難しいことなどがある。

対する韓国は１９９７年のアジア通貨危機で経済が大打撃を被り、ＩＭＦ（国際通貨基金）から資金支援を受けてその管理下に入ったが、２００１年には全額返済して支援体制から脱却し経済的自立を果たした。その後は経済成長を遂げる中で、地域も自力での成長を模索する段階に入り、自治体が主導して地域の経済力を観光によって高めようとする動きにつながった。こうした中で廃線を観光レールバイクに転用する動きが始まり、成功事例が注目され、廃線のある地域では後に続こうとする機運が高まっていった。

しかしそこには問題点も潜んでいた。自治体が主導する事業の場合、巨額過ぎる投資を行う地域もあり、財政難につながる一因ともなるため、事業予算の編成に反対する動きが見られるケースもある。また廃線のない地域でもこの機運に乗ろうと、独自にレールを敷く形での開発を行おうとする自治体もあり、環境問題の視点から反対運動を引き起こすケースもある。さらにこれほどの過熱により各地に観光レールバイクが乱立することで、将来にわたってすべてが同じように人気を継続させることができるのかという心配もある。

ただそういう背景の違いや問題点があるとはいえ、線路をはじめとする鉄道インフラは新たに敷設するには巨額な投資が必要であり、一旦レールを撤去してしまえば再び利用することは困難である。よって日本でも地域にある廃線を遺物や遺産としてとらえるだけではなく、観光振興のチャンスがそこにあるととらえてもよいのかもしれない。

蟾津江《ソムジンガン》レールバイクに乗って

5月を前にしたある日、蟾津江レールバイクを体験する機会があった。たまたまこの地を訪れ、地元をよく知る知人から廃線を利用したこんな施設があると知らされ、体験を勧められたことがきっかけだった。利用にはネットからの予約が必要で、知人が前日手続きをしてくれた。飛び込みでも利用できないことはないのかもしれないが、それはよほど人出の少ない運の良い日に限られるようで、乗り場の駅に行ってみると、個人の家族客や団体客などであたりはごった返していた。

予約の時間となり、案内されて乗り込んだレールバイクは、前に二人後ろに二人が座る四人乗り。担当者の合図に従って、何台もが続いて順序よく送り出された。乗り込んだ我々は、最初は一生懸命ペダルを漕いでいたが、そのうち周りの風景に魅了されてスピードを落としていった。この地域は山間を蟾津江が流れ、そのカーブに沿って旧全羅線が走っていたところだ。川沿いにはキャンプ場や天文台もあり、空気も澄み自然豊かだ。

このレールバイク路線は単線で、沿線には色鮮やかな花が切れ目なく植えられており、花の中を進んでいる感じだ。途中には踏切もあるが、そこには係員が立って通行人を誘導したり、カメラで搭乗客の写真を撮ったりしている。小さな川が流れるところでは鉄橋を渡り、途中で風景を見るための立ち寄り駅もあった。こうして約５㎞の道程を30分かけ終点に到着した。反対向きにもう一度乗りたいとも思ったが、戻りは無料バスか同路線を別途運行している機関車に乗るようだ。

終点に向かう蟾津江レールバイク

駅の一角にはかつて走っていた客車が数台連結されてペンションとして並んでいた。時間のある人は個々に滞在し、周辺の観光をしたり、やや離れたところに位置する旧駅舎一帯を鉄道テーマパークや映画撮影所などにリニューアルした「汽車村」で過ごしたりすることもできる。今回は偶然の訪問だったので、次回はぜひ時間を取って訪問し、ゆったりと過ごしたいと思いながら、終点の駅を後にした。

4．廃止路線と廃止車両を生かした地域活動

……………浜中　裕史

ふるさと鉄道保存協会とは

ふるさと鉄道保存協会（以下保存協会）は、鉄道に関する車両や施設、周辺環境などを含めた「近代化遺産」を対象に、保存活動、調査研究、教育普及活動を行うことを目的に、関東、信越、北陸、関西、中国、九州各地の有志が結成した団体である。現在までに解体の危機にひんしていた貴重な鉄道車両を譲り受けるとともに、修復活動を通じて技術の継承、貴重な車両や部品などに関する情報の交換、活用の提案、催事の開催などに取り組んでいる。本稿では保存協会が現在までに関わっている実践事例を中心に述べていきたい。

鉄道郵便車オユ10２５６５（石川県七尾市）

明治の鉄道創業期から１９８６（昭和61）年にかけて、郵便輸送を担う中心的存在だった鉄道郵便車。その中でもオユ10形は鉄道郵便車を代表する車両で、１９５７～７１（昭和32～46）年に72両が製造された。その多くは鉄道郵便廃止後解体処分され、現在は中央郵政研修所に保存されるオユ10２５５５と、保存協会所有のオユ10２５６５の2両しかない。オユ10２５６５は石川県七尾市にある、のと鉄道能登中島駅で保存されている。さまざまな種類のハガキ、封筒、小包など、実に精巧な大量の模擬郵便物を会員が一つ一つ手

車内外ともきれいに保たれるオユ 10 2565
写真提供：中井健二

作りし、郵便物が車内を埋め尽くしていた当時の情景が再現された。また鉄道郵便に乗務経験のある会員による、かつての職場だった車内での郵便仕分け作業の再現は、かつて乗務した人たちはもちろん、初めて見る人をもその世界に引き込む。

　車体腐食を食い止めるべく、会員の手による車両補修を繰り返し実施してきたが、海が近いために塩害による腐食が進む一方で、クーラー室外機からの雨漏り発生などもあった。しかしその後補助金が交付されたことで、一時は解体の危機もあったオユ10形は車体を美しく修復でき外観がよみがえっただけでなく、鉄道郵便の「魂」が入ったことで全国どこにもない生きた鉄道郵便博物館となった。今では保存協会による年数回の一般公開のほか、のと鉄道の旅行企画、旅行会社のツアーなどにも組み込まれ、能登地域の貴重な文化遺産として活用されている。

国鉄車掌車ヨ９００１（福岡県田川郡）

　ヨ９０００形式は国内初、車軸が２軸ある貨車で時速100km／h走行の可能性を実証した試験車両。１９６８（昭和43）年に２両のみ製造され、このうち現存する唯一の車両である。試験終了後の晩年は筑豊《ちくほう》地区で石炭列車の車掌車として使用され、１９８６（昭和61）年の廃車後は保存予定車両として長らく東小倉貨物駅に留置されていた。ところがその後解体が決まったため保存協会が救済に当たった。

その際には保存当初の段階から自治体（福岡県田川郡赤村）の支援を受けることとなった。所有者のＪＲ貨物から保存協会へ貨車を無償譲渡され、それを赤村へ無償貸与する形とした。これは保存協会が車両修復に一定の責任と主導権を持って進めたい意向があり、それを受け入れられた結果であった。

２０００（平成12）年8月、赤村にある自然学習村「源じいの森」にヨ９００１は搬入された。その後腐食補修や全面塗装を施し、２００２（平成14）年7月、保存協会が赤村へ無償譲渡した。民間、ボランティア団体、自治体の連携で、それぞれがメリットを享受できる理想的な姿となった。民間側にとっては第三者の協力で適切に車両保存できることになり解体費用等を軽減できる。ボランティア団体（保存協会）にとっては保存活動の最大のネックである保存場所と移設費用の調達が解決され、修復作業や資料収集に専念できる。自治体にとっては観光資源が加わり、歴史的経緯や資料調査、修復作業がボランティアによって無償で受けられる。それぞれの利益が一致したのだ。

標記や帯をカッティングシートで再現してきれいな状態で保存されているヨ 9001

現在もヨ９００１は赤村で大切に保存され、保存協会が車両の維持管理に努めているため致命的な損傷はないが、年々塗装劣化が進むため４、５年おきに車体全体を塗り直し、比較的綺麗な状態を保っている。設置当初は鉄道資料館にする構想だったが、諸事情により実現できていない。しかし同施設付近にある国登録文化財石坂トンネル（平成筑豊鉄道田川線崎山―源じいの森間）と共に、歴史的文化遺産を見ることができる貴重な文化資源となっている。村へ譲渡した後もヨ９００１ワーキンググループが車両の維持管理に努め、車両の塗装作業も数年ごとに実施されきれいな状態を保っている。

赤村トロッコ油須原《ゆすばる》線（福岡県田川郡）

油須原線が計画されたのは戦後間もない時期。急激な発展を続ける日本を支えた、筑豊の石炭を輸送するために計画、建設されたのが油須原線である。その後エネルギーの主力は石炭から石油に代わり、もともと貨物輸送だけが主要目的であった油須原線は旅客需要に即したものではなく、開業後も黒字は見込めないため、９割方工事が進んでいたにもかかわらず、開業されることなく未成線となった。

その後忘れ去られようとしていた油須原線で保線用軌道自転車を使ってイベントをする話が持ち上がり、１９９５（平成７）年に第1回を開催。翌年もイベントは開催され好評に終わった。こうなると「本物の列車を」と夢に描いたのもつかの間、油須原線に水道

ふるさと鉄道保存協会運営当時のトロッコ

管が敷設されることとなりレールは撤去された。水道管で１ｍ嵩《かさ》上げされた軌道には通常の車両は走れないため、かつて筑豊炭田で多く使われていた610㎜軌道が新たに整備された。機関車と貨車は岐阜県の神岡鉱山より６両を譲り受け、赤村内にて整備（貨車に座席を取り付け客車化する等）し、試運転を繰り返した。

そして２００３（平成15）年10月、多くの人によって油須原線は観光鉄道として開業を果たした。実に計画から半世紀を越えて幻の鉄道は開業を迎えることができた。運行は平成筑豊鉄道田川線赤駅前を起点に、隣の大任町境までの約１・７㎞を約25分かけて往復する。駅員、運転士、車掌などは全員ボランティア。皆日常の仕事の傍らでの活動となるため、定期運転は毎月第二土、日曜日の月２回（現在は毎月第二日曜日のみ）に設定し、月１、２回程度を車両や軌道保守作業日とした。２００５（平成17）年７月からは赤村民を主体とする「赤村トロッコの会」に引き継がれ、村独自での運営が行われている。

赤村トロッコ油須原線に響く歓声

２０１４（平成26）年３月９日、この年最初のトロッコ列車が運行された。県内外から多くの人が乗りに訪れたが、運行初日ということもあり、午前11時ごろから約２時間待ち

開業から 10 年以上経っても人気の衰えない赤村トロッコ

という盛況ぶりだった。運行途中には油須原線の歴史解説をはじめ、赤村内の観光名所の紹介アナウンスもあり、乗客は興味深そうに耳を傾けていた。

田園風景をのんびり眺める一方で真っ暗のトンネルの中も走る。その明かりは機関車のランプだけ。かつて国鉄が造ったトンネルはコウモリのすみかにもなっており、それがトロッコの音に驚いて列車のまわりを飛び回るのを見ることができる刺激的なコースに、子どもだけでなく大人も大きな歓声を上げて楽しんでいた。

運行当初は「一《ひと》月に100人も乗ってくれれば」との思いもあったが、開業から10年が経った今、多い月で約300人、延べ2万人以上が乗車に訪れており、赤村における一大観光スポットに成長した。乗客は廃線跡にロマンを感じる人、遊園地感覚で乗りに来る人などさまざまだが、普段は時間に追われている人にとって、時代に逆行するスローな時間を過ごせる癒しの場としてこれからも発展を期待したい。

参考文献

笹田昌宏『「ボロ貨車」博物館出発進行！』（ＪＴＢ、２００４年）

著者プロフィール（掲載順）

石井　幸孝（いしい・よしたか）　1932年広島県生まれ。日本国有鉄道入社後、広島鉄道管理局長、常務理事九州総局長。九州旅客鉄道株式会社初代代表取締役社長、会長。国鉄改革推進の九州責任者としてJR九州の経営を軌道に乗せる。日韓航路「ビートル」開設。九州新幹線建設、経済界、観光、行政改革、国際交流、地域活性化、大学講師の仕事にも携わる。著書に『キハ82物語』『九州特急物語』『戦中・戦後の鉄道』などがある。

長船　友則（おさふね・とものり）　1933年広島県生まれ。広島県広島復興事務所勤務後に大蔵省中国財務局に転じ、広島、呉、山口、鳥取、東京（本州四国連絡橋公団）で勤務。中国地方の鉄道史調査のため資料収集と執筆活動を続ける。著書に『広電が走る街今昔』『山陽鉄道物語』『宇品線92年の軌跡』『呉市電の足跡』などがある。

三宅　俊彦（みやけ・としひこ）　1940年東京都生まれ。鉄道史研究家。明治時代から現在までの時刻表、絵葉書、古写真等により鉄道の運転、運輸について研究。著書に『列車名変遷大事典』（第32回交通図書賞特別賞受賞）、『時刻表百年のあゆみ』『寝台急行「銀河」物語』『旅してみたい日本の鉄道遺産』『特殊仕様車両「食堂車」』などがある。

松永　和生（まつなが・かずお）　1964年山口県生まれ。山口県内の大学および専門学校の講師、地域発展計画研究者機構事務局長を経て、鉄道友の会中国支部支部長。著書に『近代ヨーロッパの探究14　鉄道』『都市・過疎地域の活性化と交通の再生』『鉄道の世界史』（以上共著）などがある。

杉﨑　行恭（すぎざき・ゆきやす）　1954年兵庫県生まれ。旧交通博物館の暗室マンから学校アルバムの写真屋を経て鉄道や乗り物全般の歴史や話題をテーマに旅行雑誌などで活動するフォトライターに。得意とする鉄道分野は駅舎と沿線風景。著書に『日本の駅舎』『駅舎再発見』『駅旅のススメ』『毎日が乗り物酔い』『絶滅危惧駅舎』『百駅停車』などがある。

今尾　恵介（いまお・けいすけ）　1959年神奈川県生まれ。日本地図センター客員研究員、日本地図学会「地図と地名」専門部会主査。小中学時代より地形図と時刻表を愛好、現在に至る。出版社勤務を経て1991年よりフリーライターとして地図、地名、鉄道について執筆活動。著書に『地図の遊び方』『住所と地名の大研究』『地名の社会学』『鉄道ひとり旅入門』などがある。

原口　隆行（はらぐち・たかゆき）　1938年東京都生まれ。鉄道研究家。著書に『日本の路面電車』『時刻表でたどる鉄道史』『時刻表でたどる特急・急行史』『鉄道学のススメ』『文学の中の駅』『鉄路の美学』『汽車ぽっぽ最後の時代』『秘蔵鉄道写真に見る戦後史』『文学の中の鉄道』『ドラマチック鉄道史』などがある。

岡　将男（おか・まさお）　1954年岡山県生まれ。NPO法人公共の交通ラクダ（RACDA）会長、全国路面電車ネットワーク運営委員長、百鬼園倶楽部（内田百閒顕彰会）会長、鉄道模型作家、ロビイスト。鉄道模型「ゆうなぎ鉄道」製作から交通まちづくり全国ネットワークを主導。文化方面でも活動。著書に『路面電車とまちづくり』（共著）、『バスマップの底力』（共著）、『岡山の内田百閒』『吉備邪馬台国東遷説』などがある。

加藤　一孝（かとう・かずたか）　1949年広島県生まれ。広島市こども文化科学館元館長。日本路面電車同好会中国支部代表、街づくり研究会世話人、広島国際学院大学評議員、比治山大学非常勤講師など。小惑星№8087は「KAZUTAKA」と命名（国際天文学連盟）。著書に『広島のチンチン電車』『路面電車ハンドブック』『高等学校教科書図解理科Ｉ』などがある。

河野　俊輔（こうの・しゅんすけ）　1969年広島県生まれ。1992年油谷重工（現コベルコ建機）入社。現在はコベルコ建機エンジニアリング総務部勤務。1997年より鉄道友の会会員、2008年より中国支部事務局長。2008年度より広島電鉄千田車庫で毎年開催される「路面電車まつり」の実行委員を務め、2009～12年度は副実行委員長、2013年度は実行委員長を務める。

森口　誠之（もりぐち・まさゆき）　1972年奈良県生まれ。趣味が高じて学生時代から鉄道史の研究で著作活動を行う。著書に『鉄道未成線を歩く私鉄編』『鉄道未成線を歩く　国鉄編』。共著に『鉄道廃線跡を歩く』各シリーズ、『新・鉄道廃線跡を歩く4　近畿・中国編』『保存鉄道に乗ろう』などがある。

浦田　慎（うらた・まこと）　1974年石川県生まれ。広島大学大学院生物圏科学研究科特任助教、尾道学研究会会員、鉄道史学会会員、貨物鉄道博物館研究員。著書に『貨車車票の歴史（戦前篇・戦後篇）』『貨物列車はどこまでも〜三重の産業と鉄道史』などがある。

秋田　紀之（あきた・としゆき）　1959年広島県生まれ。中国地方総合研究センター地域計画研究部次長、主任研究員。地域振興や地域経済全般に関する調査研究に携わる。著述に『オーストリア、ウィーン市の公共交通視察レポート』（『リサーチ中国』2003年2月号）がある。

米山　淳一（よねやま・じゅんいち）　1951年神奈川県生まれ。公益社団法人横浜歴史資産調査会常務理事、日本鉄道保存協会事務局長、日本ナショナルトラスト元事務局長。地域遺産プロデューサーとして全国の自然および歴史遺産を貴重な地域遺産として捉え保全と観光活動に従事。著書に『歴史鉄道酔余の町並み』『光り輝く特急「とき」の時代』『上越線―四季を駆ける仲間たち』『まちづくりとシビック・トラスト』などがある。

江種　浩文（えぐさ・ひろふみ）　1975年広島県生まれ。中国地方総合研究センター地域経済研究部主任研究員、広島大学先進機能物質研究センター客員准教授。主に燃料電池自動車の普及や水素エネルギーの利活用に関する研究に従事。著述に『地域経済におけるスマートグリッドの社会科学的考察』（日本機械学会第15回動力・エネルギー技術シンポジウム）などがある。

浜中　裕史（はまなか・ひろふみ）　1981年山口県生まれ。山口市勤務。1999年に友人に誘われた鉄道保存活動に関心を持ち、2000年からふるさと鉄道保存協会会員となる。現在ふるさと鉄道保存協会広報担当理事兼ヨ9001ワーキンググループリーダーを務める。

1．中国地方の現行鉄道路線

2014年8月現在

路線名	運行主体	始点駅	終点駅	営業距離	運行地域、特記事項	参照ページ
中国地方と他地方を結ぶ路線、中国地方内複数県を結ぶ路線						
山陽新幹線	西日本旅客鉄道	新大阪駅	博多駅	644.0km	近畿、中国、九州	141
山陽本線	西日本旅客鉄道	神戸駅	下関駅	528.1km	近畿、中国	30,116,131,135,144,149,151
	九州旅客鉄道	下関駅	門司駅	6.3km	中国、九州	
姫新線	西日本旅客鉄道	姫路駅	新見駅	158.1km	近畿、中国	
赤穂線	西日本旅客鉄道	相生駅	東岡山駅	57.4km	近畿、中国	161
本四備讃線	四国旅客鉄道	児島駅	宇多津駅	18.1km	中国、四国	135,226
山陰本線①	西日本旅客鉄道	京都駅	幡生駅	673.8km	近畿、中国	43,75
智頭急行智頭線	智頭急行	上郡駅	智頭駅	56.1km	近畿、中国	88,164
伯備線	西日本旅客鉄道	倉敷駅	伯耆大山駅	138.4km	岡山県、鳥取県	92
芸備線	西日本旅客鉄道	備中神代駅	広島駅	159.1km	岡山県、広島県	95,128,137,155,253
山口線	西日本旅客鉄道	新山口駅	益田駅	93.9km	山口県、島根県	98
因美線	西日本旅客鉄道	鳥取駅	東津山駅	70.8km	鳥取県、岡山県	89
木次線	西日本旅客鉄道	宍道駅	備後落合駅	81.9km	島根県、広島県	95,127,159
三江線	西日本旅客鉄道	江津駅	三次駅	108.1km	島根県、広島県	237
井原鉄道井原線①	井原鉄道	清音駅	神辺駅	38.3km	岡山県、広島県	170
鳥取県内路線						
境線	西日本旅客鉄道	米子駅	境港駅	17.9km	鳥取県	46,234
若桜鉄道若桜線	若桜鉄道	郡家駅	若桜駅	19.2km	鳥取県	165,256
島根県内路線						
一畑電車北松江線	一畑電車	電鉄出雲市駅	松江しんじ湖温泉駅	33.9km	島根県	109,240
一畑電車大社線	一畑電車	川跡駅	出雲大社前駅	8.3km	島根県出雲市	108,125,240
岡山県内路線						
津山線	西日本旅客鉄道	岡山駅	津山駅	58.7km	岡山県	89,122,129
吉備線	西日本旅客鉄道	岡山駅	総社駅	20.4km	岡山県	113,184
宇野線	西日本旅客鉄道	岡山駅	宇野駅	32.8km	岡山県	94,129
岡山電気軌道東山線	岡山電気軌道	岡山駅前駅	東山駅	3.1km	岡山県岡山市	174
岡山電気軌道清輝橋線	岡山電気軌道	柳川駅	清輝橋駅	1.6km	岡山県岡山市	
本四備讃線	西日本旅客鉄道	茶屋町駅	児島駅	12.9km	岡山県倉敷市	135,226
水島臨海鉄道水島本線①	水島臨海鉄道	倉敷市駅	三菱自工前駅	10.4km	岡山県倉敷市	85,132
水島臨海鉄道水島本線②	水島臨海鉄道	三菱自工前駅	倉敷貨物ターミナル駅	0.8km	岡山県倉敷市、貨物線	
水島臨海鉄道港東線	水島臨海鉄道	水島駅	東水島駅	3.6km	岡山県倉敷市、貨物線	
水島臨海鉄道西埠頭線	水島臨海鉄道	三菱自工前駅	西埠頭駅	0.8km	岡山県倉敷市、貨物線	
井原鉄道井原線②	井原鉄道	総社駅	清音駅	3.4km	岡山県	170
広島県内路線						
福塩線	西日本旅客鉄道	福山駅	塩町駅	78.0km	広島県	150,218
呉線	西日本旅客鉄道	三原駅	海田市駅	87.0km	広島県	64,137
広島電鉄宮島線	広島電鉄	広電西広島駅	広電宮島口駅	16.1km	広島県	139,186,195
可部線	西日本旅客鉄道	横川駅	可部駅	14.0km	広島県広島市	123,137,204
広島電鉄本線	広島電鉄	広島駅	広電西広島駅	5.4km	広島県広島市	139,185,190
広島電鉄宇品線	広島電鉄	紙屋町東/紙屋町西	広島港	5.7km	広島県広島市	185,191
広島電鉄江波線	広島電鉄	土橋	江波	2.6km	広島県広島市	192
広島電鉄横川線	広島電鉄	十日市町	横川駅	1.4km	広島県広島市	193
広島電鉄皆実線	広島電鉄	的場町	皆実町六丁目	2.5km	広島県広島市	194
広島電鉄白島線	広島電鉄	八丁堀	白島	1.2km	広島県広島市	185,194
広島高速交通広島新交通1号線①	広島高速交通	本通駅	県庁前駅	0.3km	広島県広島市	141,197
広島高速交通広島新交通1号線②	広島高速交通	県庁前駅	広域公園前駅	18.1km	広島県広島市	
スカイレールサービス広島短距離交通瀬野線	スカイレールサービス	みどり口駅	みどり中央駅	1.3km	広島県広島市	200
山口県内路線						
岩徳線	西日本旅客鉄道	岩国駅	櫛ケ浜駅	43.7km	山口県	124
宇部線	西日本旅客鉄道	新山口駅	宇部駅	33.2km	山口県	76
小野田線①	西日本旅客鉄道	小野田駅	居能駅	11.6km	山口県	76
小野田線②本山線	西日本旅客鉄道	雀田駅	長門本山駅	2.3km	山口県山陽小野田市	
美祢線	西日本旅客鉄道	厚狭駅	長門市駅	46.0km	山口県	52,74
錦川鉄道錦川清流線	錦川鉄道	川西駅	錦町駅	32.7km	山口県岩国市	168
山陰本線②	西日本旅客鉄道	長門市駅	仙崎駅	2.2km	山口県長門市	43

＊注．参照ページは記事の見出しを掲載するページを表示する。ただし一部に該当路線に言及するページも表示する。また旧路線など別名称での掲載分も含む。

2．中国地方の廃止鉄道路線

2014年8月現在

路線名	運行主体	始点駅	終点駅	営業距離	廃止時期、運行地域、特記事項	参照ページ
中国地方内複数県を結ぶ路線						
伯陽電鉄母里支線	伯陽電鉄	南部町阿賀	安来市母里	5.5km	1959年9月17日、鳥取県、島根県	
井笠鉄道神辺線	井笠鉄道	井原駅	神辺駅	11.8km	1967年4月1日、岡山県、広島県	170,231
鳥取県内路線						
倉吉線	日本国有鉄道	倉吉駅	山守駅	18.1km	1985年4月1日	105
岩井町営軌道	岩井町営軌道	岩美駅	岩井温泉駅	3.4km	1964年3月27日	
日ノ丸自動車法勝寺電鉄線	日ノ丸自動車	米子市	南部町法勝寺	12.4km	1967年5月15日	
米子電車軌道	米子電車軌道			7.7km	1938年1月23日、路面電車	
島根県内路線						
山陰本線（一部、通称：浜田港線）	日本国有鉄道	西浜田駅	浜田港駅	2.3km	1982年11月7日、貨物支線	
大社線	西日本旅客鉄道	出雲市駅	大社駅	7.5km	1990年4月1日	49,108,126
一畑電気鉄道北松江線（一部）	一畑電気鉄道	一畑口駅	一畑駅	3.3km	1960年4月26日	109
一畑電気鉄道立久恵線	一畑電気鉄道	出雲市駅	出雲須佐駅	18.7km	1965年2月18日	111
一畑電気鉄道広瀬線	一畑電気鉄道	荒島駅	出雲広瀬駅	8.3km	1960年6月20日	
岡山県内路線						
井笠鉄道矢掛線	井笠鉄道	北川駅	矢掛駅	5.8km	1967年4月1日、軽便鉄道	170,231
井笠鉄道本線	井笠鉄道	笠岡駅	井原駅	19.4km	1971年4月1日、軽便鉄道	
岡山電気軌道番町線	岡山電気軌道	上之町停留所	（不明）	1.0km	1968年5月31日、路面電車	
岡山臨港鉄道	岡山臨港鉄道	大元駅	岡山港駅	8.1km	1984年12月30日	132,231
西大寺鉄道	西大寺鉄道	西大寺市	後楽園	11.4km	1962年9月7日、軽便鉄道	177
三蟠鉄道	三蟠鉄道	国清寺駅	三蟠駅	1.5km	1931年6月28日、軽便鉄道	130,
下津井電鉄線	下津井電鉄	茶屋町駅	下津井駅	21km	1991年1月1日、軽便鉄道	130,226,252
玉野市営電気鉄道	玉野市電気鉄道	宇野駅	玉遊園地前駅	4.7km	1972年4月1日	132,228
中国稲荷山鋼索鉄道	中国稲荷山鋼索鉄道	山下駅	奥ノ院駅	0.4km	1944年6月1日、ケーブルカー	113,
中国鉄道稲荷山線	中国鉄道	備中高松駅	稲荷山駅	2.4km	1944年6月1日	113,
同和鉱業片上鉄道	同和鉱業	片上駅	柵原駅	33.8km	1991年7月1日	83,230,243,251
広島県内路線						
宇品線	日本国有鉄道	広島駅	宇品駅	5.9km	1986年10月1日	55,135
可部線（一部）	西日本旅客鉄道	可部駅	三段峡駅	46.2km	2003年12月1日	123,137,204
福塩線（一部経路変更による旧線廃止）	西日本旅客鉄道	河佐駅	備後三川駅		1989年4月20日	150,218
尾道鉄道	尾道鉄道	尾道駅	倉敷貨物ターミナル駅	17.1km	1964年8月1日	221
呉市電	呉市交通局	河原石	長浜	11.3km	1967年12月18日、路面電車	174
鞆鉄道	鞆鉄道	福山駅	鞆駅	12.5km	1954年3月1日	215
山口県内路線						
宇部線（一部、貨物支線）	日本国有鉄道	宇部港駅	沖ノ山新鉱駅	1.8km	1961年11月1日、貨物支線	76
	日本貨物鉄道	居能駅	宇部港駅	2.2km	2006年5月1日、貨物支線	
美祢線（一部、通称：大嶺支線）	西日本旅客鉄道	南大嶺駅	大嶺駅	2.8km	1997年4月1日	74
伊佐軌道	伊佐軌道	吉則	北川	2.6km	1947年3月5日、馬車軌道	75
岩国電気軌道	県営岩国電気軌道	港	新町	5.7km	1929年4月5日、路面電車	
大日本軌道山口支社	大日本軌道	小郡駅	山口駅	12.9km	1913年2月20日、軽便鉄道	98
長門鉄道	長門鉄道	小月駅	西市駅	18.2km	1956年5月1日	
船木鉄道	船木鉄道	西宇部駅	吉部駅	17.7km	1961年10月19日	
防石鉄道	防石鉄道	防府駅	堀駅	18.8km	1964年7月1日	102
山陽電気軌道長関線	山陽電気軌道	長府駅	下関駅	11.7km	1969年10月30日、1971年2月7日、路面電車	50
山陽電気軌道大和町線	山陽電気軌道	下関駅	彦島口	1.4km	1969年10月30日、路面電車	
山陽電気軌道幡生線	山陽電気軌道	幡生	東下関駅	2.2km	1971年2月7日、路面電車	
山陽電気軌道唐戸線	山陽電気軌道	東下関駅	唐戸	2.3km	1971年2月7日、路面電車	

＊注．参照ページは記事の見出しを掲載するページを表示する。ただし一部に該当路線に言及するページも表示する。
また旧路線など別名称での掲載分も含む。

「中国総研・地域再発見BOOKS」の刊行にあたって

二〇世紀後半からのグローバル化、情報化の進展は、産業や経済活動、人々の暮らしに大きな変化をもたらしています。その一方で、地域が自立的かつ持続的に成長するためには、地域を基点とした歴史や文化をはじめとした情報をグローバルに発信することが強く求められています。

瀬戸内海と日本海に囲まれ、緑豊かな中国山地を抱く中国地域は古くから豊かな歴史、自然に恵まれ、それを育むとともに産業や文化などを発展させてきました。また、日本だけでなく世界的にも高く評価される人物なども多数輩出してきました。こうした地域資源や地域特性を見直し再評価することは、二一世紀を生きる私たちにとって大きな「知の源泉」であり、中国地域を日本だけでなく世界に発信するうえで、きわめて重要であると考えます。

シリーズ「中国総研・地域再発見ＢＯＯＫＳ」は、中国地域の歴史や文化、産業、人物などをメインテーマとし、それを中国地域の強みとして生かすことで中国地域および日本の持続的発展に寄与するために発刊するものです。このシリーズによって、多くの人々が知的好奇心を高め、中国地域を再評価し、未来を生きる「知の源泉」となることを念願します。

二〇一二年一一月

公益社団法人　中国地方総合研究センター

会長　熊野　義夫

【公益社団法人 中国地方総合研究センター（略称：中国総研）について】

中国５県や産業界などによって設立され、内閣府の認定を受けた公益法人です。行政や産業界からの委託を受け、独立したシンクタンクとして客観的な立場から、主に中国地域や瀬戸内海地域を対象とした調査研究活動を行っています。昭和 23 年 (1948) 発足以来、地域に根差した組織として、中国地域の発展に寄与できるよう努めています。

主な刊行物：季刊「中国総研」、「中国地域経済白書」など

主な編著物:「歴史に学ぶ地域再生」（吉備人出版、2008 年）、「「海」の交流」（中国地方総合研究センター、2012 年）、「中国地域のよみがえる建築遺産」（中国地方総合研究センター、2013 年）、「「道」の文化史」（中国地方総合研究センター、2013 年）など

中国総研・地域再発見 BOOKS ❹

中国地方の鉄道探見

―鉄路の歴史とその魅力―

2014 年 9 月 30 日　初版発行

編集・発行……　公益社団法人　中国地方総合研究センター
〒 730-0041　広島市中区小町 4-33　中電ビル 3 号館
電話　082-245-7900
URL http://www.crrc.or.jp

装幀・デザイン…　有限会社シフト

印刷・製本……　産興株式会社
〒 730-0847　広島市中区舟入南 1-1-18
電話　082-232-4286
URL http://www.sankoweb.co.jp

ISBN978-4-925216-08-1